Globale Abkühlung

Jetzt diesen Titel zusätzlich als E-Book downloaden und 70 % sparen!

Als Käufer dieses Buchtitels haben Sie Anspruch auf ein besonderes Kombi-Angebot: Sie können den Titel zusätzlich zum Ihnen vorliegenden gedruckten Exemplar für nur 30 % des Normalpreises als E-Book beziehen.

Der BESONDERE VORTEIL: Im E-Book recherchieren Sie in Sekundenschnelle die gewünschten Themen und Textpassagen. Denn die E-Book-Variante ist mit einer komfortablen Volltextsuche ausgestattet!

Deshalb: Zögern Sie nicht. Laden Sie sich am besten gleich Ihre persönliche E-Book-Ausgabe dieses Titels herunter.

In 3 einfachen Schritten zum E-Book:

1. Rufen Sie die Website **www.beuth.de/e-book** auf.

2. Geben Sie hier Ihren persönlichen, nur einmal verwendbaren E-Book-Code ein:

   23947F5679CB7BD

3. Klicken Sie das „Download-Feld" an und gehen dann weiter zum Warenkorb. Führen Sie den normalen Bestellprozess aus.

Hinweis: Der E-Book-Code wurde individuell für Sie als Erwerber dieses Buches erzeugt und darf nicht an Dritte weitergegeben werden. Mit Zurückziehung dieses Buches wird auch der damit verbundene E-Book-Code für den Download ungültig.

Globale Abkühlung

DIN

Hans-Josef Fell
MdB

Globale Abkühlung

Strategien gegen die Klimaschutzblockade – ökologisch, wirtschaftlich, erfolgreich

1. Auflage 2013

Herausgeber:
DIN Deutsches Institut für Normung e. V.

Beuth Verlag GmbH · Berlin · Wien · Zürich

Übersetzung des Werkes „Global Cooling – Strategies for Climate Protection“, von Hans-Josef Fell, veröffentlicht bei CRC Press/ Balkema (2012) innerhalb der Reihe: Sustainable Energy Developments (volume 1), ISSN: 2164-0645; herausgegeben von Jochen Bundschuh (University of Southern Queensland, Australia), ISBN: HB: 978-0-415-62077-2; PB: 978-0-415-62853-2

www.crcpress.com & http://www.taylorandfrancis.com/books/series/SUED/

Herausgeber: DIN Deutsches Institut für Normung e. V.

Berlin · Wien · Zürich
Am DIN-Platz
Burggrafenstraße 6
10787 Berlin

Telefon: +49 30 2601-0
Telefax: +49 30 2601-1260
Internet: www.beuth.de
E-Mail: info@beuth.de

Titelbild: Hans-Josef Fell
Satz: B & B Fachübersetzergesellschaft mbH, Berlin
Druck: AZ Druck und Datentechnik GmbH, Berlin
Gedruckt auf säurefreiem, alterungsbeständigem Papier nach DIN EN ISO 9706

ISBN 978-3-410-23947-5
ISBN (E-Book) 978-3-410-23948-2

Inhalt

Seite

Abbildungsverzeichnis

Vorworte

Vorwort von Professor Mark Z. Jacobson

Drei der wichtigsten Probleme, denen die Menschheit gegenübersteht, sind die Erderwärmung, die Mortalität durch Luftverschmutzung und die unsichere Energieversorgung. Die Erderwärmung wird durch die Tatsache deutlich, dass die globale Temperatur heute zehn Mal schneller steigt als sogar bei der raschen Erderwärmung während der Abschmelzphase am Ende der letzten Eiszeit. Neun der zehn wärmsten Jahre in den letzten 150 Jahren lagen zwischen 2001 und 2010. Die arktische Meereisdecke war im August 2010 um 32 Prozent kleiner als im Durchschnitt zwischen 1979 und 2008. Das Schmelzen aller Gletscher auf der Erde wird zu einem Anstieg des Meeresspiegels um 70 Meter führen, wodurch 7 Prozent der gegenwärtigen Landmasse der Welt überschwemmt werden. Luftverschmutzung führt weltweit jedes Jahr zu 2,5 bis 3 Millionen vorzeitigen Todesfällen und Millionen zusätzlichen Fällen von Herz-Kreislauferkrankungen, Atemwegserkrankungen und Asthma. Die schwindenden Vorräte und steigenden Preise fossiler Energieträger und die wachsende Weltbevölkerung sind ein sicherer Indikator für künftige energetische, politische und wirtschaftliche Instabilität und könnten zu einem Zusammenbruch der Gesellschaft führen.

Hans-Josef Fell schlägt in seinem Buch Methoden für einzelne Länder und die Welt vor, die uns die richtige Richtung für die Lösung dieser Probleme weisen sollen. Es werden darin politische Maßnahmen und Technologien diskutiert, die schon heute und in der Zukunft dazu beitragen, die Welt auf saubere und erneuerbare Energien umzustellen. Ob die Politik dieses Problem lösen kann, hängt von der technischen Machbarkeit eines völlig sauberen und erneuerbaren globalen Energiesystems ab – eines Systems, von dem keine Gefahr der Erderwärmung, Luftverschmutzung oder Energieunsicherheit ausgeht.

In den letzten Jahren haben Dr. Mark Delucchi von der University of California in Davis und ich versucht, die Frage der technischen Machbarkeit auf wissenschaftliche und umfassende Weise zu prüfen. Wir wählten dazu vorhandene saubere Energietechnologien, die anhand von elf Kriterien als die Besten erachtet worden waren – Kohlendioxidäquivalente, Luftverschmutzungsmortalität und -morbidität, Ressourcenreichtum, erforderlicher Flächenbedarf, benötigte Räume, Wasserbedarf, Auswirkungen auf die Tierwelt, thermische Verschmutzung, chemische Wasserverunreinigung/radioaktiver Müll, Versorgungsengpässe und normale Betriebssicherheit – und bemühten uns zu ermitteln, ob die Welt mithilfe dieser Technologien ihren gesamten Energiebedarf decken könnte.

Bei der Stromerzeugung gehören zu diesen Technologien Windturbinen, solarthermische Kraftwerke, Photovoltaikanlagen, Photovoltaik-Paneele für Dächer, solarbetriebene Wasserheizsysteme, Geothermiekraftwerke, Wasserkraftwerke, Gezeitenströmungsturbinen und Wellenkraftwerke. Diese Technologien werden als

Wind-, Wasser- und Sonnentechnologien (WWS) bezeichnet, da sie alle aus einer dieser natürlichen Quellen stammen.

Beim Verkehr gehören zu diesen Technologien Batteriestrom und Wasserstoff/Brennstoffzellen-Fahrzeuge, -Lastkraftwagen, -Busse, -Arbeitsmaschinen, -Lokomotiven und -Schiffe. Flugzeuge sollen mit Flüssigwasserstoff fliegen. Strombetriebene Luft/Wasser-Wärmepumpen, geothermische Wärmepumpen, Widerstandsheizungen und Solarwärmeanlagen sollen Erdgas und Erdöl bei Heizung und Wassererwärmung in Eigenheimen ersetzen. Hohe Temperaturen für industrielle Prozesse ließen sich durch das Verbrennen von Wasserstoff und elektrische Widerstandsheizung erzielen. Die Technologien für all diese Prozesse existieren bereits heute. Eine Umstellung auf WWS-Strom und Strom/Wasserstoff soll Berechnungen zufolge den weltweiten Energiebedarf um 32 Prozent senken, in erster Linie dank der größeren Effizienz von Strom im Vergleich zu Verbrennung. Ein Elektroauto beispielsweise braucht für dieselbe Strecke vier bis fünf Mal weniger Energie als ein Benzin- oder Dieselfahrzeug. Die Kosten für den „Treibstoff" eines Elektroautos sind vier bis fünf Mal geringer als für ein gleichwertiges Auto mit Verbrennungsmotor.

Zusätzliche Effizienzmaßnahmen umfassen die Nutzung effizienterer Beleuchtung und besser isolierte Eigenheime. Außerdem gehören dazu die Nutzung öffentlicher Verkehrsmittel oder der Einsatz von Telearbeit anstelle von Fahrten mit dem Auto, die Planung der zukünftigen Infrastruktur der Städte mit dem Ziel der Nutzung des nichtmotorisierten Verkehrs und die Planung von Gebäuden, so dass diese die Sonnenenergie besser nutzen, z. B. durch bessere Tageslichtbeleuchtung und verbesserte passive Solarheizung im Winter und Kühlung im Sommer.

Im Rahmen der Studie wurden auch erneuerbare Energiequellen geprüft, und man hat festgestellt, dass der Wind an Starkwindstandorten das 5- bis 15-fache der Energie liefern könnte, die eine mit WWS-Energie versorgte Welt im Jahre 2030 benötigen würde. Sonnenenergie könnte das 30-fache des Weltenergiebedarfs liefern. Ein derartiger Umstieg würde die Nutzung von nur etwa 1 Prozent zusätzlicher Fläche der Erde erfordern, wobei 40 Prozent davon für die technischen Anlagen vor Ort und 60 Prozent für leeren Raum benötigt würden, der für Landwirtschaft, Weideland oder Freiflächen genutzt werden könnte. Rohstoffe wie Beton, Stahl, Lithium und seltene Erden stellen kein Hindernis dar. Die Kosten für die meisten WWS-Technologien im Jahre 2030 werden eine ähnliche Höhe haben wie oder niedriger sein als die Kosten für konventionelle Brennstoffe, vor allem wenn Gesundheits- und Umweltkosten für konventionelle Brennstoffe berücksichtigt werden.

WWS-Energien können eine stabile Stromversorgung in jeder Minute, jeder Stunde, an jedem Tag und in jeder Jahreszeit bieten. Zwar bläst der Wind nicht immer und die Sonne scheint nicht immer, aber Wind und Sonne ergänzen einander. Wenn der Wind nicht bläst, scheint oft die Sonne und umgekehrt. Wenn Wind- und Sonnenenergie kombiniert werden, können sie den Energiebedarf nahezu decken. Zur Schließung der meisten verbleibenden Lücken kann Wasserenergie eingesetzt werden. Mithilfe des Lastmanagements können Nachfragespitzen auf Zeiten geringerer Nachfrage reduziert und so die Belastung der Stromerzeuger verringert werden. Auch durch Überdimensionierung des Stromnetzes kann die Stromnachfrage dem Angebot angepasst werden. In den Stunden, in denen in diesem Falle zu viel Energie für Strom produziert wird, kann der Überschuss zur Erzeugung von Wasserstoff für andere Zweige der neuen Energiewirtschaft genutzt werden.

Insgesamt ist es technisch machbar, das Weltenergiesystem auf saubere und nachhaltige Energien umzustellen. Es gibt allerdings gegenwärtig praktische Hürden, vor allem die Politik, Lobbyismus und Sorgen bezüglich der Kosten. Dieses Buch beseitigt die Hürden für eine umfassende Umstellung auf saubere und erneuerbare Energie, indem es mit den irrigen Vorstellungen hinsichtlich der mit einer Umstellung verbundenen politischen Maßnahmen und Kosten aufräumt. Es besteht die Hoffnung, dass sich die Menschen und Völker auf der Grundlage dieser Informationen mit dem Ziel zusammentun, das drängendste Problem zu lösen, dem sich die Welt heute und unsere Kinder morgen gegenüber sehen.

Vorwort von Caio Koch-Weser

Eine frühere Generation hatte die Vision, einen Menschen auf den Mond zu bringen. Hierfür war der Erfindergeist von Tausenden von Menschen nötig, die in vielen Nationen dafür arbeiteten. Heute haben wir die Herausforderung angenommen, die der Klimawandel darstellt. Dafür benötigen wir die Mitwirkung von Tausenden von wichtigen Entscheidungsträgern, die mithelfen müssen, die sieben Milliarden Menschen auf diesem Planeten dazu zu bewegen, ihren ökologischen Fußabdruck zu reduzieren und insbesondere Energie effizienter und sauberer zu nutzen und zu produzieren.

Jüngste Berichte untermauern, dass es unmöglich sein wird, eine Erwärmung der Welt um mehr als 2 Grad Celsius zu verhindern, wenn die Emissionen nicht bis 2017 ihren Höchststand erreichen und dann rasch abnehmen. Die Zwischenstaatliche Sachverständigengruppe über Klimaänderungen, das führende internationale Gremium für die Einschätzung des Klimawandels, erinnert uns außerdem daran, dass Untätigkeit schwerwiegende Auswirkungen haben wird. In dem Maße, in dem die Stabilisierung der atmosphärischen Kohlendioxidkonzentrationen jedes Jahr schwieriger wird, werden auch die vorhergesagten Konsequenzen ernster.

Ein konsequenter Umstieg auf erneuerbare Energien ist eine entscheidende Säule im Kampf gegen den Klimawandel. Außerdem können erneuerbare Energien einen Beitrag zu kontinuierlichem Wirtschaftswachstum in den Industriestaaten leisten, die Wirtschaft der Entwicklungsländer ankurbeln und dabei Energieknappheit beseitigen und eine Vielzahl sozialer und wirtschaftlicher Herausforderungen bewältigen.

Erneuerbare Energien sind jedoch kapitalintensiv. Sollen die erforderlichen Investitionen aufgebracht werden, ist die Beteiligung der Privatwirtschaft unerlässlich. Deutschland hat erfolgreich bewiesen, dass ein strenger ordnungspolitischer Rahmen Investoren Transparenz, Langlebigkeit und Sicherheit bietet. Sollen Investoren sich engagieren, benötigen sie die Sicherheit, dass die Mindestrendite langfristig über die gesamte Dauer ihrer Projekte erreicht wird. Dies reduziert auch die Kapitalkosten. Im Jahre 2011 wurden global 260 Milliarden US-Dollar in saubere Energien investiert – dank politischer Maßnahmen wie Einspeisevergütungen. Und diese Investitionen müssen weiter steigen oder sogar erheblich zunehmen.

Die Wirtschaftskrise macht unsere Aufgabe schwieriger. Wir sehen uns einer „neuen Normalität“ gegenüber. Die Regierungen kürzen die Ausgaben drastisch, erhöhen die Steuern und strukturieren die Leistungen um. Viele Unternehmen und Einzelpersonen müssen in Bezug auf ihre Ausgaben schwierige Entscheidungen treffen. Auch die Finanzinstitutionen spüren die Krise angesichts Kürzungen und neuen Finanzregelungen, die Kosten verursachen, die Projektfinanzierung beeinträchtigen und die Aufnahme und Vorhaltung von mehr Kapital erfordern. Einige Banken stellen ihre Darlehensvergabe in diesem Bereich ein oder begrenzen sie. Neue Teilnehmer werden in den Markt zur Finanzierung von Projekten im Bereich der erneuerbaren Energien eintreten.

Um die Herausforderungen dieser „neuen Normalität" aufzunehmen und Wirtschaftswachstum zu schaffen, müssen wir Ressourcenproduktivität und grünes Wachstum als neue Philosophien und Strategien sowohl für die Wirtschaft als auch für die Staaten übernehmen. Wir müssen für alle Länder neue Wege mit dem Ziel finden, eine Zukunft mit sauberer Energie für alle sowie neue Quellen für Wachstum und Wohlstand zu schaffen, die unsere Ressourcen sinnvoll nutzen. Wir sollten bewährte Praktiken und gewonnene Erfahrungen identifizieren und diese mutig mit innovativen Finanzierungsansätzen kombinieren.

Hans-Josef Fell – einer der Väter der sehr erfolgreichen deutschen Einspeisevergütungsregelungen für erneuerbare Energien – ist ein international und parteiübergreifend anerkannter Experte auf dem Gebiet der Bekämpfung des Klimawandels. In seinem Buch bietet er wertvolle Anregungen zu einer Vielzahl von Klimawandelthemen. Er beschreibt wirkungsvolle Mechanismen und schlägt innovative Instrumente vor. Zwar bin ich nicht in jedem einzelnen Punkt einer Meinung mit ihm, aber seine Thesen sind es wert, bedacht und diskutiert zu werden.

Einführung

Warum dieses Buch?

Seit über 20 Jahren reiht sich eine globale Klimaschutzkonferenz an die andere. Gleichzeitig heizt sich die Erde immer weiter auf. Die bisherigen Bemühungen der Weltgemeinschaft zum Klimaschutz sind faktisch wirkungslos geblieben.

Dabei nehmen die Auswirkungen der atmosphärischen Temperaturerhöhung mit zunehmenden Stürmen, Hitzeperioden, Überschwemmungen immer katastrophalere Ausmaße an. Auf allen Klimaschutzkonferenzen wird ein wirksamer Klimaschutz beschwörend eingefordert, da der Fortbestand der menschlichen Existenz, zumindest, wie wir Menschen das Zusammenleben gewohnt sind, höchst gefährdet ist.

Auf allen Klimaschutzkonferenzen ist trotz der beschwörenden Rhetorik kein Durchbruch gelungen.

Um überhaupt noch eine Chance für die Menschheit zur Verhinderung von weiteren, noch wesentlich katastrophaleren Entwicklungen zu bekommen, ist ein Innehalten, Nachdenken und Überprüfen der aktuellen Klimaschutzstrategien zwingend erforderlich. Ein „weiter wie bisher" hat keine Aussicht auf Erfolg.

Notwendig sind vor allem vier wesentliche Punkte:

Eine schonungslose naturwissenschaftliche Analyse der aktuellen und zukünftigen Klimaentwicklung ohne die beschönigende Rhetorik, es werde schon alles nicht so schlimm kommen.

Eine sich klar durchsetzende Erkenntnis, dass auch reduzierte Emissionen zur weiteren Erhöhung der Klimagaskonzentrationen führt und damit zur weiteren Aufheizung der Erde. Notwendig ist es vielmehr, einen Stopp der Emissionen sowie eine Kohlenstoffreinigung der Atmosphäre durchzusetzen.

Das Aufstellen einer umfassenden und differenzierten politischen Agenda, die die wirtschaftlichen Vorteile einer wirksamen Klimaschutzstrategie in den Mittelpunkt nationaler Reformpolitik stellt. Als wesentlicher Grundsatz gilt, dass Finanzinvestitionen, die den Klimaschutz befördern, wirtschaftlich rentabel sein müssen und nicht Investitionen, die die Erderwärmung weiter beschleunigen.

Die Gewinnung neuer politischer Akteure, die einflussreich politisches Handeln beschreiben und einfordern können. Diese Akteure können und müssen vor allem in der Finanzwirtschaft gefunden werden.

Sobald eine umfassende politische Agenda mit den notwendigen regulatorischen Maßnahmen ausreichend beschrieben ist, können einflussreiche Menschen aus Finanzwirtschaft, Wissenschaft, Medien und Politik für die Umsetzung dieser Agenda bei den nationalen Regierungen und Parlamenten werben. Je mehr Nationalstaaten diese Strategie umsetzen, umso mehr werden diese positiven Beispiele auch Nachahmer finden. Sie wird es vor allem dann geben, wenn der Klimaschutz so organisiert wird, dass positive Effekte in der ökonomischen, ökologischen und sozialen Entwicklung der Nationalstaaten entstehen. So wird eine wirksame Klimaschutzpolitik schneller über die Welt verbreitet als durch das mühselige Erarbeiten von globalen UN-Beschlüssen.

Für die Wirksamkeit einer solchen Strategie gibt es bereits ein umfassendes Vorbild: die Einspeisevergütung für den Ausbau der Erneuerbaren Energien im Stromsektor. Umfassend für alle Erneuerbaren Energien wurde dies im deutschen Erneuerbare-Energien-Gesetz (EEG) vom Jahre 2000 politisch realisiert. Dieses Gesetz hat in Deutschland innerhalb einer Dekade zu einer positiven ökonomischen Entwicklung mit inzwischen über 380 000 Arbeitsplätzen im Jahre 2011 geführt. Gleichzeitig hat dieses Gesetz – neben dem Rückgang der Industrie Ostdeutschlands nach der Wende – den stärksten Beitrag in Deutschland zur CO_2-Reduktion geliefert und die Volkswirtschaft von Kosten der konventionellen Energien entlastet.

Dadurch wurde eine technologische Entwicklung angestoßen, die immer schneller die Energiekosten aus Erneuerbaren Energien sinken lässt, womit deren Wettbewerbsfähigkeit gegenüber fossilen und atomaren Energien schnell gesteigert werden konnte. Diese von vielen unerwarteten Erfolge haben mittlerweile zu über sechzig Kopien dieses Gesetzes in anderen Nationen geführt und damit eine weltweite Entwicklung für den Klimaschutz positiv befördert.

Eine wirksame politische Klimaschutzagenda wird in der Lage sein, ähnliche Entwicklungen auch in eine nachhaltige Landwirtschaft, Forstwirtschaft, Chemiewirtschaft, Bauwirtschaft und Verkehrswirtschaft anzustoßen, wenn sie richtig organisiert wird. Konsequent und schnell umgesetzt, gäbe eine solche Strategie die Chance, die Erde wieder abzukühlen, statt Menschheit und Natur dem höllischen Hitzefieber der Klimaveränderung weiter auszusetzen.

Erneuerbare Energien und andere Klimaschutzmaßnahmen sind die treibende Kraft für wirtschaftliche Entwicklung und keine Belastung.

Die positive ökonomische Kraft einer Wirtschaft, die auf Erneuerbare Energien setzt, scheint viel wirksamer zu sein, als selbst Optimisten vorhersagten. Die Finanzkrise 2008 überwanden vor allem zwei Staaten sehr schnell – und dies ohne größere Blessuren: Deutschland und China.

Bezeichnend ist, dass diese Staaten weltweit die beiden sind, die die größten Ausbaugeschwindigkeiten für Erneuerbaren Energien aufweisen. Selbst in der Finanzkrise, wo faktisch alle anderen Wirtschaftsbranchen Einbrüche zu verzeichnen hatten, wuchs die Branche der Erneuerbaren Energien in beiden Ländern unvermindert weiter. Es gibt zwar – wie so oft – keine wissenschaftliche Analyse über die Effekte des Wachstums der Erneuerbaren Energien in Bezug zur allgemeinen wirtschaftlichen Entwicklung, dennoch sind die Rahmendaten in beiden Ländern sehr auffällig.

China stieg innerhalb weniger Jahre zum Weltmarktführer in der Windkraftinvestition auf. Die neu installierte Kapazität für Windkraft lag 2010 in China bei 16.5 Gigawatt. Im Vergleich: Die USA haben im selben Zeitraum 5.1 Gigawatt installiert (GWEC 2010). China ist darüber hinaus seit langem Hauptinvestor für solare Warmwassergewinnung und schickt sich an, die weltweite Führungsposition für Photovoltaikproduzenten zu übernehmen. Auch Wasserkraft und Biogas spielen in China eine zentrale Rolle.

In Deutschland betrugen die gesamten Investitionen hauptsächlich privaten Kapitals in Erneuerbare Energien im Jahre 2011 etwa 22,9 Milliarden Euro, wobei die Photovoltaik mit 15 Milliarden Euro den Löwenanteil ausmachte, gefolgt von Wind, Bioenergie, Solarthermie, Geothermie und Wasserkraft (BMU 2012). Dies ist eine beachtliche Investitionsgröße, die erheblich dazu beigetragen hat, die Auswirkungen der Finanzkrise abzumildern. Bedeutsam ist, dass diese Investitionen nicht nur in industrielle Entwicklungen wie neue Fabriken gehen, sondern das gesamte Spektrum aller volkswirtschaftlich wichtigen Bereiche abdeckt: Handwerker, Planungsbüros, Finanzdienstleister, Bürgergenossenschaften genauso wie Aktiengesellschaften und Investmentfonds. Selbst in vielen etablierten Produktionszweigen hat der Aufschwung der Erneuerbaren Energien den Rückgang durch die Finanzkrise zumindest aufgefangen. So in der Stahlindustrie, wo die Windbranche inzwischen einer der größten Kunden ist; in der Aluminium- und Glasindustrie, die neue Absatzmärkte in der Solarindustrie gefunden hat oder die Kugellagerhersteller, deren Kugellager sich nun nicht nur in Autos, sondern auch in Windrädern drehen.

Erneuerbare Energien als Jobwunder

Wie stark der Aufschwung des grünen Wirtschaftswunders der Erneuerbaren Energien in Deutschland die Wirtschaft beeinflusst hat, lässt sich an folgenden Entwicklungen ablesen.

Seit 1998 haben sich die Arbeitsplätze in der Branche der Erneuerbaren Energien von etwa 30 000 auf 380 000 in 2011 mehr als verzehnfacht. Sie bietet damit nach der Automobilwirtschaft den zweithöchsten Beschäftigungsanteil in Deutschland.

Keine andere Wirtschaftsbranche hat in Deutschland eine annähernd positive Entwicklung aufzuzeigen. Im Vergleich dazu ging in der Atomwirtschaft Deutschlands die Beschäftigung von etwa 38 000 auf 30 000 zurück, obwohl die Stromproduktion aus Atomenergie bis 2010 noch nicht nennenswert gesunken ist und etwa 23 Prozent des deutschen Strombedarfs deckt. Bemerkenswert ist, dass die hohe Beschäftigung der Erneuerbaren Energien erst für 10 Prozent der Energieversorgung und über 20 Prozent der Stromversorgung in 2011 sorgt. Man kann ahnen, wie stark der Beschäftigungsbeitrag der Branche der Erneuerbaren Energien sein wird, wenn 30 Prozent, 50 Prozent oder gar eine Vollversorgung mit Erneuerbaren Energien in Deutschland erreicht sein wird.

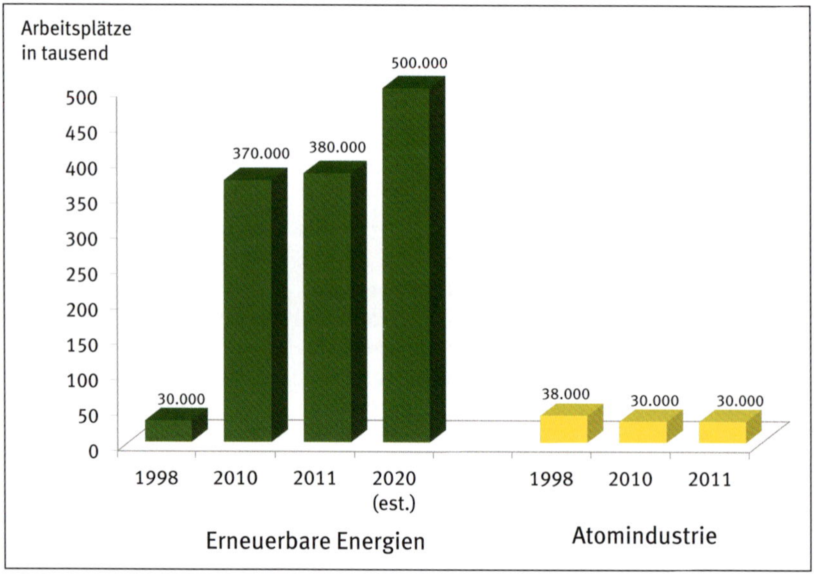

Bild 1: Jobmotor Erneuerbare Energien
(Quelle: BMU)

Erneuerbare Energien sind keine wirtschaftliche Belastung

Oftmals wird behauptet, dass das schnelle Wachstum der Erneuerbaren Energien die Wirtschaft und die Verbraucher finanziell hoch belasten würde. Dies ist schlicht falsch. Schon heute gibt es an verschiedenen Stellen der Volkswirtschaft und für die Stromkunden finanzielle Effekte, die die Mehrkosten, verursacht durch die Markteinführung der Erneuerbaren Energien, überkompensieren.

So hat in Deutschland die Nutzung der Erneuerbaren Energien den Import von fossilen und atomaren Brennstoffen in der Größenordnung von 9 Milliarden Euro in 2011 vermieden. Diese Brennstoffkosten würden ja für den notwendigen Energieverbrauch anfallen, wenn die Erneuerbaren Energien nicht genutzt worden wären. Bekanntlich sind Erneuerbare Energien mit Ausnahme der Biomasse frei von Brennstoffkosten. Zusätzlich wurden externe Kosten in der Größenordnung von 11 Milliarden Euro vermieden.

Externe Kosten sind Schadenskosten, die durch die Nutzung von fossilen oder atomaren Energien anfallen; dazu gehören Entsorgungskosten für Abfälle, Sanierungskosten für Grundwasserreinigung oder Gesundheitskosten, die z. B. wegen Luftbelastungen anfallen. Normalerweise werden, wenn überhaupt, diese externen Kosten aus Steuergeldern bezahlt. Die Vermeidung solcher Schadenskosten und die vermiedenen Brennstoffkosten sind damit wesentlich höher als die Mehrkosten durch

Erneuerbare Energien für die Stromkunden, die in 2011 mit etwa 12,9 Milliarden Euro zu Buche schlugen.

Somit ist klar, dass die Behauptung von hohen volkswirtschaftlichen Belastungen bei der Markteinführung von Erneuerbaren Energien jeglicher Grundlage beraubt ist.

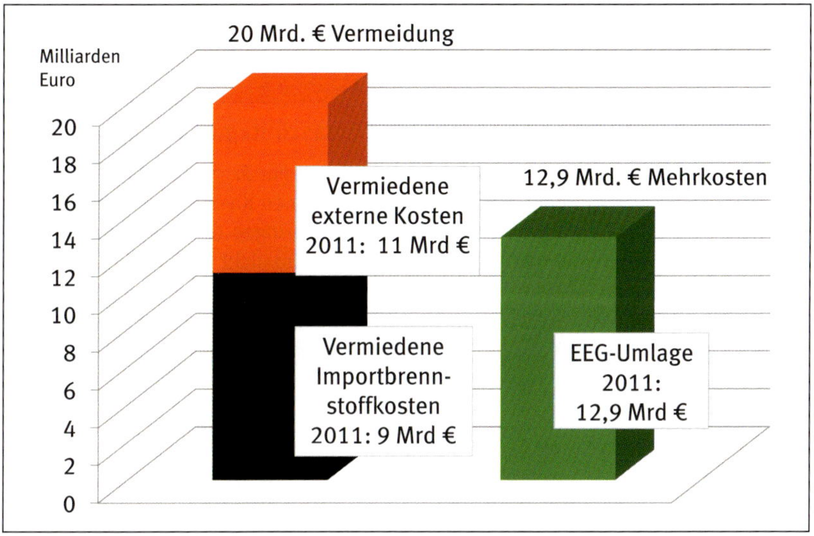

Bild 2: Durch Erneuerbare Energien vermiedene Kosten (Quelle: BEE)

Erneuerbare Energien sind keine Preistreiber für Energiekunden

In Deutschland wird immer wieder von Stromkonzernen, die ihr Geschäft noch hauptsächlich mit der Produktion von umwelt- und klimaschädlichem Kohle- und Atomstrom machen, behauptet, die Erneuerbaren Energien wären Strompreistreiber. Diese Behauptung ist längst widerlegt. So stieg zwar die Umlage auf den Strompreis, den alle Stromkunden zu zahlen haben, durch den großen Erfolg der Erneuerbaren Energien. Andererseits ist aber der Beschaffungspreis für Strom an der Strombörse deutlich gesunken, weil es eben viel mehr Strom aus Erneuerbaren Energien im Stromnetz gibt. Die Senkung der Beschaffungskosten ist leicht zu verstehen. Die Stromproduktion aus Erneuerbaren Energien ist weitgehend frei von Brennstoffkosten. Dies bedeutet, dass immer, wenn viel Wind weht und viel Sonne scheint, die teuersten Kraftwerke – meist mit Erdgas oder Erdöl befeuert – vom Netz genommen werden können. Dies senkt die Kosten für die Stromproduktion. Dieser Effekt ist inzwischen höher als die Mehrkosten für die Markteinführung aus Erneuerbaren Energien über das Erneuerbare-Energien-Gesetz (EEG). Somit ist klar, dass die Behauptungen der Stromkonzerne, die Erneuerbaren Energien würden den Strompreis erhöhen, schlicht falsch sind. Ein deutliches Indiz für diese Falschbehauptung ist die Gewinnentwicklung der drei größten deutschen Stromkonzerne E.ON, RWE und EnBW. Sie stiegen von etwa 12 Milliarden Euro in 2008 auf über 20 Milliarden in 2011. Für 2012 zeichnet sich eine positive Entwicklung mit noch höheren Gewinnen als im Vorjahr ab, und das trotz des Atomausstiegs. Damit ist klar zu erkennen, dass die wirklichen Strompreistreiber die Gewinninteressen der Atom- und Kohlekonzerne sind und eben nicht die Erneuerbaren Energien. Eine Erkenntnis, die sich weltweit fast überall ähnlich nachweisen lässt.

Erneuerbare Energien wirkungsvollste Klimaschutzmaßnahme

Dabei ist der Nutzen der Erneuerbaren Energien nicht nur ökonomisch in Steigerung der wirtschaftlichen Tätigkeit, Vermeidung von externen Kosten oder Zunahme von Beschäftigung zu sehen. Auch für den Klimaschutz bringen die Erneuerbaren Energien den höchsten positiven CO_2-Einspareffekt. Dies ist nicht verwunderlich, sind ja Erneuerbare Energien weitgehend emissionsfrei oder in Form der nachhaltig angebauten Bioenergie CO_2-neutral. In Deutschland decken die Erneuerbaren Energien erst etwa 11 Prozent der gesamten Energieversorgung.

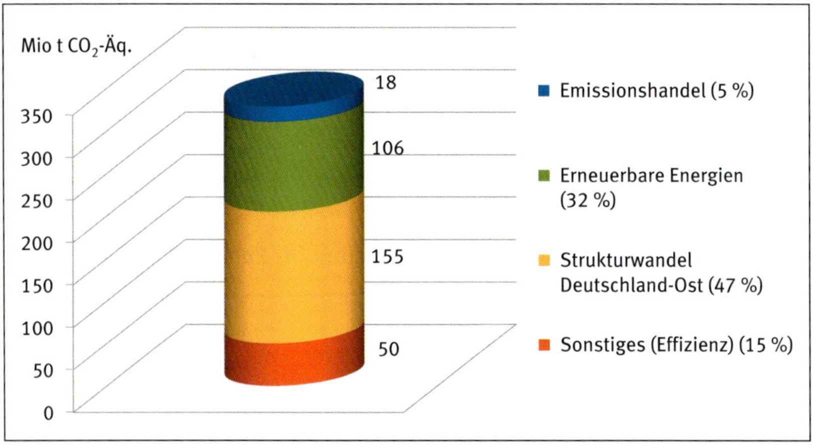

Bild 3: CO_2-Emissionsreduktion Deutschland 1990 bis 2011: 329 Mio. to CO_2-Äq. (Quelle: BMU, Volker Quaschning 2012)

Dennoch haben sie 2011 nach Angaben des Umweltministeriums bereits ca. 130 Millionen Tonnen CO_2 vermieden. Das heißt, dass die CO_2-Emissionen Deutschlands 2011 nicht bei 917 Millionen Tonnen, sondern bei 1047 Millionen Tonnen gelegen hätten, wenn es keine Nutzung der Erneuerbaren Energien in Deutschland gegeben hätte. Man kann sich nun leicht ausrechnen, dass die CO_2-Emissionen Deutschlands weiter gegen Null gehen könnten, wenn die gesamte Energieversorgung auf Erneuerbare Energien umgestellt würde. Es gibt keine andere Maßnahme, die einen höheren Klimaschutzeffekt erzielen könnte, als die Umstellung auf Erneuerbare Energien.

Neben den Erneuerbaren Energien hat der Rückgang der alten Schwerindustrie in Ostdeutschland nach der Wende den entscheidenden Beitrag für die Klimaschutzerfolge Deutschlands seit 1990 erbracht.

Emissionseinsparungen über Energieeffizienz spielten dagegen keine nennenswerte Rolle. Dies liegt weniger daran, dass es keine Erfolge der Energieeffizienz gäbe. Im Gegenteil, die Energieeffizienz legte auch in Deutschland kontinuierlich zu. Gleichzeitig haben aber auch die Nutzungen von immer mehr zusätzlichen Anwendungen zugenommen. So wurden z. B. die Autos immer effizienter, das heißt sparsamer im Spritverbrauch. Aber gleichzeitig nahm die Anzahl der gefahrenen Kilometer deutlich zu, sodass der CO_2-Ausstoß im Verkehrssektor insgesamt zugenommen hat, obwohl die Autos sparsamer wurden. Dieser sogenannte Reboundeffekt zeigt auf, dass Energieeffizienz allein nicht ausreicht, um Klimaschutz zu erhalten. Vielmehr gehören Effizienzsteigerungen untrennbar verbunden mit der Umstellung auf Erneuerbare Energien.

Auch der Emissionshandel hat nur zu marginalen CO_2-Reduktionen in Deutschland beigetragen, dabei aber hohe Kosten verursacht. Damit ist klar: Das EEG, welches unter Rot-Grün fast gleichzeitig mit dem Emissionshandel eingeführt wurde, zeigt sich nun im Rückblick nach einem Jahrzehnt als das einzig wirksame Instrument für den Klimaschutz. Wer also kosteneffizient und wirksam Klimaschutz betreiben will, ist gut beraten, die Energieversorgung auf 100 Prozent Erneuerbare Energien umzustellen.

Erneuerbare Energien können viel schneller wachsen als allgemein angenommen

Es zeigt sich also, dass Erneuerbare Energien das Schlüsselwort in Sachen Klimaschutz und eine sichere heimische Energieversorgung sind. Zudem bieten sie heute schon ökonomische Vorteile gegenüber der Nutzung der konventionellen Energien. Da bleibt dann oft die Frage stehen, ob sie denn schnell genug eingeführt werden können oder wie oft behauptet, noch lange Forschungs- und Entwicklungszeiten bräuchten, bis sie dann nach 50 Jahren ihren Einsatz voll entfalten können. Auch diese Einschätzung geht schlicht an der Realität vorbei: Erneuerbare Energien können, wenn die politischen Rahmensetzungen stimmen, sehr schnell das konventionelle Energiesystem ersetzen.

Im Jahre 2000 hat der Bundestag das Erneuerbare-Energien-Gesetz (EEG) verabschiedet. Es schaffte für Investitionen in Erneuerbare Energien rentable und sichere Investitionsgrundlagen. Das Gesetz wurde mit den Grundsätzen und Bedingungen verabschiedet, wie ich sie im Gesetzesentwurf vorgeschlagen hatte: privilegierter Einspeisevorrang, nach Technologien differenzierte Einspeisevergütung, die wirtschaftlich rentable Investitionen ermöglicht, und eine 20-jährige Vergütungsdauer.

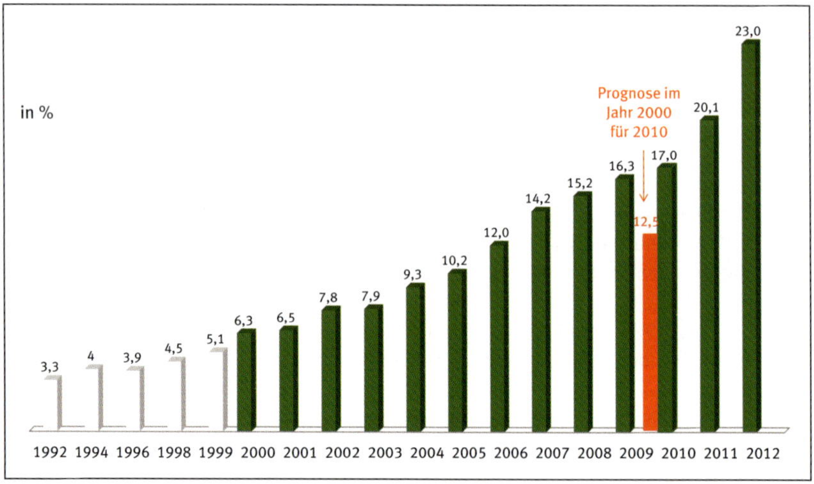

Bild 4: Anteil Erneuerbarer Energien am Bruttostromverbrauch in Deutschland (Quelle: AGEB 2012)

Im Gesetz wurde das Ziel der Verdopplung des Anteils der Erneuerbaren Energien festgeschrieben. Für den Stromsektor hätte dies ein Wachstum von 6,3 Prozent im Jahre 2000 auf 12,6 Prozent im Jahre 2010 bedeutet. Viele Kritiker, vor allem aus der Atom- und Kohlewirtschaft, aber auch aus den politischen Lagern der Konservativen und Liberalen, sagten uns Abgeordneten damals, dass dies völlig unrealistisch sei. Eine solche schnelle Steigerung sei in einer großen Industrienation wie Deutschland schlicht unmöglich. Die Realität jedoch widerlegte diese Bedenkenträger. Im Jahre 2010 wurden bereits 17 Prozent Strom aus Erneuerbaren Energien in Deutschland erzeugt.

Damit sind in nur zehn Jahren die industriepolitischen Anfänge überwunden worden. Nun stehen die Fabriken für Windkraft-, Photovoltaik-, Wasserkraft- und Biogasanlagen. Viele Planungsbüros sind entstanden, und Banken wissen jetzt, wie man Projekte in Erneuerbare Energien finanziert. Vor allem ist in der Bevölkerung eine große Bereitschaft vorhanden, die Energiewende mitzugestalten. Energiegenossenschaften und Betreibergemeinschaften sind fast wie aus dem Boden geschossen. Daher ist es kein Wunder, dass der Zubau der Erneuerbaren Energien seit 2010 sich nochmal beschleunigt hat. Von 17 Prozent Ende 2010 wuchs der Anteil der Ökostromerzeugung auf 23 Prozent Ende 2012. Eine von Vielen erneut nicht für möglich gehaltene Steigerung. Mit gleichbleibendem Wachstum kann damit Deutschland bis 2030 mit 100 Prozent Ökostrom versorgt werden.

Das Geheimnis hinter diesem großen gesellschaftlichen Erfolg sind die Bürgerbeteiligungsmodelle. Mit Genossenschaften, Bürgergemeinschaftsanlagen oder mit bäuerlichen Biogasgemeinschaftsanlagen haben sich immer mehr Bürger zusammengefunden, um in die Erneuerbaren Energien zu investieren. Sie alle sind von dem Gedanken motiviert, dass sie selbst die Wertschöpfung und die Verdienste im Energiegeschäft halten und nicht wie in der Vergangenheit ausschließlich an die Konzerne zahlen wollen. Zudem schaffen sie Umwelt- und Klimaschutz sowie persönliche Unabhängigkeit vor weiter steigenden konventionellen Energiepreisen.

Jahresverbrauch Strom 2011	Jahresverbrauch Wärme 2011
ca. 1 600 000 kWh	ca. 3 200 000 kWh
Jahreserzeugung in EE-Anlagen:	Jahreserzeugung in EE-Anlagen:
ca. 7 600 000 kWh	ca. 2 880 000 kWh

Bild 5: Sieben Jahre Energiewende in Großbardorf

Ein herausragendes Beispiel ist die Tausend-Einwohnergemeinde Großbardorf in Unterfranken. Die Dorfgemeinschaft hat in nur sieben Jahren etwa 15 Millionen Euro Eigenkapital in eine Raiffeisengenossenschaft eingezahlt und damit fast das ganze Dorf mit Nahwärme aus Biogasanlagen versorgt. Die Stromgewinnung aus Biogasanlagen und Solaranlagen deckt mit 470 Prozent weit mehr als den Strombedarf der Gemeinde, und die Wärmeversorgung ist nun zu 90 Prozent regenerativ und heimisch erzeugt. Die Großbardorfer haben keine Ängste mehr vor steigenden Strom- und Heizölpreisen.

Insgesamt haben die Energiegenossenschaften in Deutschland sprunghaft zugenommen. Inzwischen sind es über 600, und fast täglich werden neue gegründet. Es sind nun die Bürgerinnen und Bürger, die den Energiekonzernen ihr Geschäft streitig machen.

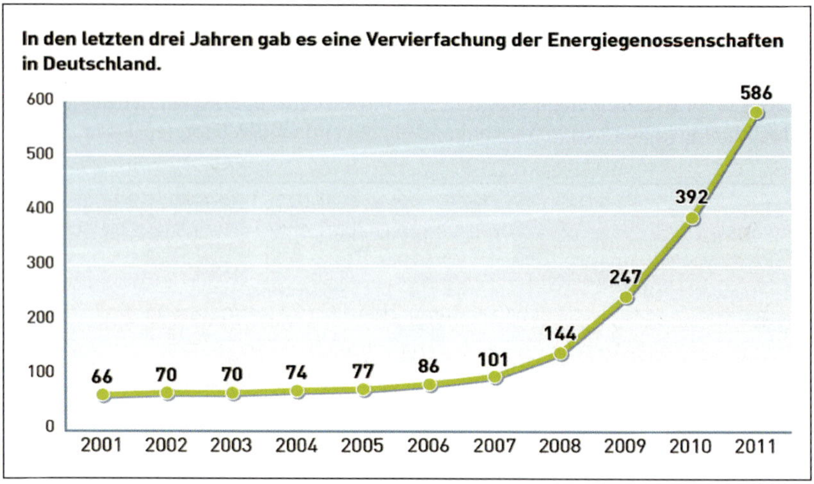

Bild 6: Entwicklung von Energiegenossenschaften in Deutschland (Quelle: Unendlich viel Energie, Klaus Novy Institut 2012)

Mit 23 Prozent Stromerzeugung aus Erneuerbaren Energien Ende 2012, die zumeist aus Bürgerhand und Stadtwerken kommen und eben kaum aus Investitionen der großen Konzerne, findet in Deutschland nicht nur eine Energierevolution, sondern auch eine kulturelle Revolution statt. Genau dies missfällt aber den großen Stromkonzernen in Deutschland. Ihnen entgleitet zunehmend das Kerngeschäft der Stromerzeugung. Daher gibt es Kampagnen gegen die Erneuerbaren Energien: Sie würden die Strompreise erhöhen, und deshalb müsse das EEG abgeschafft werden. Dass die Erneuerbaren Energien nicht schuld an den Strompreiserhöhungen sind, ist im Kapitel 4.3.3 ausführlich erläutert. Dennoch versuchten im Herbst 2012 interessensgeleitete Kampagnen, angeführt von der Initiative „Neue Soziale Marktwirtschaft", die Bevölkerung über millionenschwere Anzeigen in den Zeitungen und Plakataktionen mit Desinformationen gegen die Erneuerbare Energien zu überhäufen und fordern gar die Abschaffung des EEG.

Doch die Kampagnen der Verfechter des alten atomar/fossilen Energiesystems haben in Deutschland keine Chance mehr. Gerade im Herbst 2012, auf dem Höhepunkt der Kampagnen, zeigte eine Umfrage (siehe Grafik im Kapitel 4.31.) auf, dass die Akzeptanz der deutschen Gesellschaft für den weiteren Ausbau der Erneuerbaren Energien ungebrochen hoch ist. Viele Menschen in Genossenschaften, Betreibergemeinschaften und private Investoren haben eben erkannt, dass man selbst mit Erneuerbaren Energien lukrative und saubere Verdienste mit dem Klimaschutz erwirtschaften kann. Sie alle wollen nicht mehr in der Hand großer preistreibender Energiekonzerne sein und gehen daher diesen Kampagnen nicht auf den Leim.

Man kann daraus leicht lernen: Wenn die politischen Rahmenbedingungen stimmen, dann können Erneuerbare Energien und andere Klimaschutztechnologien viel schneller wachsen, als von vielen vorhergesagt. Es ist daher sehr realistisch anzunehmen, dass in Deutschland eine Vollversorgung mit 100 Prozent Erneuerbaren Energien im Stromsektor sehr wohl bis 2030 erreichbar sein wird.

Auch viele andere Prognosen der Vergangenheit unterschätzten die Wachstumsgeschwindigkeiten der Erneuerbaren Energien systematisch. So hatte die Internationale Energie Agentur in Paris (IEA) im Jahre 2002 eine Prognose für den globalen Ausbau der Windenergie für 2020 auf etwa 100 Gigawatt erstellt (IEA 2002). Tatsächlich gab es aber 2010 mit 203 Gigawatt schon doppelt soviel Windkraftleistung am Netz, wie erst für 2020 möglich gehalten wurde (GWEC 2010).

Die bewussten und konsequent zu niedrig angesetzten Möglichkeiten des Ausbaus der Erneuerbaren Energien ist Methode der konventionellen Energiewirtschaft. Mit scheinbarer Wissenschaftlichkeit werden die Ausbaupotenziale der Erneuerbaren Energien schlecht gerechnet, und alle Optimisten werden dann als Unrealisten diffamiert. Dies findet bis heute statt. Statt nun konsequent auf Erneuerbare Energien zu setzen, werden weiterhin deren Ausbaugeschwindigkeiten schlecht geredet und beispielsweise die Umstellung ganzer Regionen bis 2030 auf eine Vollversorgung mit Erneuerbaren Energien als unrealistisch gebrandmarkt. Nur so können konventionelle Energieversorger ihre heutigen Investitionen noch rechtfertigen. Ansonsten hätten sie faktisch kein Argument mehr, welches in der Öffentlichkeit ihre Investitionen in fossile und atomare Energien länger akzeptieren ließe.

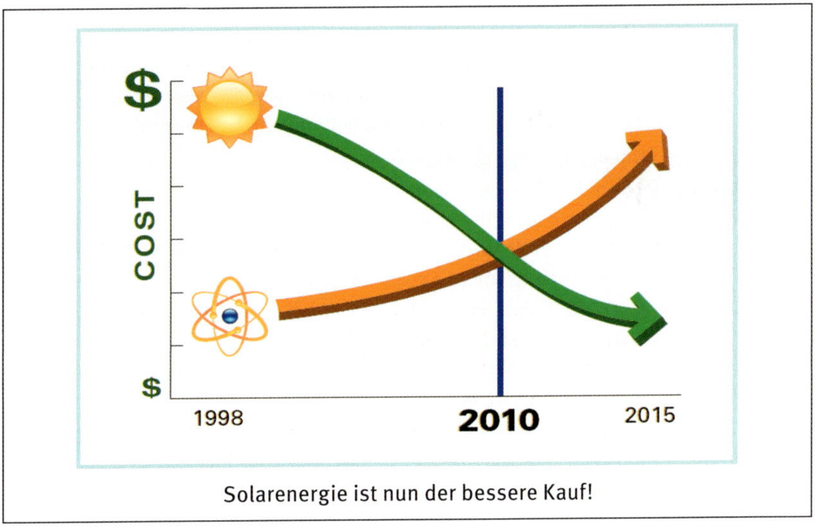

Bild 7: Solar vs. Atom: Eine Studie der Duke Universität
(Quelle: Duke University)

Da auch die Kosten für die Technologien rasant sinken, erkennen immer mehr Menschen, dass die Erneuerbaren Energien – zusammen mit Investitionen in die Energieeinsparung – die einzige Maßnahme ist, die schnell zu bezahlbaren Energiekosten führt. Heute bereits sind die Stromerzeugungskosten aus einem neuen Photovoltaikkraftwerk billiger als Strom aus einem neuen Nuklearreaktor, und in den nächsten Jahren geht diese Schere stark zugunsten der Erneuerbaren Energien weiter auf, wie eine Studie der Duke Universität, USA belegt (Blackburn/Cunningham 2010). Erneuerbare Energien (außer Bioenergien) haben den fundamentalen Vorteil, keine Brennstoffkosten zu benötigen. Deren entscheidender Kostenblock aber, die Investitionskosten, sinken weiter mit dem technologischen Fortschritt von Jahr zu Jahr. Da andererseits die Kosten für die konventionellen Energien, genauso wie deren externe Schadenskosten, mit zunehmender Verknappung der Ressourcen in den nächsten Jahren steil ansteigen werden, ist schon heute abzusehen, dass die Erneuerbaren Energien bald selbst für die Energiekonsumenten wesentlich kostengünstiger sein werden, als die konventionellen Energien.

Erfolg biologischer Landwirtschaft in Deutschland

32 Prozent der weltweiten Treibhausgasemissionen entfallen auf die Landwirtschaft, in Deutschland zwischen elf und 15 Prozent (Bündnis 90/Die Grünen 2009). Die biologische Landwirtschaft emittiert dabei wesentlich weniger CO_2 als die konventionelle industrielle Landwirtschaft. Ja, sie ist sogar in der Lage, CO_2 aus der Atmosphäre zu entnehmen und sicher als fruchtbarkeitsfördernden Humus in den oberen Bodenschichten abzulagern. Eine Studie des Instituts für ökologische Wirtschaftsforschung (IÖW) hat festgestellt, dass die weltweite Umstellung auf biologische Landwirtschaft 15–20 Prozent der Treibhausgasemissionen einsparen würde (IÖW 2008). Eine flächendeckende Umstellung auf Biolandwirtschaft ist also ein wesentlicher Baustein in einer funktionierenden Klimaschutzstrategie.

Häufig wird der biologischen Landwirtschaft entgegengehalten, sie sei zu teuer und würde deshalb von nur wenigen Menschen akzeptiert. Die Argumentation ist ähnlich wie bei Erneuerbaren Energien schlichtweg nicht korrekt. Da biologische Lebensmittel ja nicht nur klimaschützende Wirkung haben, sondern vor allem als Lebensmittel weitgehend ohne Pestizidbelastung besonders gesund sind, nimmt die Nachfrage der Verbraucher stark zu. In den letzten zehn Jahren hat der Umsatz von Biolebensmitteln in Deutschland um fast 300 Prozent zugenommen (BÖLW 2011). Deutschland ist damit der größte Bio-Markt in der Europäischen Union, gefolgt von Frankreich und dem Vereinigten Königreich.

Die Gesundheitsvorteile der Biolebensmittel sind also das Erfolgsgeheimnis hinter dem starken Anwachsen der Nachfrage. Neben der biologischen Erzeugung von landwirtschaftlichen Gütern spielen auch die Tierhaltung und der Fleischkonsum der westlichen Welt eine große Rolle beim Klimawandel. 70 Prozent der landwirtschaftlichen Treibhausgasemissionen gehen auf die Massentierhaltung zurück. Auf rund 1/3 der weltweit landwirtschaftlich nutzbaren Flächen werden Tierfuttermittel

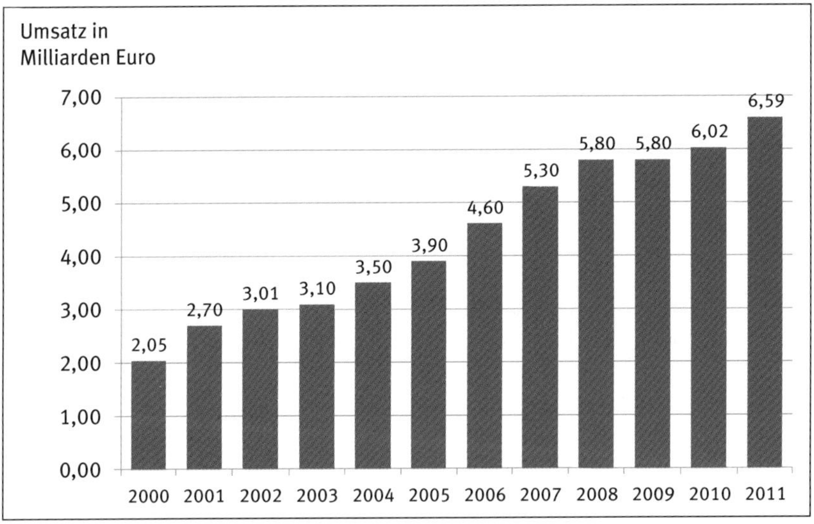

Bild 8: Umsätze für Öko-Lebensmittel in Deutschland in 2012
(Quelle: Arbeitskreis Biomarkt)

angebaut, während gleichzeitig ein großer Teil der Welt hungert. Eine weitgehend vegetarische Ernährung der Menschheit und eine Grünlandbeweidung der Rinder statt industriell erzeugtem Kraftfutter würden dagegen wesentlich weniger Agrarflächen zur Welternährung benötigen. Wenn Verbraucher also biologisch, regional und weniger fleischlastig essen, verringern sie ihren CO_2-Beitrag enorm. Darüber hinaus ist eine biologische, regional eingekaufte und fleischarme Ernährung gesünder (Bündnis 90/Die Grünen 2009).

Eine Umstellung der weltweiten Ernährung auf biologisch angebaute Lebensmittel, die zudem noch fleischarm ist, bringt erhebliche Beiträge für den Klimaschutz. Sie ist aber ebenso wie die Umstellung auf Erneuerbare Energien keine Belastung für die Ökonomie oder die Verbraucher, sondern bringt sowohl finanzielle Vorteile der Gesundheitskosten und über Flächenschonung erhebliche Entlastungen der landwirtschaftlichen Produktionskosten.

Erfolg nachhaltiger Chemie in Deutschland

Etwa zehn Prozent des Erdölbedarfs gehen heute global in die Chemieproduktion, vor allem als Rohstoff für Kunststoffe. Da nach der Nutzungsdauer diese Kunststoffe meistens in der Müllverbrennung landen, tragen sie eben auch erheblich zur Aufheizung des Klimas bei. Eine Chemie, die ihre Rohstoffe aus der Natur, vor allem mit nachwachsenden Pflanzen deckt, kann und muss einen erheblichen Anteil zum Klimaschutz beitragen. Vor allem, wenn die Biokunststoffe biologisch abbaubar sind, können sie der Kompostierung oder besser noch der Vergärung oder der hydrothermalen Carbonisierung zugeführt werden. In allen diesen Verwertungswegen können Biokunststoffe sogar zur Decarbonisierung der Atmosphäre beitragen und so einen erheblichen Effekt zum Klimaschutz bewirken.

In verschiedenen Ländern wird seit Jahren ein Ausbau der Nutzung von Biokunststoffen vorangetrieben. Vor allem in Großbritannien, Frankreich, Deutschland und Italien, aber auch in Fernost und den USA werden erfolgreich Markteinführungsprogramme für Biokunststoffe auf den Weg gebracht. So stieg der weltweite Markt für Biokunststoffe in den letzten zehn Jahren rasant an. Im Jahre 2010 wurden circa 700 000 Tonnen Biokunststoffe produziert, im Jahre 2015 sollen es bereits 1,7 Millionen Tonnen sein (European Bioplastics 2011). Biokunststoffe decken bereits jetzt bis zu 15 Prozent des Plastikmarktes ab (Helmut Kaiser Consultancy 2011). Insgesamt konnte die deutsche chemische Industrie in den letzten zehn Jahren ihre Treibhausgasemissionen um 47 Prozent reduzieren – bei wachsender Produktionsstärke.

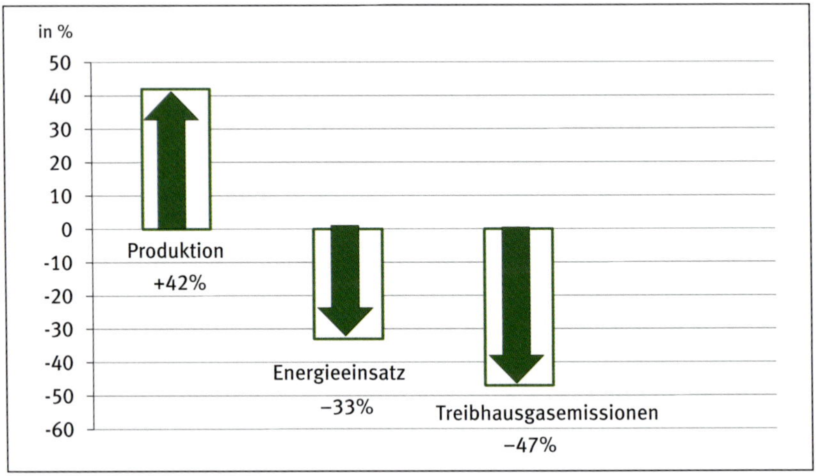

Bild 9: Deutsche Chemiewirtschaft 1990 bis 2009:
Minderung Klimagasemissionen trotz Produktionssteigerungen
(Quelle: VCI, Statistisches Bundesamt)

Armutsbekämpfung mit Erneuerbaren Energien

Der Reichtum der industrialisierten Nationen scheint sich auf der Nutzung der atomaren und fossilen Rohstoffe zu begründen. Dieser Reichtum ist aber nur erkauft mit der Armut weiter Teile dieser Welt, die als unterentwickelt gelten. 80 Prozent aller konventionellen Energierohstoffe werden nur von 20 Prozent der Menschheit verbraucht. Die gleichen 20 Prozent wohlhabenden Menschen besitzen 80 Prozent der weltweiten Finanzmittel (UNEP 2008). Die ungerechte Energieverteilung ist also exakt ein Spiegelbild der Armuts- und Reichtumsverteilung dieser Welt.

Die Armut vieler Menschen ist darin begründet, dass sie keinen Zugang zu moderner Energie, vor allem Elektrizität, haben. So bleibt oftmals wegen Mangel an Licht in den Abendstunden ausreichende Bildung auf der Strecke. Handwerker ohne Strom und einfache Maschinen können finanziell nicht mit Handwerkern konkurrieren, die Zugang zu Energie haben. Es ist daher kein Wunder, dass in den Entwicklungsländern die Bevölkerungszahlen in Städten rasant zunehmen, weil es dort oftmals, im Gegensatz zu den ländlichen Räumen, elektrischen Strom gibt.

Wer Armutsbekämpfung leisten will, muss auch in die ländlichen Räume Energie bringen. Immer teurer werdenden Erdöltreibstoff können sich aber immer weniger Menschen leisten. Er ist nicht geeignet, Armut zu bekämpfen. Strom aus Atom- und Kohlekraftwerken braucht immens verzweigte und damit teure Leitungen, um ländliche Räume zu erschließen. Daher ist auch er zur wirksamen Armutsbekämpfung ungeeignet.

Dezentrale Erneuerbare Energie dagegen sind frei von Brennstoffkosten und können daher nach einer Anschubfinanzierung Armut überwinden helfen. Ein besonders erfolgreiches Programm dafür ist das Kleinkreditprogramm der Grameen Bank in Bangladesch.

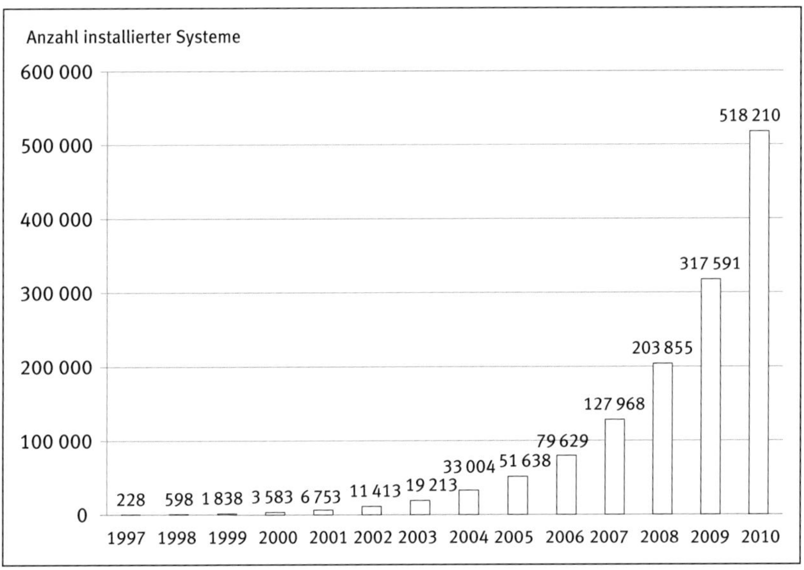

Bild 10: Anzahl der installierten Solarhome-Systeme durch die Grameen Bank in Bangladesch (Quelle: Grameen Bank)

Mit Mikrokrediten wurde die Anschaffung von Solarhome-Systemen unterstützt. Einer halben Million Menschen konnte damit bisher schon der Zugang zu abendlichem Licht und zu handwerklicher Unterstützung geliefert werden (Grameen Shakti 2011). Über Mikrokredite gelang es also schnell, die sogar angeblich sehr teure Solartechnik in Armutshütten zu bringen. Auf Strom aus Kohle oder Kernkraft hätten diese Menschen noch Jahrzehnte gewartet. Nancy Wimmer hat in ihrem Buch „Innovation und Energie für Millionen Dörfer“ die Erfolge der Grameen Bank beschrieben und hervorragende Vorschläge gemacht, wie dieses Erfolgsmodell für Armutsbekämpfung auf andere Regionen übertragen werden kann (Wimmer 2012). Zur Umsetzung dieser Erfolgsmodelle schlägt sie eine Rural Business Academy (RBA) mit einem Schwerpunkt auf Erneuerbare Energien vor.

Ähnliche Erfolge gibt es auch mit Programmen für Kleinwindanlagen in der Mongolei (Mendbayar Badarch et Al. 2006) oder Kleinwasseranlagen in Tibet (GIZ 2011). Auch die Vereinten Nationen beschreiben in ihren Millenniumzielen den Zugang zu Erneuerbaren Energien als ein Schlüsselelement zur Armutsbekämpfung (REN21 2005a).

1 Die Krise des fossil-atomaren Zeitalters verschärft sich in dramatischer Geschwindigkeit

Nach Berechnungen des Rückversicherers Munich Re gab es im Jahre 2010 950 Naturkatastrophen mit rund 295 000 Todesopfern. Der Schaden beläuft sich auf über 130 Milliarden US-Dollar. Damit war 2010 ein absolutes Katastrophenjahr und ein starkes Indiz für das Voranschreiten des Klimawandels (Munich Re 2011). Zwar sind nicht alle Katastrophen klimabedingt; Erdbeben oder Tsunamis beispielsweise gehören eindeutig nicht dazu. Aber klimabedingte Schadensereignisse wie Stürme, Überschwemmungen, Hitzeperioden und andere von der Munich Re aufgelistet, nehmen beständig zu. Die verheerenden Taifune in Südostasien, besonders Philippinen und der Hurrikan Sandy über New York, haben 2012 eine erneute besondere Schadensdimension erreicht.

Die weltweiten Krisen, hervorgerufen durch das fossile und atomare Energiesystem, verschärfen sich in dramatisch zunehmender Geschwindigkeit. Die Verbrennung der fossilen Rohstoffe Erdöl, Erdgas und Kohle sind Hauptverursacher für CO_2-Emissionen und damit Hauptverursacher für die Erderwärmung. Die Verknappung der Verfügbarkeit von Energierohstoffen lässt die Energiepreise steigen und die politischen wie gewalttätigen Konflikte um Rohstoffe permanent zunehmen. Gleichzeitig nehmen verheerende Nuklearkatastrophen zu, jüngst erst in Fukushima, Japan.

1.1 Die Katastrophen infolge der Erderwärmung nehmen immer mehr zu

2010 war das wärmste Jahr seit der Temperaturaufzeichnung (NOAA 2011). Naturkatastrophen, die höchstwahrscheinlich auf die Erderwärmung direkt zurückgeführt werden können, haben auch 2010 dramatische Ausmaße angenommen. Bei Überschwemmungen durch Monsunregen bisher unbekannten Ausmaßes sind in Pakistan Tausende Dörfer und Städte über- oder gar ganz weggeschwemmt worden. Wald- und Torfbrände infolge extremer Trockenheit und Hitze in Russland haben ganze Wälder und Dörfer zerstört. Nordaustralien wurde von Überschwemmungen und einem Taifun bisher unbekannten Ausmaßes heimgesucht.

Auf Grund der erhöhten Temperaturen schmelzen weltweit die Gletscher, was wiederum zu einer Erhöhung des Meeresspiegels führt. Forscher der University of Pennsylvania und des Potsdam Institute of Climate Impact Research haben nachgewiesen, dass der Meeresspiegel des Atlantischen Ozeans heute höher als in den gesamten letzten zweitausend Jahren ist. Das Potsdam Institute for Climate Impact sprach im Jahre 2009 davon, dass das Meeresspiegel bis zum Jahre 2100 zwischen 75 und 190 cm steigen wird (Potsdam Institute for Climate Impact Research 2011). Schon ein Meter Anstieg hätte fatale Folgen für die Welt. Kaum ein Deich in Europa kann um mehr als einen Meter erhöht werden, sodass Länder wie die Niederlande mit extremen Konsequenzen rechnen müssen. Nach Berechnungen von Rijkswaterstaat, dem zuständigen Meeresamt, kosten die Anpassungen den Niederlanden bei einem Meeresspiegelanstieg um einen Meter 4,5 bis 5,5 Milliarden Euro (Permanent Service for Mean Sea Level 2011).

Dass der Klimawandel auch für die Zunahme von Konflikten und Bürgerkriegen verantwortlich ist, haben jetzt Geoforscher von der renommierten Columbia University in New York bewiesen. Für einen Zeitraum von rund 50 Jahren werteten die Forscher 234 Bürgerkriege aus und ihren direkten Zusammenhang mit dem Wetterphänomen El Niño. Die Zahl der Kriege verdoppelt sich nach Aussagen der Forscher in den Ländern, die im gleichen Jahr von El Niño getroffen worden sind. Damit wurde das erste Mal nachgewiesen, dass „bei großer Armut oder sozialer Ungleichheit (...) Klimaverschlechterungen gesellschaftliche Spannungen verstärken" können (Bojanowski 2011).

Daneben hat der Klimawandel auch gesundheitliche Konsequenzen für die Menschheit. Seit 1990 sind alleine in Europa rund 112 000 Menschen im Zuge von Naturkatastrophen, die auf den Klimawandel zurückzuführen sind, ums Leben gekommen. Auch in Deutschland nehmen die negativen gesundheitlichen Effekte auf Grund des Klimawandels weiter zu, insbesondere Folgeeffekte durch Hitzewellen, Allergien und Infektionskrankheiten. Die gesundheitlichen negativen Folgen der konventionellen Energienutzung beschränken sich aber keineswegs auf die Klimaveränderung. Durch die Verbrennung fossiler Rohstoffe entstehen Gifte und Stäube in der Atemluft, die Millionen von Menschen zu Atemwegserkrankungen, Herzkreislaufbelastungen und anderen Krankheiten wie Krebs führen. Der Bergbau fossiler und atomarer Rohstoffe verseucht dringend benötigtes Trinkwasser, vergiftet Böden und ganze Flüsse. Die Abfälle aus der Energieerzeugung und dem Bergbau belasten Millionen von Menschen mit gravierenden gesundheitlichen Folgen. Beispielsweise leiden viele Menschen an den Langzeitfolgen wie Krebs, ausgelöst durch niedrigradioaktive Strahlung, die bereits im normalen Betrieb von Kernkraftwerken, aber auch beim Uranbergbau oder bei der Entsorgung von Atommüll, freigesetzt wird. Eine beindruckende Analyse der gesundheitlichen, ökologischen und klimatischen Auswirkungen alleine der Luftverschmutzungen, die ja zu einem großen Teil vom fossilen Energiesystem verursacht werden, hat Marc Z. Jacobsen in seinem Buch „Luftverschmutzung und globale Erwärmung" analysiert (Jacobson 2012).

1.2 Die fossilen Rohstoffe verursachen nicht nur das Klimaproblem

Der Ölpreis stieg Anfang 2011 erneut auf über 100 Dollar pro Barrel. Damit zogen auch die Lebensmittelpreise an. Die Perspektivlosigkeit der meist arbeitslosen Bevölkerung in Zusammenhang mit der Steigerung der Lebenshaltungskosten und der Unterdrückung durch korrupte Regierungen haben ausgerechnet in den Ölstaaten Nordafrikas zu Unruhen, Umstürzen und sogar Bürgerkrieg geführt, in Libyen, Tunesien, Algerien, Ägypten, Syrien, Jemen u. a.

In dem Buch *The Paradox of Plenty* erklärt Terry Karl, warum ölreiche Länder zu den ärmsten und konfliktreichsten der Welt gehören. Ölreiche Länder setzen ihren wirtschaftlichen Fokus meist einseitig auf das Öl und lassen dadurch andere Zweige schleifen. Kleine Unternehmen und andere Industriezweige haben dadurch kaum eine Chance, sich zu entwickeln. Regierungen und kleine Eliten profitieren meist komplett von den Öleinkommen und setzen weniger auf Steuern, daher gibt es weniger Berührungspunkte zwischen Volk und Regierung. Korruption und Bestechung sind nur eine Konsequenz daraus (Karl 1997).

Die Gier nach immer knapper werdendem Erdöl lässt immer mehr unkonventionelle Erdölquellen anzapfen, wie Tiefseeöl oder großflächiger Tagebau mit gigantischer Naturzerstörung für Ölsande, z. B. in Kanada. Wie stark dann ein Schaden sein kann, zeigte eine einzige Explosion einer Ölplattform im Golf von Mexiko.

- Geschätzter Schaden: 100 Mrd. US-Dollar
- BP will 38 Mrd. US-Dollar zahlen

Bild 11: Ölkatastrophe im Golf von Mexiko
(Quelle: Reuters 06/17/2010, Flickr/etiennecoutu)

Der Staat Louisiana hat den Schaden auf etwa 100 Milliarden US-Dollar beziffert. BP als Verursacher hat eine Schadensbegleichung von etwa 37 Milliarden US-Dollar zugesagt. Den Rest bezahlen Tausende Fischer oder Touristikunternehmen mit Existenzvernichtung.

1.2.1 Von der Ölkrise zum heutigen Verbrauch

Der Erdölschock im Jahre 1973 ist einigen noch in Erinnerung. Damals drehte die OPEC der Welt aus politischen Gründen den Ölhahn zu. Sonntagsfahrverbote, Einschränkungen der Fahrerlaubnis und andere einschneidende Maßnahmen waren die Folge. Mit einem Schlag wurde der Weltgemeinschaft bewusst, wie abhängig der Wohlstand, die Wirtschaft, ja das tägliche Leben von ausreichend fließenden Energielieferungen sind.

Doch die niedrigen Ölpreise der achtziger und neunziger Jahre ließen dieses Bewusstsein wieder schwinden; die weltweite Abhängigkeit vom Erdöl nahm zu. Anfang des letzten Jahrzehntes wuchs laut Internationaler Energie Agentur (IEA) die Nachfrage trotz gestiegener Ölpreise im Schnitt jährlich um mehr als 2 Millionen Barrel pro Tag. Zum Vergleich: Deutschland verbraucht insgesamt rund 2,5 Millionen Barrel pro Tag. Ein Großteil des Anstiegs ist auf das hohe Wirtschaftswachstum und die starke Zunahme von PKW im asiatischen Raum zurückzuführen. Diesem starken Verbrauchsanstieg in einigen Regionen steht seit kurzem die stagnierende und bald sinkende Erdölförderung gegenüber. Seitdem das Erdölangebot stagniert, ist der Verbrauchanstieg in einigen Regionen mit Verbrauchsrückgängen in anderen Regionen verbunden.

1.2.2 Die neue Dimension der Erdölverknappung, Finanzkrise und Eurokrise

Der Erdölschock der siebziger Jahre droht sich durch die Ressourcenverknappung nun in veränderter Form als langfristige Krise zu wiederholen. Im Unterschied zu den siebziger Jahren lässt sich die heutige Krise jedoch nicht durch kurzfristiges Erschließen neuer Erdölfelder oder Umstieg auf andere fossile Energien wie Erdgas beheben. Daraus ergibt sich ein ungeheurer Druck auf die Märkte und eine Gefährdung der Weltwirtschaft mit unabsehbaren Folgen insbesondere für die Entwicklungsländer.

Kennzeichen der neuen Ölkrise ist insbesondere die schnelle Dynamik der Ablösung und die sich daraus ergebenden wirtschaftlichen Turbulenzen, welche innerhalb nur eines Jahres auftreten können. Wir haben es hier nicht mit einem graduellen Prozess zu tun, in welchem langsam umgesteuert werden kann, sondern sind bereits in die dynamische Phase der Verknappung eingetreten, in welcher die Schere zwischen Nachfrage und Angebot sich sehr schnell öffnet. Damit stehen wir vor einer äußerst komplexen und schwierig zu bewältigenden globalen Herausforderung.

Bezeichnend für die beginnende Erdölkrise ist ein bemerkenswerter Zusammenhang zwischen der **weltweiten Finanzkrise 2008** und den hohen Erdölpreisen im August 2008. Damals erreichte der Erdölpreis ein Rekordhoch von fast 150 Dollar pro Barrel. In den Jahren zuvor hatten verantwortungslose Banken millionenfach Kredite an US-Hausbauer ausgereicht, die diese mit ihren geringen Verdiensten eigentlich nicht beherrschen konnten. Als nun die Benzin- und Heizkosten in den USA wegen der Ölpreissteigerung explodierten, konnten viele Hausbesitzer Zins und Tilgung ihre Kredite nicht mehr bezahlen, und Millionen von ihnen mussten ihren privaten Offenbarungseid leisten. So ist es kein Zufall, dass die Finanzkrise von 2008, die die Weltwirtschaft extrem beutelte, exakt zum Zeitpunkt des Höchststandes des

Ölpreises ausbrach. Das starke Sinken des Ölpreises auf unter 40 Dollar pro Barrel in den darauffolgenden Monaten war dann nur eine logische Folge des Einbruchs der Weltwirtschaft und des damit verbundenen Nachfragerückgangs von Erdöl. Seitdem sich die Weltwirtschaft wieder erholte, hat die Erdölnachfrage wieder zugenommen, und mit ihr stieg der Erdölpreis Anfang 2011 wieder deutlich über 100 Dollar.

Auch die **EUROKRISE**, die sich seit 2006 anbahnte und seit 2010 dramatisch zuspitzte, hat im tieferen Kern ihre Ursache in den Ölpreissteigerungen seit dem Überschreiten des *Peak of oil* für *Crude Oil* (leicht gewinnbares Erdöl) im Jahre 2006. Noch um das Jahr 2005 warnten viele Ökonomen, dass die Weltwirtschaft einen dauerhaft über 100 Dollar pro Barrel liegenden Ölpreis nicht ohne Schaden verkraften kann. Nun liegt seit Anfang 2011 der Ölpreis dauerhaft über 100 Dollar, aber die Analysen der Ökonomen – und vor allem die öffentliche Debatte – lassen eine ernsthafte Auseinandersetzung mit dem Zusammenhang zwischen Ölpreis und Wirtschaftskrise vermissen.

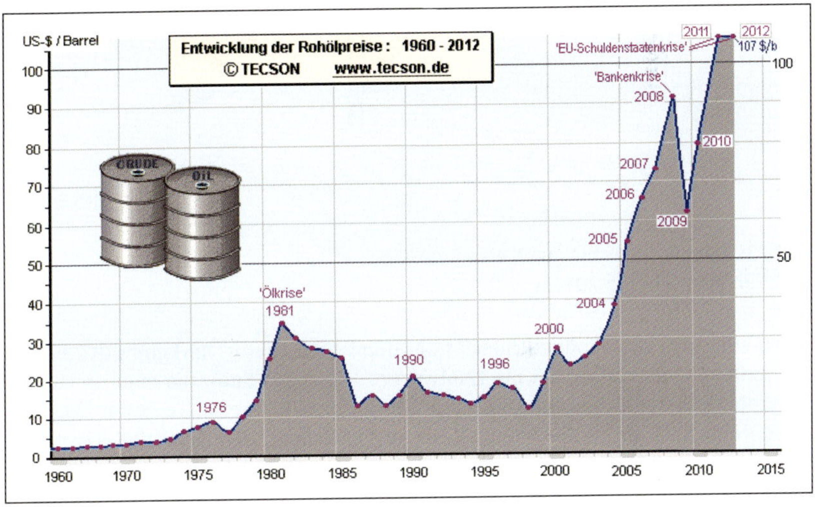

Bild 12: Rohölpreise von 1960 bis 2012
(Quelle: Tecson 2012)

Dabei ist es kein Wunder, dass die Eurozone als erster der weltweit großen Wirtschaftsräume in eine derartig gravierende Wirtschaftskrise geraten ist – ist doch die Eurozone am stärksten von allen großen Wirtschaftsräumen der Erde von fossilen und atomaren Rohstoffimporten anhängig und damit bei Preissteigerungen besonders verwundbar.

Der Abgeordnete im Europaparlament, Sven Giegold, ließ die Rohstoffimportrechnungen der EU 27 analysieren und der europäischen Handelsbilanz gegenüberstellen. Das Ergebnis ist frappierend. Je stärker die Rohstoffimportrechnungen mit den Rohstoffpreisen von Erdöl, Erdgas, Kohle und Uran sowie die der metallischen Rohstoffimporte steigen, umso höher wird das Außenhandelsdefizit der EU 27.

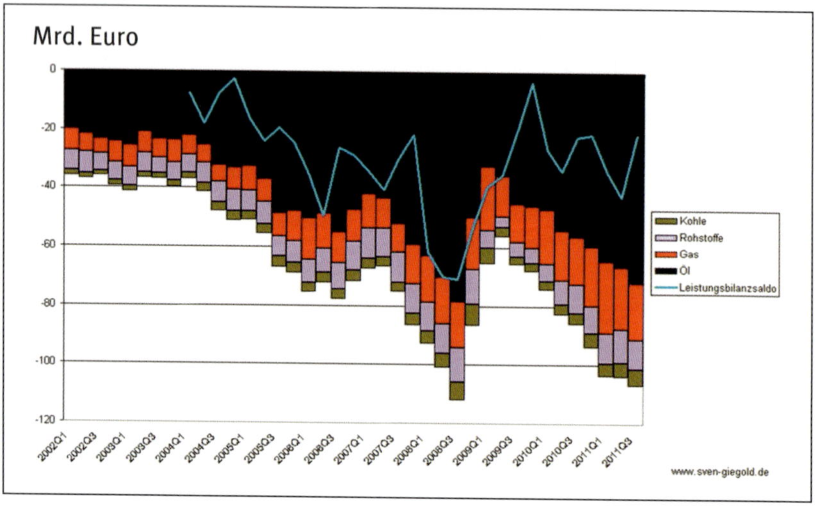

Bild 13: Die Euro-Krise ist auch eine Erdölkrise
(Quelle: Sven Giegold 2012)

Dabei sind die Erdölimportrechungen der dominante Faktor. Im Jahre 2010 betrug das Außenhandelsdefizit der EU 27 etwa 120 Milliarden Euro, die Importrechnung für Erdöl, Erdgas, Kohle und Uran aber über 400 Milliarden Euro. Jeder Familienvater weiß, dass er die Rechnungen für seine Heizung, den Sprit und den Strom nicht begleichen kann, wenn er weniger verdient als diese Rechnungen verlangen. Dann muss er entweder die Heizung im Winter drosseln oder gar ausmachen oder Schulden aufnehmen. Auch für ganz Europa gilt das gleiche. Europa kann trotz des großen Exportüberschusses, den Deutschland erwirtschaftet, insgesamt nicht mehr so viel Waren produzieren und exportieren, um mit diesen Erlösen die Rohstoffimportrechnungen zu bezahlen. Die Folge ist, dass viele Staatshaushalte dies mit Verschuldungen auszugleichen versuchen.

Gerade in den südlichen Euroländern ist das Staatsdefizit besonders groß und damit auch die Staatsverschuldung. Natürlich spielen die allseits bekannten finanz- und fiskalpolitischen Fehlleistungen von Regierungen und Banken eine große und entscheidende Rolle, doch die versteckte Ursache der steigenden Rohstoffpreise, vor allem für fossile Brennstoffe, wird kaum diskutiert. Wer dies aber so analysiert, wird schnell erkennen, dass ein Umstieg auf 100 Prozent Erneuerbare Energien auch zur Bekämpfung der Eurokrise unverzichtbar ist. Zum einen werden immer teurer werdende Rohstoffimporte vermieden, zusammen mit den immer höher steigenden Subventionen zur Stützung der Öl-, Gas- und Kohlepreisen; zum anderen wird der Umbau der Energieversorgung viele neue Arbeitsplätze schaffen, die zur Bekämpfung der Massenarbeitslosigkeit und zur Wirtschaftsbelebung so dringend erforderlich sind. Konsequenter Klimaschutz wäre also auch ein wesentlicher Beitrag zur Bekämpfung der EUROKRISE.

Da die Erdölpreise einen enormen Einfluss auf die Weltwirtschaft haben, wäre es natürlich gut, verlässliche Prognosen über die Preisentwicklung zu haben. Doch genau bei diesen Prognosen haben Wirtschaftswissenschaftler und die wichtigsten Beratungsinstitutionen im letzten Jahrzehnt völlig versagt. Durch ihre Ignoranz der Anerkennung des *Peak Oil*-Problems haben sie immer wieder zu Beginn eines Jahres völlig zu niedrig angesetzte Ölpreisprognosen für das darauffolgende Jahr in die Welt gesetzt. Mit *Peak Oil* bezeichnet man den Zeitpunkt der Überschreitung des Gipfels der Erdölförderung. Nach Überschreitung von *Peak Oil* sinkt die Weltölförderung.

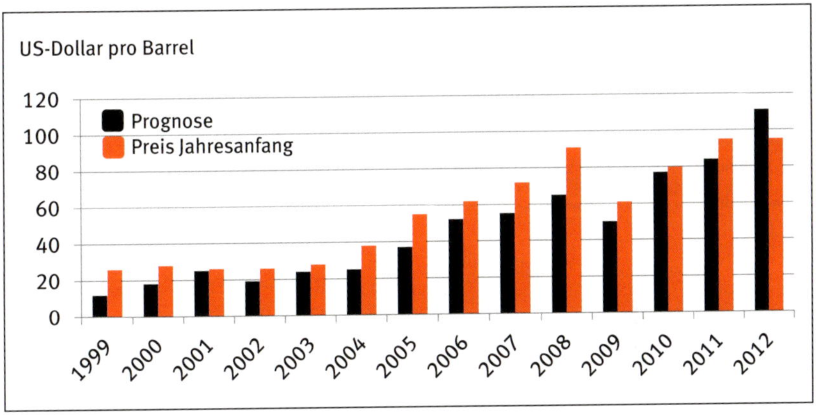

Bild 14: Prognostizierte und tatsächliche Ölpreise
(Quelle: DZ-Bank, Commerzbank, tecson, MWV)

Seit der Jahrtausendwende haben sich die Rohölpreise mehr als verzehnfacht. Von gut 10 US-Dollar pro Barrel auf über 130 US-Dollar im Mai 2008 und dauerhaft über 100 Dollar in den Jahren 2011 und 2012. Die IEA hat diese Preisentwicklung nie vorausgesagt. Im Jahre 2004 prognostizierte die IEA für das Jahr 2008 einen Ölpreis von 22 Dollar pro Barrel. Als der Ölpreis im November 2007 bei etwa 100 US-Dollar stand, prognostizierte die IEA wie immer einen schnellen Rückgang des hohen Ölpreises, mit einer minimalen Steigerung auf etwa 62 US-Dollar pro Barrel für das

Jahr 2030 – absurde Prognosen in Anbetracht des heutigen Ölpreises! Nichtsdestotrotz werden genau diese absurden und zu niedrig angesetzten Prognosen in der Debatte als realistisch angenommen. Ja, mehr noch: Sie bilden sogar die Grundlage für den Vergleich der Energiekosten fossiler und erneuerbarer Energieproduktion. Nur aus diesen falsch angesetzten Ölpreisprognosen konnte sich die Fehlinterpretation behaupten, dass Erneuerbare Energien und Klimaschutztechnologien eine teure Belastung wären. In Wirklichkeit sieht es ganz anders aus: Die Abhängigkeit von Erdöl ist die Belastung für die Weltwirtschaft – und nicht die Umstellung auf Erneuerbare Energien.

1.2.3 Sicherheitsprobleme durch die Erdölabhängigkeit

Die Weltwirtschaft ist extrem verbunden mit der Nutzung von Erdöl. In den kommenden Jahren erwarten viele Analysten nicht nur eine stagnierende weltweite Erdölförderung, sondern sogar eine sinkende. Das weltweite Maximum der Erdölförderung (*Peak Oil*) wird in den kommenden Jahren mit Sicherheit überschritten, manche Experten sehen den *Peak Oil* bereits überschritten. Dies wird die Weltwirtschaft in bisher unbekannten Dimensionen belasten.

Eine Studie des deutschen Militärs, erstellt vom wissenschaftlichen „Zentrum für Transformation der Bundeswehr" aus dem Jahre 2010 analysierte dies aus der Sicht der Sicherheitsproblematik.

„Der Eintritt des *Peak Oil* ist (...) unvermeidlich."

„Diese Teilstudie zeigt, dass das sehr ernst zu nehmende Risiko besteht, dass eine durch nachhaltige Knappheit von wichtigen Rohstoffen ausgelöste globale Transformationsphase (...) nicht ohne sicherheitspolitische Friktionen vonstatten gehen wird."

Bild 15: Bundeswehrstudie zu *Peak Oil*
(Quelle: Zentrum für Transformation der Bundeswehr)

Die Studie stellt *Peak Oil* als eine der stärksten Sicherheitsbedrohungen der Welt dar, vor allem über die wirtschaftlichen Auswirkungen (Zentrum für Transformation der Bundeswehr 2010). Viele der in der Studie beschriebenen Auswirkungen lassen sich gerade im Jahre 2011 an den Entwicklungen des Weltgeschehens ablesen. So würden Staatshaushalte unter extremen Druck geraten. Exakt dies beherrschte die Schlagzeilen in den USA und im Euroraum besonders gravierend. Mittelfristig erwarten die Bundeswehrwissenschaftler eine Kette von heftigen Verwerfungen: Vertrauensverlust in Währungen; Massenarbeitslosigkeit; Staatsbankrotte; den Zusammenbruch kritischer Infrastrukturen und gar Hungersnöte.

Durch die extreme Abhängigkeit der meisten Industriestaaten von wenigen Öllieferstaaten werden aber auch militärische Spannungen zunehmen, da sich alle Regierungen immer mehr auf das Beschaffen von Erdöl und anderen Energieressourcen konzentrieren müssen, um soziale Spannungen im eigenen Lande zu verhindern. Dabei wird bereits seit Jahrzehnten über Kriege um Erdöl diskutiert. So gelten die beiden Irak-Kriege als Ölkriege. Aber auch viele Bürgerkriege finden zumindest teilweise ihre Ursache im Erdöl, so in Nigeria, im Sudan, im nördlichen Südamerika und anderswo. Im Übrigen ist die Geschichte des Erdöls auch eine Geschichte der Kriege um Erdöl in den Erdölförderländern. Ausführlich hat dies Hans Kronberger beschrieben in seinem Buch *Blut für Öl* (Kronberger1998, aktualisiert Sept 2011).

1.2.4 Entwicklung der Erdölförderung

Bis in die frühen sechziger Jahre hinein wurde noch deutlich mehr Erdöl gefunden als verbraucht. Dies hat sich längst gedreht. Seit mehreren Jahrzehnten betragen die neuen Funde nur einen Bruchteil des jährlichen Erdölverbrauchs. Zwar wird immer wieder über neue Funde berichtet. Ein genauerer Blick zeigt jedoch, dass deren prognostiziertes Volumen deutlich unter dem früherer Neufunde liegt.

Institutionen wie die *Energy Watch Group* (EWG 2011) oder die „Association for the Study of Peak Oil and Gas“ (ASPO 2011) gehen zwar auch von weiteren Funden aus. Sie warnen aber davor, dass diese die ausgeschöpften Ölquellen nur zu einem viel zu kleinen Teil werden ersetzen können.

Tatsache ist, dass die Erdölförderung in vielen Ländern und Förderregionen seit Jahren oder sogar Jahrzehnten rückläufig ist. In Nordamerika geht sie bereits seit den siebziger Jahren zurück, seit 2000 auch in der Nordsee. Der Tightölboom in den USA wird dem weiteren langfristigen Rückgang der US-Ölförderung nur wenig Aufschub bringen. Nur in wenigen Regionen kann die Förderung noch etwas gesteigert werden, hierzu zählen Teile Afrikas und Brasilien. Die Zuwächse in diesen Regionen werden in den nächsten Jahren aber nicht einmal ausreichen, um die Rückgänge in den alten Förderregionen auszugleichen, von einer Deckung der zusätzlichen globalen Nachfrage ganz zu schweigen. Und schließlich wird auch in diesen Regionen die Erdölförderung ihren Höhepunkt erreichen und dann zurückgehen. Diese klaren und sich immer mehr durchsetzenden Erkenntnisse stehen im klaren Widerspruch zur öffentlichen Meinung und zum scheuklappenartigen Handeln vieler Regierungen. Diese verlassen sich zu sehr auf die Prognosen der Internationalen Energieagentur in Paris (IEA) die in ihren World Energy Outlooks (WEO) seit Jahren den Eindruck erweckt, die Erdölförderung der Welt könne noch deutlich gesteigert werden.

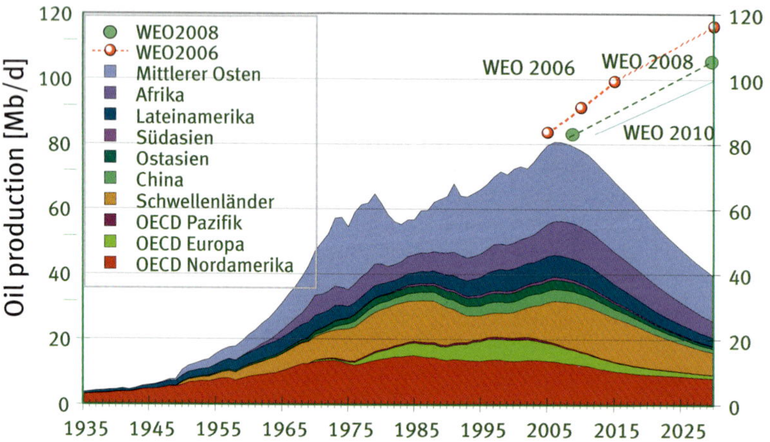

Bild 16: Weltweite Erdölförderung
(Quelle: *Energy Watch Group*)

Die *Energy Watch Group* hat längst in einer Studie nachgewiesen, dass der *Peak Oil*, also das Maximum der Erdölförderung für leicht gewinnbares Rohöl, bereits im Jahre 2006 überschritten wurde. Für das Jahr 2030 wird eine Erdölförderung prognostiziert, die nur in etwa der Hälfte der von 2010 entspricht. Die reale Entwicklung der Erdölförderung der letzten Jahre hat ziemlich exakt die Vorhersagen der *Energy Watch Group* bestätigt.

Äußerst fraglich sind technologische Lösungen für die versiegenden Ölquellen. Immer wieder wird berichtet, neue Technologien ermöglichten eine erhöhte Ausbeute der Ölfelder. Dies bestätigt sich nicht nennenswert. Die Technologien, von denen die Rede ist, sind zum Teil schon seit vielen Jahren im Einsatz und konnten dennoch den Förderrückgang in einer Vielzahl von Feldern nicht aufhalten. Manchmal tragen sie zwar zu einer kurzfristigen Reduzierung des Förderrückgangs bei, dieser stellt sich aber bereits nach wenigen Jahren wieder ein. Darüber hinaus bergen manche Ansätze wie Horizontalbohrungen und Wasserinjektionen die Gefahr, kurzfristige Fördersteigungen mit einer insgesamt geringeren Ausbeute der Ölfelder zu erkaufen. Zudem gehen entsprechende Techniken mit hohen ökologischen Belastungen einher. Vielfach werden giftige Chemikalien in den Untergrund injiziert, mit meist unbekanntem, aber dennoch erheblichem Risikopotenzial für die Ökologie. So nimmt der weltweite Öl- und Gasbedarf derzeit um etwa 1,5 bis 2 Prozent jährlich zu, aber der Bedarf an Ölfeldchemikalien um 5 Prozent – der Markt der Ölfeldchemikalien umfasst jetzt bereits 3 Milliarden Euro pro Jahr (Burger 2011).

Schiefergas: die neue Propaganda der Erdgas- und Erdölwirtschaft

In jüngster Zeit werden – vor allem aus den USA – wieder neue, aus Sicht der Erdöl- und Erdgaswirtschaft euphorische Prognosen über langfristige und billige Verfügbarkeit fossiler Rohstoffe mit Schiefergas (Shalegas) und Tightoil gemeldet. Diese mit sogenanntem Fracking, also dem Aufbrechen von Gesteinen, gewonnen Erdgas- und Erdölmengen, haben in den USA tatsächlich einen großen Aufschwung genommen. Mit giftigen Chemikalien unter Gefährdung weiter Trinkwasserressourcen wird das Schiefergas mit Hilfe von Fracking gewonnen. Bezeichnend ist, dass es Fracking in den USA schon in den dreißiger Jahren des letzten Jahrhunderts gab. Der Aufschwung begann aber erst Mitte des letzten Jahrzehntes, wo unter Präsident Bush die Umweltauflagen für Fracking deutlich erleichtert wurden. Infolgedessen sind in den USA die Erdgaspreise deutlich gefallen. Schiefergas hat damit auch die Kohlestromerzeugung in den USA zurückgedrängt, weshalb die Kohlepreise im Weltmarkt etwas gesunken sind. Sie liegen aber immer noch wesentlich höher als noch vor zehn Jahren.

In Europa haben aber die Gaskonzerne mit ihren Frackingplänen keinen Erfolg, da die betroffenen Anwohner die lokalen Umweltgefährdungen fürchten und deshalb große Protestbewegungen organisierten, in England, Frankreich, Deutschland und inzwischen sogar in Polen. Gesetzliche Verbote und Moratorien sind die konsequenten Folgen der Gesetzgeber auf die Bürgerproteste.

Dennoch wird vielfach argumentiert, dass ein neues fossiles Zeitalter mit billigen Ressourcen über Jahrzehnte hinweg heraufgezogen sei. Nordamerika würde gar zu einem Nettoölexporteur aufsteigen. Erneuerbare Energien würden da ökonomisch nicht mithalten können. Tatsächlich zeichnet sich in den USA auch ein leichter Rückgang der Windkraftinvestitionen ab.

Auch wenn es weltweit in den energiepolitischen Diskussionen nur wenige Warner vor dieser neuen Euphorie gibt, so ist doch heute schon klar, dass die Hoffnungen auf einen langfristigen Erdöl- und Erdgasaufschwung in den USA trügerisch sind. Vielmehr lässt sich dies erneut als gelungene Propaganda der Erdöl- und Erdgaswirtschaft einordnen. Diese hatte ja auch im letzten Jahrzehnt von unbegrenzt billigen fossilen Ressourcen gesprochen. Aber ihre Prognosen, wonach langfristig der Ölpreis unter 40 Dollar bliebe, sind längst von einem nun seit Jahren dauerhaft über 100 US-Dollar liegenden Ölpreis widerlegt worden.

Klar widerlegt wurden die euphorischen Prognosen, wie sie selbst von der IEA vorgelegt wurden, vom neuesten Bericht der Energy Watch Group im Frühjahr 2013. Nach dieser sehr detaillierten Analyse der einzelnen Fördererwartungen von Tightoil und Schiefergas kann weder davon ausgegangen werden, dass Nordamerika zum Nettoölexporteur würde, noch dass der Schiefergasausbau viele Jahrzehnte anhalten könnte. Nach der Analyse der Energy Watch Group wird bereits im Jahre 2015 der *Peak* in der US-Schiefergasförderung erreicht. Deshalb wird die gesamte US-Gasförderung sogar ab 2014 wieder rückläufig sein, weil die konventionelle Gasförderung – wie bereits seit vielen Jahren – sich auch weiterhin in stark rückläufiger Förderung befindet.

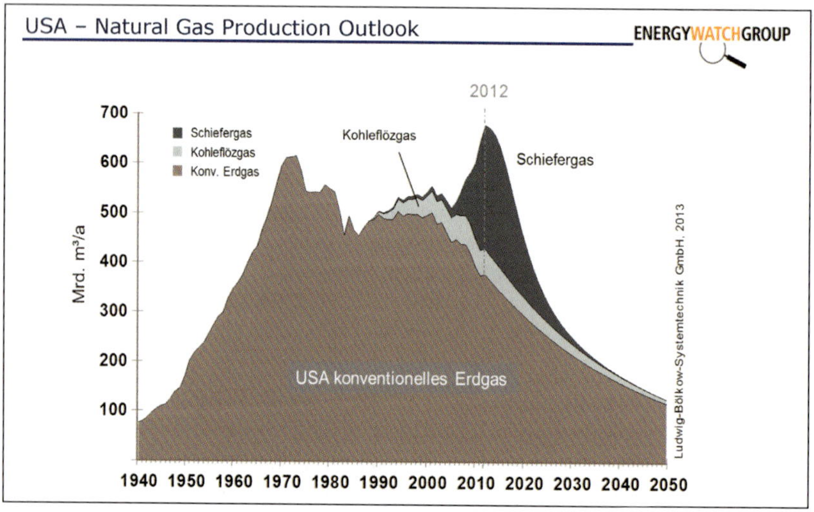

Bild 17: Ein Ausblick auf die Erdgasproduktion der USA
(Quelle: Ludwig-Bölkoe-Systemtechnik GmbH, 2013)

Problematisch ist aber, dass die Investitionen in Erneuerbare Energien wegen der weltweiten Shalegaseuphorie aktuell teilweise unterlassen werden. Damit verschlingt die fossile Wirtschaft zu Lasten von Klimaschutz und zu Lasten des Schutzes der lokalen Wasserressourcen erneut große Investitionsgelder, nur um das fossile Zeitalter um ein paar Jahre weiter aufrechtzuerhalten. Der Katzenjammer wird groß sein, wenn in einigen Jahren auch diese letzte Hoffnung der Mineralölwirtschaft versiegt sein wird und die fossilen Rohstoffpreise wieder stark anziehen werden.

1.2.5 Wirtschaftliche Interessen der Erdölkonzerne

Wer nun glaubt, dass bei all den negativen Auswirkungen der Erdölverknappung durch *Peak Oil* die Mineralölkonzerne als erstes Warnungen aussprechen würden, wenn das Erdöl knapp würde, liegt völlig fehl. Je knapper das Erdöl wird, desto höher steigen die Ölpreise und mit ihnen die Gewinne der Mineralölkonzerne.

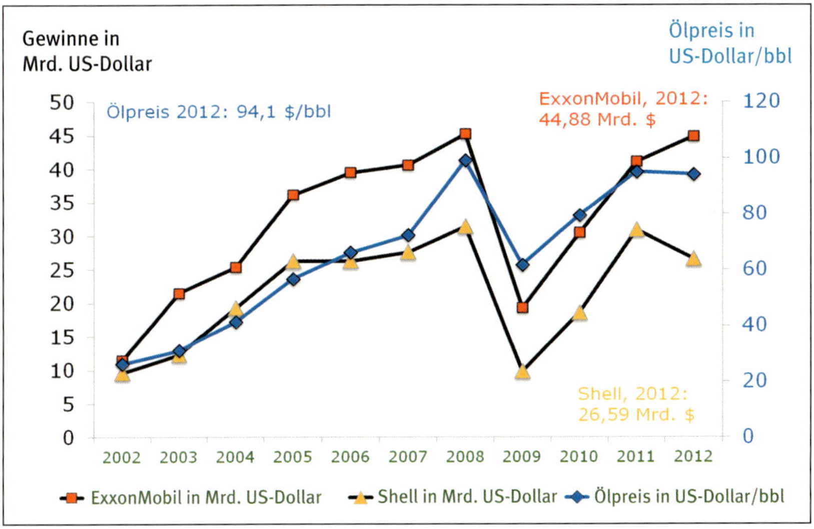

Bild 18: Konzerngewinne steigen mit Ölpreis
(Quelle: Ölpreis: MWV (Rohölsorte WTI); Gewinne: Jahresabschlüsse)

Ohne nennenswerte Investitionen können die Konzerne hohe Gewinne einstreichen, wenn infolge der Erdölverknappung die Preise steigen. Würden sie in dieser Phase Warnungen vor Erdölverknappung aussprechen, dann würden massenhaft die Menschen in Alternativen zum Erdöl investieren: in Sonnenkollektoren, Elektroautos, Heizungen und Stromerzeugung mit Erneuerbaren Energien. Dies würde zwar dem Klimaschutz dienen, aber die Nachfrage nach Erdöl würde schnell drastisch sinken und damit die Gewinne der Konzerne.

Wie stark die Wirtschaftsmacht der konventionellen Energiekonzerne ist, lässt sich leicht anhand des Börsenwertes der zehn größten Konzerne im Jahre 2011 ablesen: Die Hälfte von ihnen sind Konzerne, die ihr Hauptgeschäft mit dem Fördern und Verkaufen von fossilen Rohstoffen machen.

Das Geschäft mit den konventionellen Rohstoffen Erdöl, Erdgas, Kohle und Uran ist das größte Geschäft auf dem Globus. Die wirtschaftlichen Interessen der Konzerne, die dieses Geschäft betreiben, sind das entscheidende Hindernis für einen wirksamen Klimaschutz.

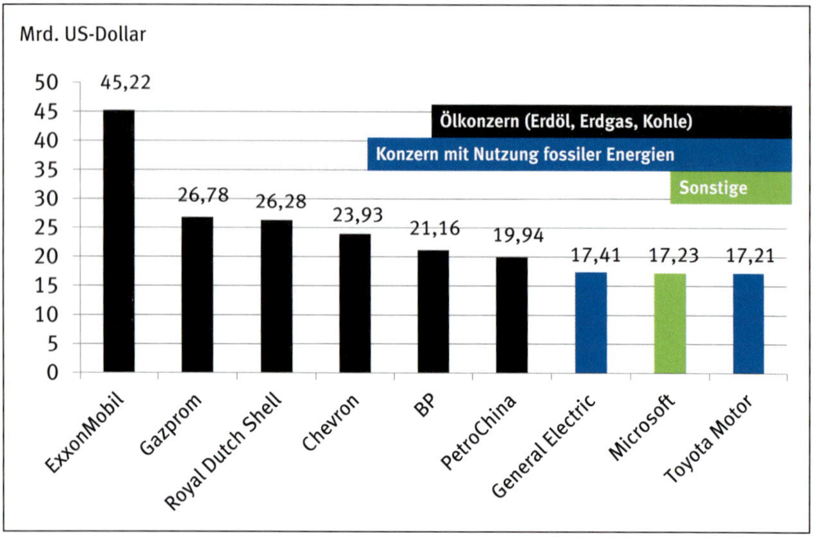

Bild 19: Reingewinne der weltweit lukrativsten Unternehmen 2009 (Quelle: Forbes 2010)

Wer verantwortungsvolle Politik gestalten will, also die Weltgemeinschaft aus den Problemen der Erderwärmung, der Kriege um Erdöl, der lokalen Umweltzerstörung und den durch *Peak Oil* verursachten Weltwirtschaftskrisen herausführen will, muss sich von den Interessen der konventionellen Energiekonzerne befreien. Lobbyismus und Korruption sind weltweit weit verbreitet und über die hohen Gewinne der konventionellen Energiekonzerne auch leicht finanzierbar. Jeder verantwortungsvolle Politiker und Journalist muss dies wissen und die entsprechenden Konsequenzen ziehen.

1.3 Fukushima hat erneut die Unbeherrschbarkeit der Atomenergie aufgedeckt

Die Unbeherrschbarkeit der Atomenergie hat sich in aller Brutalität erneut in Japan gezeigt. Trotz jahrzehntelanger Behauptungen der japanischen Atomwirtschaft und der mit der Atomwirtschaft eng verbundenen japanischen Regierung, dass die Atomkraftwerke erdbebensicher seien, hat sich eine nukleare Katastrophe ereignet. Der Super-Gau in Fukushima hat selbst die Apokalypse von Tschernobyl in den Schatten gestellt und zusammen mit Erdbeben und Tsunami die stolze Industrienation Japan in die Knie gezwungen. Restrisiken wie ein Erdbeben über der Stärke von 8,2 hatten die japanische Atomwirtschaft und Atomaufsicht ignoriert und als so unwahrscheinlich bezeichnet, dass man die Reaktoren nicht darauf auslegen müsse. Als dann die Erde mit einer Stärke von 8,9 bebte, kam es zu den unbeherrschbaren Atomunfällen, wie sie die Welt noch nicht gesehen hatte.

Auch in allen anderen Atomländern werden bis heute Restrisiken ähnlicher Dimension wie Flugzeugabstürze auf Atomkraftwerke oder terroristische Angriffe in das Reich der nie eintretenden Ereignisse verwiesen. Die Lehre aus Japan heißt schlicht, dass Restrisiken reale Risiken sind und Atomkraftwerke nicht auf solche Risiken ausgelegt sind. Der einzige Schutz vor weiteren atomaren Bedrohungen und Verseuchungen, wie sie Japan erlebte, ist nur das Abschalten der Atomkraftwerke.

Wirtschaftliche, ökologische, soziale, friedenspolitische Krisen, induziert durch das fossil-atomare Energiesystem, nehmen an Dramatik und Schärfe zu. Die wahre Dimension erschließt sich aber nur mit umfangreicher Einzelanalyse. In den kommenden Kapiteln werden diese Dimensionen vertiefter dargestellt.

1.4 Die Erderwärmung beschleunigt sich dramatisch: Tippingpoints und das politische Versagen

1.4.1 Die Klimaerwärmung und deren Folgen sind viel rasanter und dramatischer als noch vor Jahren angenommen

Das Abschmelzen der arktischen Polkappe geschieht viel schneller als noch vor wenigen Jahren vorhergesagt. So schreibt David Barber von der Universität Manitoba: „IPCC rechnete mit einer im Sommer eisfreien Arktis für das Jahr 2100. Tatsächlich sei das ganze System aber in einer viel schnelleren und umfassenderen Veränderung und man könnte diese eisfreie Arktis nun bereits für 2015 erwarten: Und diese Erkenntnis gilt es klar und effektiv den Politikern zu vermitteln.“ (Wolff 2008).

Messungen und Satellitenaufnahmen haben aufgezeigt, dass sich die Erderwärmung und ihre Effekte massiv beschleunigt haben und viele Abschätzungen, die noch vor zehn bis 15 Jahren gemacht wurden, von der Realität der letzten Jahre deutlich übertroffen wurden.

So zeigen Satellitenaufnahmen, dass der schwimmende arktische Eispanzer im September jeden Jahres, wenn die Eisfläche das geringste Ausmaß erreicht hat, immer schneller schrumpft. Die obigen Satellitenaufnahmen zeigen schonungslos die Beschleunigung der Erderwärmung auf. So ist das schwimmende arktische Meereis in den 26 Jahren von 1979 bis 2005 drastisch abgeschmolzen. Noch stärker war aber der Eisflächenverlust in den darauffolgenden nur sieben Jahren bis 2012.

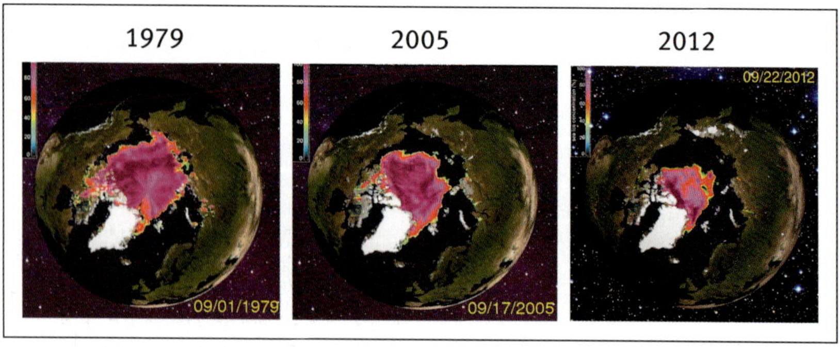

Bild 20: Abschmelzung des arktischen Meereises
(Quelle: University of Illionois – The Cryosphere Today)

Zwar sehen manche in dem beschleunigten Abschmelzen des arktischen Meereises eine Chance, an neue Ressourcen heranzukommen. Vor allem im Hinblick auf neues Erdöl und Erdgas ist dies fatal. Denn deren Förderung und Nutzung wird neben der Gefährdung der arktischen Ökosysteme auch das Klima weiter aufheizen.

Auch der Anstieg des Meeresspiegels, verursacht durch die Wärmeausdehnung des Meerwassers sowie der Gletscherschmelze, verläuft wesentlich schneller als Wissenschaftler noch vor Jahren in ihren pessimistischsten Aussagen prognostiziert haben.

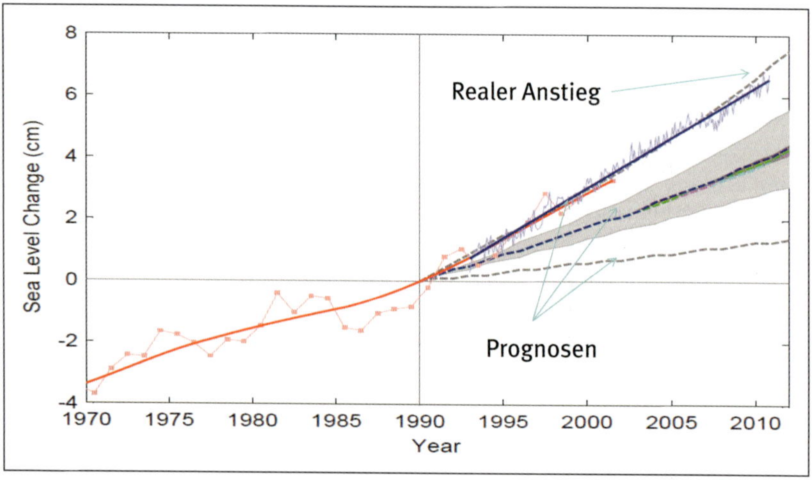

Bild 21: Der Anstieg des Meeresspiegels folgt den als völlig unwahrscheinlich gehaltenen steilsten Prognosen (Quelle: PIK, IPCC)

Die jüngeren Forschungen des Potsdamer Institutes für Klimaforschung (PIK) belegen, dass der real gemessene Meeresspiegelanstieg in den Jahren seit 1990 sich exakt an der steilsten prognostizierten Kurve orientiert. Ursprünglich haben Wissenschaft und Politik angenommen, dass das, was als beste Abschätzung bezeichnet wurde, auch der zukünftigen Realität entsprechen würde. Wie immer haben Interpretationen aus der Politik noch vor wenigen Jahren einen schnelleren Anstieg des Meeresspiegels als die sogenannte beste Abschätzung für nicht möglich gehalten und alle diesbezüglichen Warnungen als unverantwortliches Katastrophengeschrei abgetan. Forscher, die auf die Ungewissheiten der besten Abschätzungen hingewiesen haben, wurden aber nicht ernst genommen. Die Tatsache, dass es inzwischen aber viel schlimmer gekommen ist, lässt zum einen befürchten, dass auch in Zukunft der Meeresspiegelanstieg, wie auch andere Prognosen, weit über den Mainstreamprognosen liegen können; zum anderen gibt es aber keinerlei politische Reaktionen, die die Beschleunigung der Auswirkungen der Erderwärmung in stärkeres Klimaschutzhandeln einfordern ließe. Bezeichnende Ausnahme ist die Allianz der kleinen Inselstaaten (AOSIS) die zum Teil heute schon um das blanke Überleben vor dem Meeresspiegelanstieg kämpfen müssen.

Gerade dieser beschleunigte Anstieg des Meeresspiegels wird weltweit Küstenregionen unwiederbringlich überfluten – und dies nicht erst gegen Ende des Jahrhunderts, wie ursprünglich prognostiziert, sondern manche bereits in ein bis zwei Jahrzehnten. In der Südsee gibt es heute bereits Friedhöfe, wo nur noch die Grabsteine aus dem Meeresspiegel herausragen. Dies beleuchtet besonders makaber, wohin die Geschicke vieler tiefliegender Küstenstädte wie Amsterdam oder Shanghai gehen werden, wenn die Menschheit keinen schnellen Pfad zur Abkühlung der globalen Erdtemperatur einschlagen wird.

Gleichzeitig erleben wir eine Zunahme von schrecklichen Wetterphänomenen, von denen Klimaforscher immer voraussagten, dass sie an Häufigkeit und Heftigkeit zunehmen würden. Die Taifunsaisons 2009, 2011 und 2012 in Fernost haben neue Schadensdimensionen erreicht. In Australien, den USA, Venezuela, Griechenland, Russland und anderen Ländern nehmen die Waldbrände dramatisch zu. Überschwemmungen und Dürren suchen immer mehr Weltregionen heim. Ernteausfälle führen schon zu großen Flüchtlingsströmen. In einzelnen Weltregionen gibt es bereits apokalyptische Zustände wie das Verschütten ganzer Dörfer mit Schlammlawinen, oder das unaufhaltsame Abbrennen von ganzen Wohnsiedlungen durch gigantische Feuerwalzen.

Dies alles sind Effekte einer Erwärmung der Welttemperatur bis heute um 0,8 Grad Celsius seit der vorindustriellen Zeit. Sie ist die Folge einer Steigerung der CO_2-Konzentration von 280 ppm aus vorindustrieller Zeit auf etwa 387 ppm. im Jahre 2010. 280 ppm bedeutet, dass es 280 Teilchen CO_2 pro eine Million Luftteilchen in der Atmosphäre gibt.

Zwar wird noch immer von verschiedenen Seiten, oftmals mit Hilfe von wissenschaftlichen Studien unterlegt, der von Menschen gemachte Klimawandel infrage gestellt. Bisher konnte keine dieser Studien wissenschaftliche Exaktheit nachweisen. Andererseits wurden solchen klimaskeptischen Untersuchungen faktisch immer wissenschaftliche Fehler oder unhaltbare Grundannahmen nachgewiesen; meist sind auch die Interpretationen nicht haltbar. Zusätzlich stammen die Finanzierungen dieser klimawandelleugnenden Thesen oftmals aus der fossilen Wirtschaft. Trotz ihrer großen wissenschaftlichen Fragwürdigkeit haben sie Zugang zu höchsten politischen Entscheidungsgremien. Vor allem in den USA dominieren sie die Entscheidungen in Kongress, Senat und Regierung. Von Ross Gelbspan wurden im Buch *Der Klima-Gau; Erdöl, Macht und Politik* akribisch genau die Verflechtungen der Klimawandelleugner mit der fossilen Wirtschaft und ihren politischen Einflussnahmen aufgezeichnet (Gelbspan 1997). Inzwischen schwappt die klimaskeptische Diskussion auch auf Deutschland über. Sie ist vor allem gegen den weiteren schnellen Ausbau der Erneuerbaren Energien gerichtet. Die unwissenschaftlichen Thesen der Klimawandelleugner finden plötzlich Eingang auch in große Massenmedien in Deutschland. Da die Thesen der Klimawandelleugner wissenschaftlich umfassend entlarvt sind, wird in diesem Buch nicht näher auf sie eingegangen.

1.4.2 Das Versagen der politischen Kräfte und die politische Missachtung der Tippingpoints

Alle politischen Klimaschutzbemühungen (z. B. Beschluss G8 Gipfel, Juli 2009), laufen auf eine Stabilisierung der Welterwärmung um 2 Grad Celsius hinaus. Minimalkonsens der ansonsten gescheiterten Weltklimakonferenz von Kopenhagen 2011 ist die Akzeptanz des 2 Grad Celsius-Zieles. Damit akzeptiert die Politik der Weltgemeinschaft die weitere Aufheizung der Erde. Man kann nur ahnen, wie die Zunahme weiterer apokalyptischer Katastrophen in den kommenden Jahren und Jahrzehnten in vielen Weltregionen sein wird, wenn sich die Erdatmosphäre über 0,8 Grad Celsius hinaus aufheizen wird.

Das politische Ziel einer Stabilisierung von 2 Grad Celsius bedeutet eine verantwortungslose Politik nicht nur für kommende Generationen, sondern bereits für die heute lebende Menschheit.

Eine Stabilisierung auf 2 Grad Celsius wird oft gleichgesetzt mit dem Ziel einer Konzentration von 450 ppm (CO_2-Äquivalent) CO_2 in der Erdatmosphäre. Zumindest wird im letzten IPCC-Bericht mit einer nur 50-prozentigen Wahrscheinlichkeit angenommen, dass bei 450 ppm 2 Grad Celsius stabilisierbar wären. Damit wird der Eindruck erweckt, man könne es noch akzeptieren, dass neue große Mengen an Klimagasen in die Atmosphäre emittiert werden dürfen, eben eine Steigerung der Konzentration von heute 387 ppm auf 450 ppm. Aus der Tatsache heraus, dass eine Erderwärmung über 2 Grad Celsius hinausgehend unumkehrbar Effekte hervorrufen würde, wird oft schlussgefolgert, dass 2 Grad Celsius und 450 ppm CO_2-Treibhausgaskonzentration akzeptable Ziele wären und bis dahin eben keine unumkehrbaren Effekte auftreten würden. Mit unumkehrbaren Effekten werden meist die Selbstverstärkereffekte oder Umkipppunkte benannt, aus dem englischen „Tipping Points" (Lenton et al.)

Dagegen werden Ziele wie eine Verringerung der CO_2-Konzentration auf das vorindustrielle Niveau von 280 ppm, oder wenigsten 330 ppm, auf der politischen Weltbühne genauso wenig diskutiert wie eine Verringerung der aktuellen Welttemperatur. Neuere Erkenntnisse deuten aber darauf hin, dass der IPCC das Problem unterschätzt hat und 450 ppm einer Erwärmung sogar um 4 Grad Celsius entsprechen könnten.

Unumkehrbare Selbstverstärkungsprozesse treten schon weit vor Erreichen der 2 Grad Celsius-Grenze ein oder sind gar schon eingetreten. Bis heute hat es die Klimaforschung nicht geschafft, die bekannten wichtigsten Effekte der Selbstverstärkung naturwissenschaftlich exakt zu beschreiben. Bekannt ist nur, dass sie bereits begonnen haben zu wirken. Ihr tatsächlicher Einfluss auf die Geschwindigkeit der Erderwärmung ist aber weitgehend unerforscht. Die in den letzten Jahren beobachtete dramatische schnellere Abschmelzung des arktischen Meereises ist ein Indiz dafür, dass diese Effekte bisher völlig unterschätzt wurden.

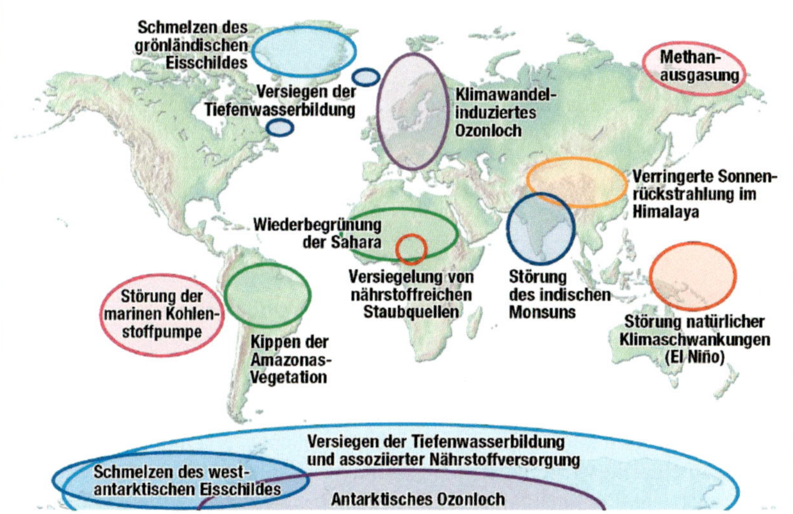

„Kippprozesse des Klimasystems" zeigen eine starke Reaktion bereits auf kleine Klimaveränderungen

Bild 22: Kippschalter im Erdsystem
(Quelle: PIK, Prof. Schellnhuber)

Zu diesen Selbstverstärkereffekten gehören vor allem:

- die Verringerung der Albedo: Durch das Abschmelzen von weißen, stark reflektierenden Eisschichten werden vermehrt dunklere Land- und Wasserflächen offengelegt, die die Sonnenstrahlen eben weniger reflektieren und damit zur stärkeren Aufheizung beitragen.
- das Auftauen der Permafrostböden: Große Mengen Methan, mit einem über 20-fachen Treibhausgaspotenzial gegenüber CO_2, werden durch das Auftauen von Permafrostböden freigesetzt.
- die sinkende Senkenfunktion der Weltmeere für CO_2: Infolge der Erhöhung der Wassertemperatur in den Weltmeeren kann im Wasser immer weniger CO_2 gebunden werden. Bei weiterer starker Wassertemperaturerhöhung könnte sogar vorher gebundenes CO_2 teilweise wieder aus den Weltmeeren herausperlen.
- Verringerung der Biomasse und Biodiversität auf der Erde durch aktive menschliche Naturzerstörung wie Abholzungen; durch Waldbrände, Dürren und Bodenzerstörung. Pflanzen, Bodenlebewesen und Humus speichern große Mengen Kohlenstoff. Dieser wird freigesetzt durch Waldbrände, Dürren, Bodenumbruch und Erosion.

Zum einen ist es zwingend erforderlich, wissenschaftlich genauer zu untersuchen, wie diese Selbstverstärkereffekte sich tatsächlich auswirken. Zum anderen muss eine vorsorgende Klimaschutzpolitik diese Effekte stärker vorsorglich berücksichtigen.

Dies bedeutet, dass das Ziel von 440 ppm CO_2 nicht mehr akzeptiert werden darf. Stattdessen muss eine Absenkung der Kohlenstoffkonzentration auf 330 ppm, oder besser noch weniger, in den Mittelpunkt der politischen Klimaschutzbemühungen gesetzt werden.

1.4.3 Seit vielen Jahren gibt es die gleichen politischen Klimaschutzanforderungen

Obwohl die dramatische Beschleunigung der Erderwärmung und ihre verheerenden Auswirkungen in den letzten Jahren immer offensichtlicher werden, sind die politischen Forderungen weit hinter den wissenschaftlichen Erkenntnissen zurückgeblieben. Eine der beschleunigten Erderwärmung folgende Agenda der verstärkten Klimaschutzziele und -maßnahmen gibt es nicht. Seit vielen Jahren wird politisch angestrebt, in den Industrieländern die Emissionen bis 2050 um 80 Prozent zu senken und in der gesamten Welt um circa 50 Prozent. Fast alle der engagiertesten Klimaschützer halten an diesen völlig unzulänglichen Zielen fest.

Diese Ziele wurden mit dem Wissen der Klimaforscher vor vielen Jahren beschrieben. Aus heutiger Erkenntnis erscheinen sie – vor allem wegen der weitgehend unbekannten Effekte der Selbstverstärkung – untauglich, um eine Stabilisierung auf 2 Grad Celsius tatsächlich zu schaffen. Wobei daran erinnert sei, dass ja selbst 2 Grad Celsius bereits katastrophale Auswirkungen haben werden.

Doch statt auf die beschleunigte Klimaerwärmung politisch neue Antworten und Forderungen zu finden, wird auf den Klimaschutzkonferenzen der Welt um zehn Prozent, 20 Prozent, 30 Prozent oder 40 Prozent Emissionsminderung gefeilscht – und dies in unzulänglich langen Zeiträumen. Selbst eine 80-prozentige Emissionsminderung bis 2050, wie sie vom Großteil der Umwelt- und Klimaschutzbewegungen mitgetragen wird, wird noch gigantische Mengen neuen Kohlenstoffs in die Atmosphäre befördern und damit die Umkippeffekte mit irreversiblen Folgen verschärfen.

Eine zielführende Klimaschutzstrategie, die wirklich die Probleme an der Wurzel packt, ist weit und breit nicht zu erkennen, aber dringend erforderlich, um Schlimmstes zu verhindern. Stattdessen gibt es massenhaft Scheinaktivitäten, die sich vor allem in den so genannten *Low Carbon*-Strategien wiederfinden.

2 Low Carbon: Scheinlösungen für den Klimaschutz

In Tausenden politischen Papieren werden Vorschläge für den Klimaschutz zusammengetragen. In der Fülle dieser Vorschläge finden sich solche, die in der Tat zielführend und notwendig sind. Dazu gehören die Umstellung auf Erneuerbare Energien, Energieeinsparung, Wiederaufforstung, Grünlanderhalt und viele andere mehr.

In diesem Kapitel werden Vorschläge analysiert, die häufig als Klimaschutzmaßnahmen bezeichnet werden, in Wirklichkeit aber aus unterschiedlichen Gründen untauglich sind. Meist finden sie sich in politischen Strategien wieder, die als *Low Carbon* bezeichnet werden. In Wirklichkeit bewirken die *Low Carbon*-Strategien eine Stabilisierung des bestehenden fossil-atomaren Energiesystems. Oftmals werden Lösungen vorgeschlagen, die entweder nur in ferner Zukunft realisiert werden können und deshalb viel zu spät kommen oder überhaupt nicht realisiert werden können. Entweder sind sie technologisch nicht beherrschbar, schaffen große ökologische Probleme oder sind schlicht zu teuer. Dennoch werden sie umfassend diskutiert und finden sich vielfach als zentrale Klimaschutzmaßnahmen sogar in Regierungsprogrammen. Teilweise haben Regierungen sogar schon umfangreiche Unterstützungsprogramme mit vielen Geldern aufgelegt. Das Problem dabei ist, dass für solche Scheinlösungen Geld aus den Staatshaushalten ausgegeben werden, das dann für wirksame Lösungen nicht mehr zur Verfügung steht. Somit blockieren sie in Wirklichkeit die Einführung von wirksamen Klimaschutzmaßnahmen. In *Low Carbon*-Politikvorschlägen findet sich häufig ein Mix aus notwendigen und zielorientierten Maßnahmen, z. B. die Unterstützung von Erneuerbaren Energien, die die zentrale Klimaschutzmaßnahme sind, zusammen mit Atomenergie, die alleine schon aus Gründen der radioaktiven Gefahren abzulehnen ist.

Zu solchen Klimaschutz-Scheinlösungen gehören: CCS, also die Abscheidung von Kohlendioxid aus den Rauchgasen von Kohlekraftwerken mit anschließender Deponierung des CO_2 in aufgelassenen Bergwerken; alle nuklearen Technologien von der existierenden Kernspaltung bis hin zur utopischen Kernfusion. Scheinlösungen sind aber auch solche Biokraftstoffe, für deren Anbau Urwälder abgeholzt oder Moore trockengelegt wurden. Dabei kann bei der Verwendung von nicht nachhaltigen Biokraftstoffen, vor allem wenn direkte Landnutzungsänderungen, wie beispielsweise Grünlandumbruch oder Urwaldabholzungen, vorgenommen werden, mehr Kohlendioxid freigesetzt werden, als beim Verbrennen entsprechender Mengen fossiler Kraftstoffe. Nur solche Biokraftstoffe, die in der gesamten Kette vom Pflanzenanbau bis zur Verbrennung im Motor CO_2-neutral sind, tragen wirksam zum Klimaschutz bei. Oftmals wird gar die Nutzung von Erdgas, welches für etwa 20 Prozent der weltweiten CO_2-Emissionen verantwortlich ist, als Klimaschutzmaßnahme bezeichnet.

Auch Wasserstofftechnologien werden vielfach als Klimaschutzmaßnahmen genannt, Dabei können sie, wenn der Wasserstoff aus fossilen Rohstoffen, wie beispielsweise Erdgas, gewonnen werden, sogar mehr Klimagasemissionen bewirken, als die direkte Nutzung dieser fossilen Rohstoffe. Wasserstoff kann in hocheffizienten Anlagen, wenn er aus Erneuerbaren Energien gewonnen wird, durchaus zum Klimaschutz beitragen. Vor allem in Speichersystemen, die zum Ausgleich der schwankenden Angebote von Sonnen- und Windenergie in Zukunft wesentlich vermehrt nötig sein werden, kann Wasserstoff eine wichtige Rolle spielen. Möglichkeiten sind z. B., Windstromüberschüsse mit Hilfe der Elektrolyse in Wasserstoff umzuwandeln oder Wasserstoff direkt aus Algen zu gewinnen. Wer aber genau die Wasserstoffvorschläge in den *Low Carbon*-Strategien analysiert, wird häufig die Interessen der Erdgaswirtschaft wiederfinden. Sie wirbt sehr für die Reformierung von Wasserstoff aus Erdgas.

Für diese *Low Carbon*-Scheinlösungen gibt es eine klare Erklärung:

Für deren Verfechter steht nicht wirksamer Klimaschutz im Vordergrund, sondern das Festhalten an den Gewinnen aus den fossilen und atomaren Energiegeschäften. Leider durchschauen nur wenige Politiker, Journalisten und Manager dieses Spiel, manche lassen sich gar für die Unterstützung von *Low Carbon* kaufen. In guten Sonntagsreden kann man sich sehr leicht als Klimaschützer positionieren, indem die Palette der Scheinlösungen aus der *Low Carbon*-Strategie dargestellt wird. Nur einem wirksamen Klimaschutz dient dies alles leider nicht.

2.1 CCS

CCS, also die Abscheidung und Ablagerung von Kohlenstoffdioxid, war nie ernst gemeint. Man konnte das schon daran erkennen, dass es nicht einmal eine harmlose Selbstverpflichtungserklärung der Kohlewirtschaft gegeben hatte, CCS einzusetzen, wenn die Technologie mal zur Verfügung steht. Als die CCS-gläubige EU-Kommission in Brüssel vorschlug, CCS ab 2020 gesetzlich vorzuschreiben, hat dies die europäische Energiewirtschaft abgelehnt. Von dem Augenblick an wurde CCS relativiert. Ja, man müsse erst mal zeigen, dass es ginge, und man brauche viele Milliarden Euro staatlicher Subventionen, um überhaupt Pilotkraftwerke finanzieren zu können, und ohne staatliche Finanzierung der Infrastruktur ginge schon mal gar nichts. Folglich entledigte sich die Energiewirtschaft jeder Verpflichtung und drückte zudem der klammen öffentlichen Hand die Kosten auf.

Überhaupt hat die Energiewirtschaft ihr beliebtes Grundprinzip von der Atomenergie auf die Kohle übertragen. Gewinne sollen wenige Unternehmen machen; wenn dann mal eine Katastrophe durch freiwerdendes CO_2 passiert, dann muss das Recht möglichst so gestaltet sein, dass die Risiken und Nebenwirkungen von Staat und Bürgern getragen werden.

Kein Wunder, dass die Bürger wenig Interesse haben, bei diesem unsauberen Spiel mitzumachen. Nachdem im Jahre 2009 bekannt wurde, wo in Deutschland die CO_2-Pipeline entlang führen und wo die ersten Lageruntersuchungen stattfinden sollen, gingen die betroffenen Bürger protestierend auf die Straße.

Wir wissen heute schon, dass CCS gegenüber Erneuerbaren Energien nie wettbewerbsfähig sein wird. Hinzu kommen mögliche Risiken, die heute noch gar nicht vollständig abgeschätzt werden können. Dennoch findet dieser Pfad breite Unterstützung bei vielen Regierungen und in der EU-Kommission. Man kann sich einfach nicht vorstellen, sich von der Kohle als Energieträger zu trennen – koste es, was es wolle. Längst hat eine Untersuchung der Landesbank Baden-Württemberg belegt, dass Photovoltaik-Strom in Mitteleuropa günstiger sein wird als Strom aus CCS-Kraftwerken (Landesbank Baden-Württemberg 2009). Dabei wird mittlerweile gar nicht mehr davon gesprochen, dass CCS 2020 technologisch ausgereift zur Verfügung stehen soll. Inzwischen ist von 2025 die Rede. Man braucht nicht allzu viel Phantasie zu entwickeln, um zu erkennen, dass die Energiewirtschaft den Zeitpunkt der Wirtschaftlichkeit immer zehn bis 15 Jahren vor sich hertragen wird, um nicht von CCS-gläubigen Politikern gezwungen zu werden, ihren Worten auch Taten folgen zu lassen.

In Deutschland haben sich Mitte 2011 alle Unternehmen von CCS-Projekten verabschiedet. Einige deutsche Energieversorger versuchen aber noch, in anderen europäischen Ländern CCS-Projekte zu verwirklichen. Treibfeder dafür sind die hohen Subventionen, die die EU-Kommission dafür verspricht. 180 Millionen direkte Subventionen will die EU-Kommission für ein CCS-Kraftwerk bereitstellen – rund doppelt so viel wie die Bundesregierung in Deutschland jährlich für die Erneuerbare-Energien-Forschung ausgibt. Doch trotz dieser hohen Subventionen gibt es europaweite faktisch kein Projekt, welches die CCS-Technologie nennenswert vorantreiben würde. Ja, man kann fast schon resümierend sagen, dass die CCS-Technologie vollständig gescheitert ist.

Auch die Hoffnung, dass CCS sich über den Emissionshandel rechnen wird, ist gerade dabei, sich zu zerschlagen. Niemand, der bei Verstand ist, wird auf absehbare Zeiten für große Investitionen mittel- und langfristig hohe CO_2-Zertifikatshandelspreise einkalkulieren, weil er damit keine Rentabilität darstellen kann.

Die Einschätzung, dass Strom aus CCS-Kraftwerken niemals mit der Stromproduktion aus Erneuerbaren Energien wird konkurrieren können, lässt sich schnell begründen. Schon heute produziert ein neues Windrad an einem guten Windstandort zu ähnlichen Kosten den Strom wie ein neues Kohlekraftwerk, sogar ohne CCS. Allerdings werden in den kommenden Jahren die Kohlepreise, so wie in der Vergangenheit, weiter ansteigen.

Dagegen gibt es bei Windkraft ja gar keine Brennstoffkosten. Nun kommt bei einem CCS-Kraftwerk dazu, dass die CCS-Technologie die Effizienz der Stromerzeugung aus einem Kohlekraftwerk drastisch verschlechtert. Etwa ein Drittel mehr Kohle wird benötigt, um die gleiche Stromerzeugung im Vergleich mit einem Kohlekraftwerk ohne CCS zu schaffen. Wie soll denn in zehn oder 20 Jahren ein CCS-Kraftwerk mit Erneuerbaren Energien konkurrieren können, wenn zum einen die Stromerzeugung aus Ökostrom dann noch wesentlich billiger als heute sein wird und zudem ein CCS-Kraftwerk dann mit deutlich mehr Kohleverbrauch bei gestiegenen Kohlekosten produzieren muss?

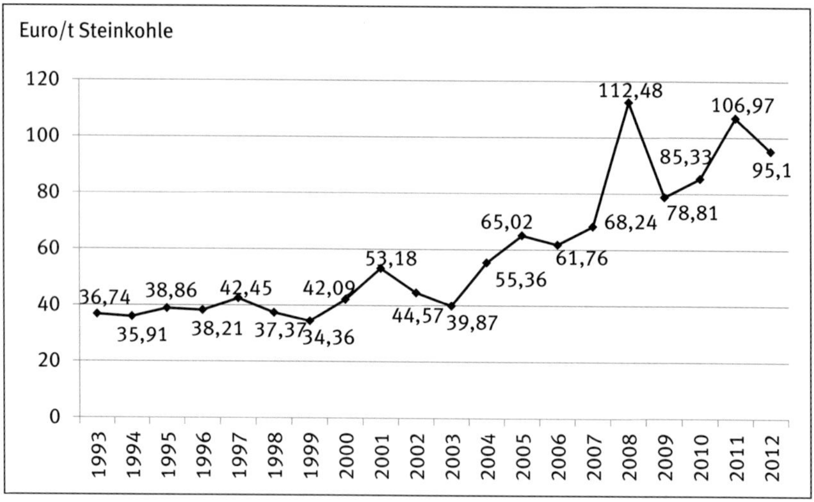

Bild 23: Preisentwicklung für Importsteinkohle
(Quelle: bafa 2013)

Noch gravierender aber wird, dass die großen Mengen an Wind- und Solarstrom die Jahresvolllaststunden von CCS-Kraftwerken deutlich nach unten drücken werden. Für Lastfolgebetrieb sind aber Kohlekraftwerke, mit oder ohne CCS, weder technologisch noch ökonomisch geeignet.

Der Versuch, der Kohle mit CCS einen grünen Anstrich zu geben, wird an der Realität scheitern. Leider blockiert dieser Versuch einige Milliarden Euro an öffentlichen Subventionen, die wesentlich sinnvoller für Forschung und Entwicklung im Bereich Erneuerbarer Energien und Energieeinsparung ausgegeben werden könnten.

Die fatale Wirkung von CCS ist aber der Effekt, dass mit dem vermeintlich zu erreichenden Ziel, Kohlekraftwerke klimafreundlich auszustatten, eine Legitimation entstanden ist, neue Kohlekraftwerke zu bauen. Obwohl seit Jahren über CCS geredet wird, ist kein einziges der in den letzten Jahren neugebauten Kohlekraftwerke weltweit mit der CCS-Technologie ausgestattet worden. Auch Nachrüstpflicht mit CCS gibt es nicht. Somit hat indirekt die Diskussion um CCS den Neubau von Kohlekraftwerken befördert, da die immer vorhandene Diskussion um Klimaschutz mit der Zukunftsoption CCS entkräftet wurde. In China ist so in den letzten Jahren fast wöchentlich ein neues Kohlekraftwerk gebaut worden. Häufig gebaut mit den Technologien deutscher Konzerne, die besonders stark für eine CCS-Technologie geworben haben. Die Diskussion um CCS hat damit weltweit nicht zu einer Reduktion der Treibhausgasemissionen geführt, sondern im Gegenteil zu einem massiven Anstieg.

2.2 Atomenergie

Die Atomwirtschaft steht zu Unrecht im Rufe, das Klima zu schützen. Zum einen werden bei der Gewinnung der Uranressourcen und ihrer Weiterverarbeitung in Brennelemente große Mengen fossiler Energien benötigt, weshalb indirekt über den Uranbergbau große Kohlendioxidemission verursacht werden. Zum anderen stehen die zentralen Stromerzeugungsinteressen der Atomkonzerne einer dezentralen Stromerzeugung mit Erneuerbaren Energien strategisch im Wege. Daher ist es kein Wunder, dass die Interessen der fossilen Energiewirtschaft mit denen der atomaren Wirtschaft fast gleichlautend sind. Zudem produziert die Atomwirtschaft auf dem radioaktiven Sektor ungeheuerliche Probleme, wofür es bisher keine wirksamen Lösungen gibt: Atommüllentsorgung, Sicherheitsfragen, Terrorbedrohung, Uranbergbau und seine gesundheitlichen Folgen, Proliferation u.v.a.m. Dies alles gilt gleichermaßen für die Kernspaltung, die bereits in der industriellen Anwendung ist, wie für die Kernfusion, die seit mehr als 50 Jahren massiv mit Steuergeldern gepuscht wird, aber dennoch auch in den nächsten 50 Jahren keinen Beitrag zur Energieversorgung leisten kann.

2.2.1 Kernspaltung

Die furchtbare Nuklearkatastrophe von Fukushima im Frühjahr 2011 öffnet immer mehr Menschen die Augen, dass die Kernspaltung eine nicht beherrschbare Technologie mit ungeheuerlichen Risiken ist. Auf lange Zeit wird der nicht wirklich zu stoppende Austritt von großen Radioaktivitätsmengen immer weitere Landstriche verseuchen. Dabei hätten es längst alle wissen können. Die Unfälle im russischen Majak und im britischen Windscale, beide im Jahre 1957; in Three Mile Island, USA 1979, und vor allem im ukrainischen Tschernobyl 1986 hätten neben vielen anderen Katastrophen doch bereits zur Umkehr auf dem Irrweg der Atomenergie führen müssen.

Die bereits in den siebziger Jahren des letzten Jahrhunderts bekannten Probleme der Atomenergie wurden akribisch analysiert und veröffentlicht, z. B. in Holger Stroms Buch *Friedlich in die Katastrophe* (Strohm 1973) und in tausenden anderen Veröffentlichungen. Sie hätten jedem, der es hätte wissen wollen, die Augen geöffnet. Es war klar, dass es unweigerlich zu Unfällen wie in Fukushima kommen musste, wenn die Kernspaltung genutzt wird. Doch gerade die Atomenergie ist das beste Beispiel, wie in einem Mix aus naiver Unwissenheit, Ignoranz vor kritischer wissenschaftlicher Erkenntnis, willfährigem Opportunismus und Korruption viele Regierungen den tödlichen Interessen der Atomwirtschaft gefolgt sind und noch weiter folgen. Bezeichnend sind die vielen Parallelen zum bis heute nicht durchgesetzten Klimaschutz.

Die Atomenergie ist nicht nur aus Gründen der Unsicherheit von Atomreaktoren ein großes und unlösbares Problem. Neben den Risiken im Betrieb gibt es weitere enorme, unkalkulierbare Gefahren. Allen voran ist es die Terrorbedrohung. Kein

Reaktor der Welt ist mit absoluter Sicherheit vor terroristischen Angriffen schützbar. Sei es mit panzerbrechenden Waffen oder entführten Verkehrsflugzeugen, die wie am 11. September 2001 in New York als verheerende Waffe benutzt wurden.

Dabei sind es nicht nur große Radioaktivitätsmengen, die bei einem kerntechnischen Unfall ausgeschleudert werden können und die Gesundheit der Menschen bedrohen. Auch die Wirkungen von niedrigradioaktiver Strahlung machen viele Menschen schleichend krank. Krebs, Missbildungen, Herzkreislauferkrankungen und andere haben Millionen von Menschen belastet. IPPNW, die Internationalen Ärzte für die Verhütung des Atomkrieges, haben erst jüngst in einer umfassenden Studie belegt, dass an den Folgen der Verstrahlung mit weit verteilter niedriger radioaktiver Strahlung aus Tschernobyl mehr als seine Millionen Menschen gestorben sind (Internationale Ärzte für die Verhütung des Atomkrieges 2011). Jede Atomanlage, vor allem auch Atomreaktoren, emittieren auch im Normalbetrieb Radioaktivität. Somit ist die Umgebung von Atomanlagen immer einer Strahlenbelastung ausgesetzt, die höher ist als die natürliche Strahlung. So ist es kein Wunder, dass in neueren Untersuchungen in Deutschland nachgewiesen wurde, dass Kinderkrebs umso häufiger auftritt, je näher die Kinder an Atomreaktoren wohnen.

Bis heute gibt es kein funktionierendes Endlager, das den über viele Millionen Jahre strahlenden, gefährlichen Atommüll sicher lagern könnte. Die Vergangenheit hat gezeigt, dass es auch keine Chance gibt, eine sogenannte friedliche Nutzung der Atomenergie zu gewährleisten. Kriminelle Energie hat in den neunziger Jahren das Know-how aus Deutscher Atomtechnologie für den Bau der pakistanischen Atombombe genutzt. Die Weltgemeinschaft befürchtet zu Recht, dass unter dem Vorwand der friedlichen Nutzung der Atomenergie in Nordkorea und im Iran in Wirklichkeit an der Atombombe gearbeitet wird. Dies alles sind Probleme genug, die Atomenergie abzulehnen und möglichst sofort zu beenden.

In umfangreichen Darstellungen sind die Gefahren und wirtschaftlichen Probleme der Atomwirtschaft dargestellt worden. Z. B. im „Mythos Atomkraft“, herausgegeben von der Heinrich Böllstiftung, oder in den umfangreichen weltweiten Recherchen von Mycle Schneider (Heinrich Böll Stiftung Schriften zur Ökologie 2011/Mycle Schneider 2008).

Die Behauptung der Atomwirtschaft aber, die Atomenergie sei für eine sichere und kostengünstige Energieversorgung unverzichtbar, ist längst widerlegt. So sind in Deutschland die Strompreise nach dem plötzlichen Abschalten von acht Atomkraftwerken nach der Reaktorkatastrophe in Fukushima im Jahre 2011 nicht nennenswert gestiegen. Im Gegenteil, durch den inzwischen hohen Anteil an brennstoffkostenfreiem Solar- und Windstrom sinken die Strompreise an der Börse. Somit sanken sogar die Strompreise für die Industriekunden, die sich nicht an langfristige Stromlieferverträge banden, sondern an der Börse kaufen. Genauso wenig gab es in Deutschland Ausfälle in der Stromversorgung, wie sie in anderen Ländern häufig der Fall sind.

Es ist also klar, dass Atomkraftwerke weder für eine kostengünstige, noch für eine sichere Stromversorgung notwendig sind.

Zudem ist auch die Klimaschutzwirkung der Atomkraft nicht gegeben. Beim Bergbau des Brennstoffes Uran und bei der Brennelementeherstellung werden große Mengen fossiler Energien benutzt. Damit hat die Atomenergie einen hohen CO_2-Rucksack. Sie trägt also nicht einmal zum Klimaschutz durch CO_2-Emissionsfreiheit bei, obwohl von den Verfechtern der Atomwirtschaft das glatte Gegenteil behauptet wird. Mit der zunehmenden Verknappung der leicht erschließbaren Uranreserven steigt im Gegenteil sogar die indirekte CO_2-Emission der Atomkraft beständig an, weil immer neue Uranbergwerke erschlossen werden müssen, die einen immer geringeren Erzgehalt aufweisen, womit über immer größere Erdbewegungen der fossile Energieeinsatz unweigerlich steigen muss (*Energy Watch Group* 2006).

Als Fazit bleibt festzuhalten, dass die Atomenergie niemals zu verantworten ist und sie schon deshalb als Klimaschutztechnologie ausscheidet. Sie trägt nicht zum Klimaschutz bei. Atomenergie ist schlicht überflüssig, da sie durch Ökostrom zügig ersetzt werden kann.

2.2.2 Kernfusion

Fusion bedeutet die Verschmelzung leichter Atomkerne – im Prinzip der gleiche Prozess, der im Innern der Sonne abläuft und enorme Energien freisetzt. Die physikalischen Anforderungen hierfür sind extrem hoch: U. a. müssen Temperaturen von mehr als 100 Millionen Grad erreicht und aufrechterhalten werden. Materie in diesem Plasmazustand lässt sich natürlich nicht mehr von einem Gefäß einschließen; stattdessen werden bei ITER, dem weltweit wichtigsten Experiment zur Erforschung der Kernfusion, gewaltige Magnetfelder erzeugt, mit Hilfe von supraleitenden Spulen. Die Realisierung von ITER stellt eine immense Herausforderung für die physikalische Grundlagenforschung, für die technologische Entwicklung und für die öffentliche Finanzierung dar. Daher wurde sie nur in einem internationalen Verbund angegangen. Die Motivation hinter ITER ist die Hoffnung auf eine langfristige, sichere und treibhausgasfreie Energieversorgung.

Aber: Kann die Kernfusion tatsächlich die begrenzten fossilen und atomaren Weltenergievorräte in ferner Zukunft ersetzen?

Verlockend ist, dass Wasserstoff für Kernfusion praktisch unbegrenzt auf der Erde vorhanden ist. Eine nähere Analyse zeigt aber nicht überwindbare Probleme, die eine Nutzung der Kernfusion schnell als unrealisierbar erscheinen lassen.

Die Kernfusion kommt zu spät

Das heutige Energiesystem muss in den nächsten Jahrzehnten ersetzt sein, zum einen, weil die Klimaveränderung bedrohliche Ausmaße angenommen hat. Zum anderen, weil das billige Erdöl in wenigen Jahrzehnten von der Erde verschwunden sein wird und Kernspaltung nicht verantwortbar ist.

Fusionsforscher stellen heute, nach über 50 Jahren geldintensiver Forschung, eine Nutzung frühestens in 50 Jahren in Aussicht. Dies ist global betrachtet viel zu spät.

Kernfusion ist überflüssig

Die Erneuerbaren Energien (Sonne, Wind, Wasser, Biomasse, Erdwärme) können den zukünftigen Energiebedarf der Welt vielfach decken. Sie sind bereits heute in der massenhaften Anwendung und benötigen nicht noch 50 Jahre kostenintensiver Forschung um die Frage zu beantworten, ob sie jemals einen Beitrag zur Energieversorgung liefern können.

Kernfusion ist zu teuer

Die Erneuerbaren Energien sind heute, im Gegensatz zur Fusion, bereits in massenhafter Anwendung. Fusionsforschungsmittel blockieren aber die Finanzierung von notwendigen Optimierungen und Neuentwicklungen Erneuerbarer Energien. Bereits in der Vergangenheit haben Kernspaltung und Kernfusion die Mittel für die Forschung und Entwicklung von Erneuerbaren Energien weltweit blockiert. So hat die OECD in den letzten 50 Jahren mehr als 90 Prozent aller öffentlichen Energieforschungsmittel für Kernspaltung und Kernfusion ausgegeben. Das Ergebnis ist mehr als beschämend. Die Kernspaltung deckt gerade mal den winzigen Teil von etwa zwei Prozent der weltweiten Nachfrage von Nutzenergie. Die Kernfusion wird sogar sicher in den nächsten 50 Jahren keinen Beitrag zur Weltenergieversorgung liefern können. Die Forschungsmittel für die Kernenergie sind also der größte Forschungsflop der Welt, da Aufwendungen und Ergebnis diametral auseinander liegen.

Kernfusion schafft Atommüll

Die das Plasma umgebende erste Reaktorwand verliert durch Neutronenbeschuss ihre Festigkeit in wenigen Monaten und Jahren und wird stark verstrahlt. Der Reaktorkern muss häufig erneuert, der Atommüll entsorgt werden. Die Kernfusion wird also ähnlich wie die Kernspaltungsreaktoren große Radioaktivitätsprobleme schaffen. Erneuerbare Energien dagegen kennen keine Radioaktivitätsprobleme.

Das Desaster des Kernfusionsexperimentes ITER

Das größte und teuerste Experiment, das die Machbarkeit der Kernfusion prinzipiell demonstrieren soll, ist der Bau des Kernfusionsreaktors ITER in Südfrankreich.

Im Oktober 2007 trat das Übereinkommen zwischen der Europäischen Atomgemeinschaft (EURATOM) und sechs anderen Vertragsparteien (China, Indien, Japan, Südkorea, Russland und den USA) über den Bau des Fusionsreaktors ITER in Kraft. In dem Forschungsreaktor soll demonstriert werden, dass durch Verschmelzung von Atomkernen Energie gewonnen werden kann. Nur ein knappes Jahr nach dem Inkrafttreten des Übereinkommens verkündete der damalige stellvertretende ITER-Direktor Norbert Holtkamp beim 25. Symposium zur Fusionstechnologie in Rostock am 15. September 2008 eine Kostenexplosion für das Projekt. Nach aktuellen Schätzungen verdreifacht sich der europäische Anteil am Projekt und steigt von 2,7 Milliarden auf 7,2 Milliarden Euro. Dies ist für kritische Fachleute keine überraschende Entwicklung, hat sich doch in den letzten Jahren bei allen Kernfusionsexperimenten gezeigt, dass ein einmal angesetzter Kosten- und Zeitrahmen in der realen Entwicklung weit überspannt wurde. Ein besonders gravierendes Beispiel ist das Stellerator-Experiment in Greifswald in Norddeutschland, wo die experimentellen Ergebnisse viele Jahre dem angesetzten Zeitplan hinterherhinken und laufend neuer Kostenbedarf angemeldet wurde. Aber auch alle Kernfusionsexperimente in den USA und anderen Ländern haben niemals die in sie gesetzten Hoffnungen erfüllen können.

Bis heute wurden aber die Ursachen dieser dramatischen Kostensteigerung beim ITER nicht schlüssig analysiert und für Parlament und Öffentlichkeit transparent gemacht. Das katastrophale Management der ITER-Organisation und die europäische ITER-Agentur wurden wegen erwiesener Unfähigkeit inzwischen weitgehend ausgetauscht. Nach wie vor kritisieren sogar Befürworter des Projekts den Mangel an effektiven Kontroll- und Managementstrukturen. Eine Prüfung durch den europäischen Rechnungshof förderte gravierende Mängel insbesondere im internen Kontroll- und Finanzinformationssystem zutage. Offensichtlich sind die entlassenen Manager der Kernfusionsforschung aber nur Opfer der völlig unrealisierbaren Vision Kernfusion. Denn selbst bei optimalen Einsatz der Befürworter und hohem Geldeinsatz sind die objektiven Probleme der Kernfusion nicht lösbar.

Das ITER-Projekt ist Bestandteil des europäischen Forschungsrahmenprogramms EURATOM, das neben der Fusionsforschung den Schwerpunkt Kernspaltung und Strahlenschutz sowie die gemeinsame Forschungsstelle im Bereich der nuklearen Sicherheit und der Gefahrenabwehr umfasst. Die in EURATOM für die Nuklearforschung vorgesehenen Mittel reichen nun wegen der beträchtlichen Steigerungen beim ITER-Projekt nicht aus.

Es ist mehr als überfällig, nach der Katastrophe von Fukushima Konsequenzen zu ziehen und die Prioritäten und verfügbaren Mittel auf Maßnahmen zum Schutz der Bevölkerung vor radioaktiver Strahlung zu konzentrieren sowie auf Forschungen, die in absehbarer Zeit umfassende Beiträge zur Lösung der Energiefragen bringen, wie die Erneuerbaren Energien und Energieeinsparung. Das heißt, dass das Projekt ITER genauso wie andere Kernfusionsexperimente schnellstens beendet werden muss, damit das Finanzdisaster der Kernfusionsforschung endlich ein Ende finden kann.

Kernfusion ist also ähnlich wie die Kernspaltung keine realisierbare Option für den Klimaschutz. Es wird Zeit, dass die weltweit aufgewandten Mittel für Kernfusion nach über 50-jähriger Erfolglosigkeit endlich umgewidmet werden für wirksame und erfolgsversprechende Maßnahmen im Klimaschutz und der Energiesicherheit mit Erneuerbare Energien.

2.3 Industrielle intensive Landwirtschaft

Behauptungen von großen Agrarkonzernen, mit modernen industriellen landwirtschaftlichen Methoden könne Klimaschutz betrieben werden, entbehren jeder Grundlage. Zum Beispiel will der Konzern Monsanto durch gentechnisch verändertes Saatgut den Ertrag der Pflanzen bis zum Jahre 2030 verdoppeln, bei gleichzeitiger Reduzierung des Schlüsselressourcenverbrauchs (Wasser, Boden). Des Weiteren sollen verbesserte Pflanzenschutzmittel die Erträge steigern und neues Anbaumanagement (wörtlich: improved farm-management practices) den Ressourcenverbrauch reduzieren (Monsanto Company 2010). Es mag durchaus sein, dass eine neue Agrarbewirtschaftung, zum Beispiel mit Satelliten gestützter, maschineller Einsatz in riesigen Monokulturen eine etwas geringere Klimagasemission verursacht, als bestehende Methoden in diesen Monokulturen, weil Pestizide und Düngemittel effizienter ausgebracht werden können. Entscheidend ist aber, dass die heute weitverbreitete industrielle Landwirtschaft auch unter Anwendung solcher effizienteren Ausbringungsmethoden hohe Klimagasemissionen verursacht. Eine geringe Verringerung reicht aber bei weitem nicht aus.

Wirksamer Klimaschutz in der Landwirtschaft ist nur möglich mit einem Wechsel hin zu biologischen Anbaumethoden mit hoher Biodiversität und einer artgerechten Grünlandbeweidung in der Tierhaltung, statt Kraftfuttererzeugung für die Massentierhaltung aus Monokulturen oder gar aus dem Kot anderer Tiere.

Doch die Agrarkonzerne sind eng verbunden mit der Chemiewirtschaft, die als Lieferant für Düngemittel, Pestizide und gentechnisch verändertes Saatgut dient. Einige multinationalen Konzerne wie Monsanto bieten alle die oben genannten Produkte aus einer Konzernhand: Sie produzieren Chemikalien und Düngemittel; sie produzieren genetisch verändertes Saatgut (z. B. Round Up fertiges Soya oder Korn), und sie produzieren auch die dazugehörenden Pestizide (z. B. Round Up). Die Dominanz der Interessen der Agrarkonzerne für intensive Landwirtschaft ist ähnlich wie die der konventionellen Energiekonzerne ein Hindernis für wirksamen Klimaschutz. Die Verkaufsinteressen der großen Agrarkonzerne konzentrieren sich im Wesentlichen auf Mineraldünger, Pestizide, Saatgut und Ernteerträge. Mineraldünger, vor allem Phosphat- oder Stickstoffdünger, wird mit hohem Erdöleinsatz hergestellt und verursacht darüber hinaus schon bei der Herstellung hohe CO_2-Emissionen.

Pestizide werden meistens auf der Grundlage von Erdöl hergestellt. Sie haben so neben den schädigenden Giftwirkungen auch negativen Einfluss auf die Erderwärmung. Auch direkte klimaschädliche Emissionen, z. B. Lachgas aus Feldern, die intensiv bewirtschaftet werden, oder Methanemissionen aus Massentierhaltungen mit sogenanntem Kraftfutter verschärfen das Klimaproblem.

Die entscheidende klimaschädliche Wirkung kommt über den Einsatz von Mineraldünger, vor allem Stickstoffdünger, als Ersatz für die Fruchtbarkeit von Böden. Statt pflanzliche und tierische Reststoffe in die Böden einzuarbeiten, die dann die entsprechenden Nährstoffe für den Pflanzenaufwuchs liefern, wird Mineraldünger als

Ersatz verwendet. Dadurch sinkt die Bodenfruchtbarkeit, die Erosion nimmt zu, der Humusabbau wird befördert und die Bodenlebewesen gehen deutlich zurück: Alles Prozesse, die den Kohlenstoffgehalt des Bodens verringern. Ein Ergebnis sind zum einen immer mehr nährstoffarme Böden, die die Erträge der Ackerböden schrumpfen lassen. Zum anderen verlieren weltweit die Böden immer mehr Kohlenstoff, womit sie statt als Kohlenstoffspeicher nun als Kohlenstoffemittent wirken. Zusätzlich dramatisch verschärft wird dies durch eine Ackerbewirtschaftung und Urwaldabholzung, die immer mehr Naturböden wie Grünland oder Waldböden umbricht und damit große Kohlenstoffmengen in die Atmosphäre freisetzt.

Dabei wird die Fruchtbarkeit des Bodens durch die lebende (Wurzeln, Regenwürmer, Mikroorganismen) und tote organische Substanz (Humus) bestimmt. Durch nachhaltige Bewirtschaftung wird Bodenfruchtbarkeit und damit der Kohlenstoffgehalt erhöht und so das Klima entlastet. Industrielle Landwirtschaft dagegen ersetzt den Erhalt der Bodenfruchtbarkeit mit Mineraldünger. So wird auf mehr als 100 Millionen Hektar das weltweite Ausmaß der Degradierung von Ackerland für das vergangene Jahrzehnt geschätzt. Insbesondere der Maisanbau in Intensivkulturen ist bodenzehrend. So haben Untersuchungen in Nordrhein-Westfalen die negative Humusbilanz von Mais mit 560 kg Humuskohlenstoffverlust pro Hektar und Jahr beziffert. Der Verlust des Kohlenstoffs im Boden findet sich als zusätzlicher, die Erderwärmung anheizender Kohlenstoff in der Atmosphäre wieder. In Nordamerika ist in wenigen Jahrzehnten durch die Übernutzung der Böden ein Viertel der in Jahrtausenden entstandenen Bodenfruchtbarkeit vernichtet worden (Idel 2011).

Gleichzeitig werden mit dem Austreiben des Kohlenstoffs aus den Böden durch die intensive Landwirtschaft und über die Massentierhaltung zusätzliche Emissionen erzeugt. Tierfutter, als sogenanntes Kraftfutter wird aus Pflanzen, die in Monokulturen und intensiver Landwirtschaft angebaut werden, gewonnen. Zwar wird darüber die Fleischproduktion gesteigert, aber eben auch die Klimagasemissionen. Von 1975 bis 2000 hat sich die weltweite Fleischproduktion verdoppelt. Deshalb wird inzwischen mehr als 1/3 des weltweit kultivierten Landes für den Futtermittelanbau genutzt. Etwa 40 Prozent der weltweiten Getreideproduktion wird heute an Tiere verfüttert (Idel 2011). Der Fleischhunger in den reichen Nationen ist somit eine der Hauptursachen für den Hunger in der Welt und gleichzeitig für die Klimagasemissionen in der Landwirtschaft.

Der Futtermittelanbau über Soja oder Getreide ist eine wesentliche Triebfeder für die Abholzung tropischer Regenwälder und damit eine erneute Quelle für Emissionen von Klimagasen. Zusätzlich emittieren die mit Kraftfutter hochgepäppelten Rinder enorme Mengen von Methan bei der Vergärung des Kraftfutters in den Rindermägen. Ein verminderter Fleischkonsum in der Welternährung beendet die Notwendigkeit des Hochmästens von Tieren mit Kraftfutter. Stattdessen könnten Rinder und andere Weidetiere artgerecht weidend auf Grünland sich ernähren und gesundes Fleisch und Milchprodukte liefern. Grünlandbeweidung führt im Gegensatz zur intensiven Landwirtschaft zu zunehmender Kohlenstoffspeicherung in den Böden.

Bild 24: Treibhausgasemissionen von Nahrungsmitteln pro kg
(Quelle: WWF Deutschland)

Die gigantischen großen Grünlandflächen auf der Erde speichern in ihren Böden mehr als ein Drittel des globalen Kohlenstoffs (Idel 2011).

Völlig unterschätzt wird in der öffentlichen Diskussion die klimaschützende Wirkung der Grünlandbeweidung. Sie gehört daher zusätzlich zur großflächigen Aufforstung zu den entscheidenden Maßnahmen der Reinigung der Atmosphäre von überschüssigem Kohlenstoff. Möglich wird dies durch einen deutlich reduzierten Fleischkonsum der Erdbevölkerung. Gleichzeitig wird mit einer Erhöhung der Biodiversität der Erde erheblich mehr Kohlenstoff in Pflanzen, Böden und tierischen Lebewesen, vom Mikroorganismus bis hin zum Säugetier, gebunden und damit der Atmosphäre entzogen.

Effizientere Methoden der industriellen Landwirtschaft reduzieren dagegen nur marginal das hohe Emissionsniveau, halten es aber weitgehend aufrecht. Sie gehören daher in die Kategorie der Scheinaktivitäten für den Klimaschutz ohne wirksame Klimawirkung.

Wirksamen Klimaschutz dagegen bringt die Ablösung der industriellen Landwirtschaft. Dazu gehören: Grünlandbeweidung und artgerechte Tierhaltung statt Massentierhaltung mit Kraftfutter; biologische Landwirtschaft statt industrieller Landwirtschaft; Aufforstung statt Abholzung.

2.4 Transportsysteme mit effizienteren Nutzungen von fossilen Treibstoffen

Das heutige weltweite Transportsystem – Auto, Bahn, Schiffe Flugzeuge – ist fast zu 100 Prozent abhängig vom Erdöl als Treibstoff. Es trägt damit circa 1/3 zu den weltweiten CO_2-Emissionen bei. Aus Klimaschutzgründen werden häufig Antriebe gefordert und entwickelt, die den fossilen Treibstoff Erdöl effizienter nutzen.

Dabei wird schon alleine die nicht mehr ausreichende Verfügbarkeit von Erdöl den *Peak Oil* blinden Managern der Automobilindustrie in den kommenden Jahren das Fürchten lehren.

2010 fahren erstmals mehr als eine Milliarde Autos in allen Kontinenten der Erde. Die IEA schätzt in ihrem World Energy Outlook (WEO) 2010, dass in den nächsten zehn Jahren nochmals 285 Millionen Autos dazu kommen sollen. Woher aber das Erdöl für den Betrieb dieser zusätzlichen Autos kommen soll, kann die IEA nicht sagen. Im gleichen WEO 2010 gibt die IEA erstmals zu, dass der von der *Energy Watch Group* bereits vor Jahren auf 2006 datierte *Peak* von *Crude Oil* tatsächlich 2006 eingetreten ist. Womit sollen also die vielen neuen und zusätzlichen Autos fahren, wenn im kommenden Jahrzehnt die Verfügbarkeit von Erdöl deutlich zurückgehen wird und andererseits die Elektromobilität zumindest nach Aussagen der großen westlichen Automobilkonzerne nur eine untergeordnete Rolle spielen und auch Biokraftstoffe nicht nennenswert wachsen sollen?

Die Widersprüche dieser Denkweise, die bestechenden Fakten zu den Fehleinschätzungen von der IEA bis zu den westlichen Automobilkonzernen sind hervorragend zusammengefasst auf der australischen Homepage von *Crude Oil Peak* (Crude Oil Peak 2011).

Die durchschnittlichen Emissionen aller Neuwagen in Europa liegen bei etwa 140 Gramm Kohlendioxid für 100 km gefahrener Strecke (Transport & Environment). Die Europäische Gemeinschaft hatte im Jahre 2009 beschlossen, bis 2014 den durchschnittlichen Verbrauch auf 130 Gramm zu senken. Die stärkere Forderung der EU-Kommission auf 120 Gramm wurde durch den massiven Einsatz der europäischen Automobilwirtschaft, mit willfähriger Unterstützung der konservativ-sozialdemokratischen Regierung aus Deutschland, verhindert.

Im Klartext bedeuten diese Emissionsgrenzwerte weiterhin hohe Emissionen im Verkehrssektor. Von wirksamem Klimaschutz kann keine Rede sein; weder bei 120 Gramm, geschweige denn bei 130 Gramm. Das krampfhafte Festhalten von weiten Teilen der Politik und Automobilwirtschaft am Erdöl als Treibstoff ist das eigentliche Klimaschutzproblem.

Auch sogenannte alternative Antriebe mit fossilen Treibstoffen, wie beispielsweise Erdgasautos, sind keine wirkliche Lösung. Ganz abgesehen davon, dass Erdgas gar nicht das Erdöl im Treibstoffsektor, rein von der Verfügbarkeit her, substituieren kann, würden weiterhin hohe Klimagasemissionen aufrechterhalten bleiben. Würde der europäische aktuelle Pkw-Verkehr auf Erdgas umgestellt werden, so würde der europäische Erdgasbedarf sich in etwa verdoppeln. Niemand weiß, woher solche gigantischen Erdgasmengen kommen sollten.

Ein mahnendes Beispiel für eine solche verfehlte Strategie ist Argentinien. Dort wurden staatlicherseits Erdgasautos gefördert mit dem Effekt der enormen Zunahme von Erdgasautos. Doch inzwischen wird in Argentinien das Erdgas so knapp, dass Argentinien seine langfristigen Lieferverpflichtungen von Erdgas nach

Chile nicht mehr erfüllen kann. Nun gibt es ernsthafte, aber verrückte Planungen einer transkontinentalen Erdgasleitung aus dem Norden Südamerikas nach Argentinien. Statt auf eine Strategie zu bauen, die mit Erneuerbaren Energien, z.B. Ökostrom betriebene Elektromobile, auf Nullemission und Unabhängigkeit von ausländischen Treibstofflieferungen setzt, verrennen sich immer mehr Nationen in den Irrweg der weiteren Nutzung fossiler Treibstoffe.

Dabei war schon längst in Kalifornien ein wegweisender Beschluss für Nullemissionsautos gefasst worden. Anfang der neunziger Jahre beschloss die kalifornische Regierung den sogenannten Clean Air Act. Er sah vor, dass jeder Autoverkäufer eine bestimmte und zunehmende Anzahl von emissionsfreien Autos absetzen müsse, wenn er weiterhin in Kalifornien Autos verkaufen wollte. Sogar der damals weltweit größte Automobilkonzern General Motors (GM) sah sich gezwungen, eine Entwicklung eines E-Mobiles anzugehen. Mit dem EV1 hatte er sogar eine erfolgversprechende Lösung realisiert. Diese Autos, zu Tausenden produziert, wurden aber nie verkauft, sondern nur vermietet.

Gleichzeitig arbeitete GM hinter den Kulissen massiv an der Abschaffung des Clean Air Acts. Mit Erfolg: Gegen Ende der neunziger Jahre wurde der Clean Air Act soweit politisch aufgeweicht, dass er defakto unwirksam wurde. Sofort holte GM alle EV1 zurück und führte sie der Verschrottung zu. GM setzte weiter auf ineffiziente Verbrennungsmotoren mit hohem Spritverbrauch bis über 20 Liter Erdöl pro 100 Kilometer.

Als dann im Jahre 2008 der Weltrohölpreis auf über 100 Dollar pro Barrel stieg, wollten und konnten sich viele Amerikaner die spritfressenden Autos von GM nicht mehr leisten, weil der hohe Spritpreis in Verbindung mit dem hohen Spritverbrauch die Kosten der Autofahrten explodieren ließ. Massenhaft stiegen die US-Käufer auf sparsamere Modelle um und trieben so GM an den Rand des Konkurses. Nur mit massiver staatlicher Unterstützung konnte GM gehalten werden; also massive staatliche Subventionen für einen Produzenten von Autos, die hohe Klimagasemissionen verursachen. Hätte GM den EV1 weiter entwickelt, wäre GM mit Sicherheit der Weltmarktführer für erdölfreie Nullemissionsautos und hätte die Konkurrenz weit hinter sich gelassen. Nun kann sich GM, genauso wie andere US- und europäische Hersteller, kaum der fernöstlichen Konkurrenz erwehren, die sich mittlerweile einen weiten Technologievorsprung in der Elektromobiltät erarbeitet haben und damit die Kunden zunehmend von den Preissteigerungen beim Erdöl unabhängiger machen.

Fazit aus dieser Entwicklung ist: Nicht die geforderten Klimaschutzmaßnahmen haben GM fast in den Ruin getrieben, sondern die aktive Bekämpfung von bereits beschlossenen Klimaschutzmaßnahmen durch GM. Damit ist klar widerlegt, dass Klimaschutz eine Belastung für die beteiligte Wirtschaft sei. Und noch etwas wird aus dieser Geschichte von GM klar: Klimaschutz hat wesentlich mehr Vorteile als eben nur den Klimaschutz. Im Verkehrssektor bedeutet emissionsfreie Mobilität eben auch erdölfreie Mobilität. Damit wird der Autofahrer von der Geißel immer weiter steigender Spritpreise befreit. Automobilproduzenten, die erdölfreie Antriebe anbieten, werden die Gewinner der Zukunft sein.

Aus all diesen Erfahrungen wird leicht ersichtlich: Eine Mobilitätsstrategie, die in der Modernisierung der Antriebe lediglich auf effizienteren Verbrauch von fossilen Kraftstoffen setzt, ist keine wirksame Lösung für den Klimaschutz, sondern nur die Vermeidung von fossilen Treibstoffen. Erdölfreiheit, Erdgasfreiheit und übrigens auch keine aus Kohleverflüssigung gewonnen Treibstoffe können aus der Sackgasse der Erderwärmung und gleichzeitig aus der Preissteigerung fossiler Treibstoffe herausführen.

Effizientere Motoren mit fossilen Treibstoffen sind also ebenso eine unwirksame Scheinaktivität für den Klimaschutz.

Verkehrsbedingte Klimagasemissionen kommen natürlich nicht nur aus dem Automobil. Schiffe, Flugzeuge, Busse, Bahnen u. a. verwenden fast ausschließlich Erdöl, viele Bahnen aber auch elektrischen Strom. Die in den letzten Jahren und Jahrzehnten üblichen Forschungen, Entwicklungen und Anwendungen von verbrauchsarmen Antrieben haben auch in diesem Sektor, verursacht über die Zunahme von Verkehrsleistungen, keine Emissionsminderungen schaffen können. Vielmehr haben sich die Versuche, die Antriebe verbrauchsärmer zu machen, erneut als wirkungslose Scheinaktivitäten entpuppt. Dabei gehört vor allem der weltweite Schiffs- und Flugverkehr mit zu den stärksten Klimagasemittenten.

Notwendig ist daher in all diesen Sektoren auch die Umstellung auf Nullemissionsantriebe oder nachhaltige Biokraftstoffe. Erste zaghafte Versuche von Fluggesellschaften gibt es dafür bereits. So haben Lufthansa und Virgin Airlines bereits erste Flüge mit Biodiesel ausprobiert. Im Schiffsverkehr, wo vor allem das besonders schmutzige Schweröl eingesetzt wird, könnte man meist sogar in den bestehenden Schiffsdieseln reine Pflanzenöle sofort, ohne technische Umrüstungen am Motor, einsetzen. Skysails hat mit großen Lenkdrachen die Nutzung der Windkraft sogar für Ozeanriesen entwickelt. Mehr als ein Drittel des Kraftstoffes kann damit ersetzt werden.

Auf den Olympischen Sommerspielen in Peking wurden 50 Elektrobusse eingesetzt.

Sie haben ihren Praxistest im Dauereinsatz hervorragend bestanden. So halfen diese Elektrobusse, Lärm und Smog zu reduzieren, was auch die Gesundheit der Bevölkerung schützt. Entscheidend ist natürlich, dass der Strom zum Antrieb der Elektrobusse aus Erneuerbaren Energien geliefert wird. Die gilt natürlich auch für den weltweiten Zugverkehr. Die dänischen Eisenbahnen decken bereits einen großen Teil des Bahnstromes mit Windenergie.

Bild 25: Windenergie für die Hochseeschifffahrt mit Lenkdrachen (Quelle: SkySails)

Wirksame Klimaschutzaktivitäten im Verkehrssektor sind neben verkehrsvermeidenden Maßnahmen eben solche Antriebstechnologien, die auf emissionsfreie oder emissionsneutrale Treibstoffe setzen. Dies sind in erster Linie ökostrombetriebene Elektromotoren, aber auch Wasserstoff, wenn er aus Erneuerbaren Energien gewonnen wird und Biokraftstoffe, sofern sie aus nachhaltigem Anbau stammen. Gleichzeitig sind für den Klimaschutz alle verkehrspolitischen Maßnahmen wichtig, die eine Reduzierung der Verkehrsströme bewirken: regionale Erzeugung und Vermarktung von Produkten statt globaler Warenströme; mehr öffentlicher Personenverkehr als Individualverkehr; mehr Gütertransport auf effizienteren Bahnen statt ineffizienter LKW. Auch eine intelligente Raumplanung gehört dazu. Städteplaner, die die notwendigen Aufenthaltsplätze von Menschen zum Wohnen, zur Arbeit und zur Freizeit planerisch mit kurzen Wegen organisieren, tragen erheblich zur Vermeidung von verkehrsbedingten Emissionen bei.

2.5 Geoengineering

Geoengineering umfasst großräumige, meist technische Eingriffe in den CO_2- und Strahlungshaushalt der Erde mit dem Ziel, einem Klimawandel entgegenzuwirken.

Vielfältiges wurde und wird dazu unterbreitet. Ganze Forschergruppen weltweit beschäftigen sich mit teils sehr ernst zu nehmenden Vorschlägen, teils aber auch mit solchen, die an anderer Stelle des globalen Ökosystems gravierende Schäden bereiten würden. Letztere sind natürlich schnell in die Kategorie der Scheinlösungen einzuordnen.

Eine umfassende Übersicht wurde vom Kiel Earth Institut im Auftrag des deutschen Ministeriums für Bildung, Forschung und Technikfolgenabschätzung im Oktober 2011 veröffentlicht (Rickels et al. 2011).

Die Vorschläge des Geoengineerings konzentrieren sich im Wesentlichen auf zwei Stränge: Die Reduktion der Sonneneinstrahlung auf die Erde und der Entzug von Kohlenstoff aus der Atmosphäre.

Wenn wir einen höheren Anteil der Sonnenstrahlen zurück ins All schicken könnten oder erst gar nicht durch die Atmosphäre lassen würden, dann würde es in der Atmosphäre und am Boden weniger warm. Für Reflexion könnten zusätzliche weiße Oberflächen, etwa auf Dächern, sorgen. Nun nehmen weiße Dächer natürlich wichtige Flächen für die Solarenergienutzung weg, weshalb dies ein indiskutabler Vorschlag ist. Solarenergie vermindert den Ausstoß von Kohlendioxid, welches aus energetischer Nutzung fossiler Rohstoffe stammt. Solarenergie auf Dächern ist also weitaus effektiver als die relative geringe Wirkung von zurückstrahlenden weißen Dächern.

Diskutiert werden aber auch vor allem Partikel, die in die Stratosphäre (10 bis 50 Kilometer Höhe) gebracht werden. Diese Partikel sollen die Solarstrahlung abschirmen, sodass sie in geringerer Strahlungsintensität den Erdboden erreichen und so die weitere Aufheizung der Erde zumindest vermindern. Die Nebenwirkungen sind nicht bekannt und nicht erforscht, und damit ist ein solcher Eingriff in die Atmosphäre auch nicht verantwortbar.

Ernsthaft wurde auch von Wissenschaftlern vorgeschlagen, mehr fossile Kraftwerke ans Netz zu nehmen und deren Abluft nicht zu reinigen, damit die Anreicherung der unteren Luftschichten mit mehr Schwefelpartikeln die Einstrahlung der Sonnenstrahlen auf den Erdboden vermindert. Eine hohe Partikelanreicherung vermindert zwar die solare Einstrahlung, ob dies aber die Klimawirkung von vermehrtem Kohlendioxidausstoß überkompensieren würde, ist mehr als fraglich. Absurd ist aber dieser Vorschlag schon deswegen, weil eine hohe Konzentration von Partikeln in der Atemluft Lungenkrebs und andere Atemwegserkrankungen befördert. Die Zweifel sind auch berechtigt, ob es für die menschliche Psyche nicht schlimm wäre, wenn strahlender Sonnenschein dauerhaft von schwefeligen Luftschleiern verhindert wird. Man muss sich schon manchmal kopfschüttelnd fragen, warum sich Forscher, die solches vorschlagen, nicht einmal für ihre Vorschläge schämen.

Um die hohe Kohlendioxidkonzentration der Atmosphäre zu verringern, kann man nicht nur über den natürlichen Pflanzenaufwuchs, sondern auch technologisch unterstützt Kohlendioxid wieder aus der Luft entfernen. Es gibt Vorschläge, die Algenblüte in den Ozeanen zu fördern, z. B. indem die Ozeane großflächig mit Eisen gedüngt werden. Da über diesen Eisenüberschuss als Algennahrung diese explosionsartig wachsen, können die Algen gleichzeitig das zum Wachsen benötigte CO_2 binden und der Atmosphäre entziehen. Das in den Algen gebundene Kohlendioxid sollte dann mit dem Absterben der Algen auf dem Meeresgrund sedimentiert werden und damit dauerhaft der Atmosphäre entzogen werden.

Das Eisendüngungs-Experiment Lohafex, angeregt durch Studien der britischen „Royal Society“ und der „Institution of Mechanical Engineers“, wurde dann im Jahre 2009 gegen viele Widerstände aus dem Bereich der Umweltschützer durchgeführt. Die Widerstände erwuchsen aus der Befürchtung, dass durch die Eisendüngung bisher unbekannte gravierende negative Auswirkungen auf die Meeresökologie auftreten könnten. Zwar traten diese nicht ein. Aber das Experiment scheiterte dennoch, da die erhoffte Wirkung des CO_2-Entzuges der Atmosphäre nicht eintrat. Eine bisher unbeachtete Kleinkrebsart hatte viel schneller die Algen vertilgt, so dass diese sich nicht in ausreichendem Ausmaße vermehren konnten. Eine Eisendüngung der Ozeane zum Stimulieren von Algenwachstum gehört somit eher in das Rech der Scheinlösungen für den Klimaschutz.

Eine weitere Möglichkeit wäre, das Kohlendioxid technisch aus der Luft zu holen. Der britische Milliardär und Abenteurer Richard Branson hat 2007 einen Preis von 25 Millionen Dollar ausgeschrieben für die beste Technik zur Entfernung von CO_2 aus der Luft. Die bisherigen Forschungsergebnisse sind sehr ernüchternd. Mit komplizierten und aufwendigen Apparaten wird mit sehr viel Energieaufwand die Luft gefiltert und der Kohlenstoff technisch absorbiert. Es gibt erhebliche Zweifel, ob eine solche Strategie jemals einen Beitrag zum Klimaschutz wird leisten können. Es mag Sinn machen, in der Grundlagenforschung weiter nach solchen Methoden zu suchen. In den nächsten Jahrzehnten wird es mit Sicherheit keine großtechnische Lösung geben. Daher gehören auch solche Kohlenstoffluftwaschapparate eher in das Reich der Scheinlösungen.

Da mit Aufforstungen, Grünlandbewirtschaftung und biologischer Landwirtschaft genügend natürliche Verfahren und zusätzlich mit Gärsubstrat liefernden Biogasanlagen und hydrothermaler Carbonisierung auch technologische Verfahren zur Verfügung stehen, um den von Pflanzen aus der Atmosphäre entzogenen Kohlenstoff in den Böden zu speichern, sind andere technische Verfahren des Geoengineerings wohl auch nicht notwendig.

3 Abkühlung der Erde ist möglich: In einigen Jahrzehnten sind 330 ppm zu schaffen

Der massenhafte Ausstoß fossil bedingter Klimagase begann mit der industriellen Revolution. Neue Techniken brauchten Energie, und diese wurden fossil bereitgestellt; zunächst mit Kohle befeuerte Dampfmaschinen, später unzählige Verbrennungsmotoren für den Antrieb von Verkehrsmitteln bis hin zur Stromerzeugung und einer Chemie, die Plastiktüten aus Erdöl produziert. Die Geschichte der Klimazerstörung ist im Wesentlichen eine Geschichte der Techniken, die fossile Rohstoffe nutzen.

Es ist kein Naturgesetz, dass Techniken nur mit fossilen oder atomaren Rohstoffen betrieben werden können. Ein Durchdringen der gesamten Gesellschaften mit Technologien, die mit erneuerbaren statt herkömmlichen Energien und einer regenerativen Chemie beliefert werden, ist daher der wesentliche Beitrag zum weltweiten Klimaschutz.

Erforderlich ist eine Technikrevolution: Die solaren Technologien müssen vollständig die fossilen und atomaren Techniken ersetzen.

Kraftwerke

intensive Landwirtschaft

Plastik

Verkehr

Bild 26: Treibhausgasemissionen: Fast 80 Prozent kommen aus fossilen Rohstoffen (Quelle: flickr, Horia Varlan, halitt II)

Immer häufiger wird eine vollständige Umstellung der Weltwirtschaft auf eine das Klima schützende Wirtschaft gefordert. So hat gerade Anfang 2011 der wissenschaftliche Beirat für globale Umweltfragen der deutschen Bundesregierung eine umfassende Veränderung der Weltwirtschaft als dringend erforderlich gefordert. Der „Gesellschaftsvertrag für eine Große Transformation“ beschreibt ausführlich die Notwendigkeiten und viele Maßnahmen, die zum Schutze des Klimas erforderlich sind (Wissenschaftliche Beirat für globale Umweltfragen 2011). Zwar beschreiben die Wissenschaftler die Maßnahmen unter Akzeptanz einer weiteren Welterwärmung auf 2 Grad Celsius; dennoch ist die große Transformation eine klare richtungsweisende Ansage an die Politik, das Steuer in der Wirtschaftspolitik endlich radikal umzusteuern.

Alle für eine globale Abkühlung benötigten Technologien sind im Prinzip bereits vorhanden, die erforderlichen Maßnahmen vielfach in der Literatur beschrieben. Viele der Technologien und Maßnahmen sind sogar in Massenmärkten etabliert. Durch Forschung und Entwicklung können und müssen sie weiterentwickelt werden. Dies gelingt am besten mit einer aktiven Politik zur Markteinführung und Marktdurchdringung. Unternehmen, die Märkte für ihre Produkte sehen, werden sich anstrengen, die besten Innovationen und das beste Preis-Leistungs-Verhältnis anzubieten, um im Wettbewerb mit anderen einen Marktvorteil zu erlangen. Markteinführung und Marktdurchdringung sind also die besten Innovationstreiber, mehr als die staatlichen Forschungsprogramme, die aber unterstützend wirken können und müssen.

Vielfach wird das Jahr 2100 angegeben, bis eine Vollversorgung mit Erneuerbaren Energien möglich sei; in Deutschland sprechen immer mehr Menschen und Wissenschaftler immerhin vom Jahre 2050. Solch lange Zeiträume wiedersprechen völlig den Erfahrungen, wie schnell industrielle Wachstumsprozesse verlaufen. Fast immer dauerte es nur wenige Jahrzehnte, bis eine völlige Marktdurchdringung von neuen Technologien gelungen war.

Flachbildschirme haben in nicht einmal einem Jahrzehnt viele alte Röhrenfernsehgeräte ersetzt. Laptops haben in einem guten Jahrzehnt die Welt erobert. In Deutschland wurde in nur zwölf Jahren die Vollversorgung mit Mobilfunktechnologien geschafft – flächendeckende Versorgung mit Mobilfunktürmen und Handys.

Es gibt keinen vernünftigen Grund anzunehmen, dass Technologien der Erneuerbaren Energien und andere Klimaschutztechnologien nicht ähnliche Wachstumsgeschwindigkeiten bis zur Vollversorgung erreichen könnten, wie sie in den Informationstechnologien möglich waren. Die industriellen Potenziale sind vorhanden; die Technologien sind reif, und viele haben die Phase der Forschung und Entwicklung längst hinter sich. Massenhaft aufgebaute Fabriken für Technologien der Erneuerbaren Energien können die wachsenden Märkte schnell versorgen. Mit jeder neuen Fabrik wird zusätzlich Innovation angetrieben.

Längst ist im Weltmaßstab genau diese Entwicklung entstanden. In China gibt es bereits über 100 Fabriken, die nur Windkraftanlagen produzieren. Fabriken für Photovoltaikanlagen schossen wie Pilze aus dem Boden; sogar so schnell, dass weltweite Produktionsüberkapazitäten entstanden. Diese führten zwar zu einer Konsolidierung mit Insolvenzen, vor allem in der europäischen Solarwirtschaft. Aber die Solarmärkte wachsen mit sinkenden Produktionskosten immer weiter, weshalb diese ernüchternde Phase der Solarwirtschaft bald wieder einem stürmischen Wachstum weichen wird. Diese Entwicklung gilt es zu beschleunigen und auf alle Klimaschutztechnologien auszuweiten – in der Chemie genauso, wie im Verkehrswesen und der Landwirtschaft.

Trotz aller Widerstände aus der fossilen und atomaren Wirtschaft hat die Branche der Erneuerbaren Energien in den letzten Jahren einen ungeahnten Aufschwung erlebt. Selbst den weltweiten Einbruch durch die Finanzkrise haben die Erneuerbaren Energien fast schadlos überstanden. Abzulesen ist dies am jahrelang unerwartet steilen Aufschwung, gemessen an den unambitionierten falschen Prognosen der Vergangenheit. Die selbsttragenden Kräfte für den Ausbau Erneuerbarer Energien, vor allem aufgrund der Preissteigerungen der konventionellen Energieressourcen, sind heute bereits auf einem steilen Wachstumspfad.

Da die Geschichte lehrt, dass eine Marktdurchdringung neuer Technologien in wenigen Jahrzehnten machbar ist, ist auch eine weltweite schnelle Durchdringung mit Klimaschutztechnologien prinzipiell möglich. Um die Welterwärmung nicht nur zu stoppen, sondern die Erde wieder abzukühlen, ist eine Marktdurchdringung von allen notwendigen Klimaschutztechnologien erforderlich. Alle diese Technologien und Maßnahmen müssen sich strategisch an dem Ziel der globalen Abkühlung ausrichten.

Eine Strategie, die die Welterwärmung nicht nur stoppen, sondern eine globale Abkühlung zum Ziel hat, muss auf zwei gleichzeitig anzugehenden Säulen stehen:

1. Null Emissionen: Es dürfen keine neuen Emissionen von Klimagasen mehr in die Atmosphäre entweichen.
2. Reinigung der Atmosphäre: Der Kohlenstoffgehalt der Atmosphäre muss wieder gesenkt werden.

Natürlich wäre es utopisch zu glauben, dass in den nächsten wenigen Jahren beide Ziele erreichbar wären. Dennoch ist diese Zielformulierung entscheidend für die politischen Strategien, um einen schnell wirkenden Klimaschutz weltweit zu erreichen.

Der entscheidende Unterschied in einer Denkweise mit Nullemissionen statt in der Denkweise der bloßen Reduzierung von Emissionen ist folgender:

Wer mit dem Ziel Nullemission denkt, wird bei jeder heutigen Investition nur noch in Technologien investieren, die keine Emissionen verursachen. Nach und nach wird der emittierende Technikpark ersetzt durch Nullemissionstechnologien. Auf diesem Wege wird eine schnelle Emissionsminderung erreicht, und jede neue Investition führt dazu, dass von diesem Objekt keine Emissionen mehr ausgehen.

Wer sich dagegen mit dem Ziel der bloßen Emissionsminderung zufrieden gibt, glaubt, dass auch die Investitionen in Technologien, die eine geringere Emission verursachen, wie z. B. neue Kohlekraftwerke mit höheren Wirkungsgrad, bereits eine Klimaschutzmaßnahme sei. Klar ist, dass auch der Bau eines neuen effizienteren Kohlekraftwerkes neue zusätzliche Emissionen verursacht und damit die Atmosphäre über Jahrzehnte hinweg mit zusätzlichem Kohlenstoff anreichert. Ein neues modernes Kohlekraftwerk bläst eben in fünf Tagen die gleichen Emissionen in der Luft, wie ein älteres ineffizientes Kohlekraftwerk in vier Tagen. Somit wird schnell klar, dass Effizienzsteigerungen in der konventionellen Energieerzeugung kein Klimaschutz sind, sondern tiefer in die Sackgasse der weiteren Welterwärmung führen.

Nur die klaren Denkweisen von Nullemissionen und Kohlenstoffreinigung der Atmosphäre können zu wirksamen politischen Maßnahmen führen, die in wenigen Jahrzehnten eine globale Abkühlung ermöglichen können.

3.1 Erste Säule: Nullemission

3.1.1 Was bedeutet Nullemission: aktueller Stand der Klimagasemission und Klimagaskonzentration

Emissionen von Klimagasen gibt es in vielfältiger Art. Vor allem Kohlendioxid (CO_2), Methan (CH4), verschiedene Flourkohlenwasserstoffe (FCKW), Distickstoffoxid oder auch Lachgas (N_2O) und weitere. Der Ausstoß von diesen Treibhausgasen ist seit 200 Jahren kontinuierlich gestiegen und hat damit eine Erhöhung der Konzentrationen in der Atmosphäre bewirkt. Da aber etwa die Hälfte des CO_2-Austausches von den Meeren absorbiert wird, findet sich nicht die gesamte emittierte Kohlenstoffmenge in der Atmosphäre. Allerdings trägt die Absorption in den Meeren zu Versauerung der Meere bei, was erhebliche schädigende Wirkung auf die Ökosysteme in den Weltmeeren hat. Korallenriffe sterben dadurch ab, genauso wie viele Kleinlebewesen, die am Anfang der Nahrungskette vieler Meerestiere liegen.

Die Einflussfaktoren und Wirkungen der unterschiedlichen Treibhausgase sind vielfach in der Weltliteratur beschrieben. Empfehlenswert ist das Buch *Der Klimawandel* von Stefan Rahmstorf und Hans Joachim Schellnhuber (Rahmstorf, Schellnhuber 2006).

Mengenmäßig ist Kohlendioxid das am meisten die Erderwärmung bewirkende Treibhausgas. Allerdings ist die Treibhauswirkung pro emittiertem Teilchen sehr unterschiedlich. So hat ein Methanteilchen einen etwa 25-fach stärkeren Treibhauseffekt als ein CO_2-Teilchen, ein Teilchen Lachgas sogar eine 295-fache Klimawirkung.

Seit dem vorindustriellem Zeitalter, also etwa vor 200 Jahren, hat sich die CO_2-Konzentration in der Atmosphäre von 280 ppm auf etwa 390 ppm im Jahre 2010 erhöht. Dies ist ein Höchststand, den die Atmosphäre seit Jahrmillionen nicht erreichte.

Diese hohe Konzentration von klimawirksamen Gasen bewirkt, dass die Erdtemperatur kontinuierlich ansteigt, weil diese Gase das Licht der Sonne im sichtbaren

Teil des Sonnenspektrums zwar hindurchlassen, die dadurch am erwärmten Boden entstehende Wärmestrahlung aber je nach Klimagaskonzentration mehr und mehr absorbieren. Dadurch heizt sich die Atmosphäre immer mehr auf.

Leider gibt es keine jährlich aktualisierten, weltweit anerkannten Zahlen über die tatsächliche Entwicklung der Emissionen. Dies ist sehr problematisch, da so besorgniserregende Steigerungen der Emissionsraten nicht schnell genug erkannt werden. Daher ist es erforderlich, die Forschungsbudgets der Klimaforscher weltweit deutlich zu erhöhen.

Die im Jahre 2011 aktuellsten greifbaren Zahlen über die Klimagasemissionsentwicklung, die das United Nations Framework Convention on Climate Change (UNFCCC) veröffentlicht hat, stammen aus dem Jahre 2008. Dies sind aber nur die Zahlen für Annex I Staaten (Industriestaaten und Ökonomien in Transition) (UNFCCC 2010). Zahlen für nicht-Annex I Staaten gibt es nur auf der Basis von 2005 (UNFCCC 2005). Dies sind die einzigen Daten, die offiziell sind. Alle anderen Quellen verwenden nur Modelle. Das Intergovernmental Panel on Climate Change (IPCC) gibt selbst keine Zahlen zu Treibhausgasen heraus, sondern verwendet die Zahlen des UNFCCC. Auf Basis der zwei genannten Dokumente lassen sich keine aktuellen Werte für die sechs im Kyoto-Protokoll erfassten Treibhausgase errechnen. Darüber hinaus gibt es noch Zahlen aus dem Jahre 2009 von der U.S. Energy Information Administration. Diese umfassen aber lediglich CO_2 aus Energieverbauch, d. h. Landnutzungsänderungen werden nicht angerechnet, und Daten der übrigen THG werden auch nicht ermittelt (US EIA 2010).

Nach dieser Quelle lagen die CO_2-Emissionen im Jahre 2009 bei gut 30 Milliarden Tonnen, was einem leichten Rückgang zu 2008 bedeutet, aber ausschließlich auf die Wirtschaftskrise zurückzuführen war. Allerdings ist der CO_2-Ausstoß im Jahre 2010 auf den höchsten jemals erreichten Stand gestiegen (Umweltbundesamt 2011).

Aktuelle Zahlen für die anderen im Kyoto-Protokoll enthaltenen Klimagase für die Globale Ebene gibt es momentan keine.

3.1.2 Woher kommen die Emissionen, und wie lassen sie sich vermeiden?

Um eine weitere Erhöhung der Konzentration von Treibhausgasen in der Atmosphäre zu vermeiden, ist das Ziel der Nullemission, also der vollständigen Vermeidung der Emissionen von Treibhausgasen, ideal. Allerdings ist dies nur bis zu einem bestimmten Maße möglich und der Idealfall nicht vollständig zu erreichen. Dennoch macht es Sinn, das Ziel Nullemission als politisches Ziel zu formulieren und anzustreben. In weiten Teilen kann es auch verwirklicht werden. In anderen Teilen, wie beispielsweise mit nachhaltig angebauter Biomasse, kann immerhin eine CO_2-Neutralität erreicht werden. Zwar wird beim Verbrennen von Biomasse auch Kohlendioxid emittiert, aber im Idealfall führt dies nicht zu einer Erhöhung der Konzentration in der Atmosphäre, weil Pflanzen beim Aufwuchs das so emittierte CO_2 wieder aus der Luft entfernen.

Der mit Abstand größte Emittent von Treibhausgasen ist das fossile Energiesystem. Kohlendioxid hat den größten Anteil in den Verbrennungsabgasen. Unvermeidbar fallen bei der Nutzung von Erdöl, Erdgas und Kohle Klimagasemissionen an. Etwa 60 Prozent aller klimagaswirksamen Emissionen sind mit der Nutzung von fossilen Rohstoffen verbunden (IPPC). Über Schornsteine und Auspuffe werden sie einfach in die Atmosphäre entlassen.

Auch der weltweite Methanausstoß ist in erheblichem Maße mit dem fossilen Energiesystem verbunden. Beim Aufschließen fossiler Lagerstätte wie Erdöl, Erdgas und Kohle entweichen Unmengen von methanhaltigen Begleitgasen. Oftmals wird dieses Methan direkt an den Lagerstätten abgefackelt und immerhin in weniger klimawirksames CO_2 umgewandelt. Eine schädigende Klimawirkung entfaltet dieses CO_2 aus Abfackelungen aber dennoch. Häufig wird das entsprechende Methan aber nicht einmal abgefackelt und entfacht so direkt seine hochschädigende Wirkung zur Erderwärmung. Methan entweicht aber nicht nur direkt aus den aufgeschlossenen fossilen Lagerstätten, sondern vor allem auch aus Leckagen in den Transportsystemen, insbesondere von Erdgaspipelines. Dieser sogenannte Methanschlupf kann aber technologisch minimiert werden. Die Minimierung des Methanschlupfes ist nicht nur beim Transport und der Nutzung von Erdgas notwendig, sondern auch bei Herstellung, Nutzung und Transport des regenerativen Biogases.

Null Emissionen lassen sich am leichtesten bei der Umstellung von Verbrennungsprozessen mit fossilen Energien auf Erneuerbare Energien bewerkstelligen, die keine Verbrennungsprozesse benötigen. Solaranlagen, Windräder, Wellengeneratoren oder Wasserkraftanlagen haben bekanntlich keinen Auspuff oder Schornstein, woraus Verbrennungsgase und mit ihnen Treibhausgase entweichen könnten. Die Stromerzeugung in diesen Anlagen ist eben kein Verbrennungsprozess. Dies verdeutlicht am besten, dass es Nullemissionstechnologien gibt.

Häufig wird dem entgegengehalten, dass auch beim Herstellungsprozess der Technologien Kohlendioxid und andere Klimagase emittiert werden. Dies gilt aber nur so weit, wie der Herstellungsprozess auch tatsächlich fossile Energien und Rohstoffe benötigt. Heute bereits gibt es erste Fabriken für Solarmodule oder Wasserkraftanlagen, die die Herstellungsenergie vollständig aus Erneuerbaren Energien bereitstellen. Auch die Gewinnung der dafür notwendigen Rohstoffe im Bergbau kann prinzipiell mit Erneuerbaren Energien gelingen. Je mehr Fabriken und Bergwerke mit Erneuerbaren Energien betrieben werden, desto geringer wird der CO_2- oder Methanrucksack auch der Technologien für Erneuerbare Energien. Der große Vorteil der Anlagen mit Erneuerbaren Energien ist aber der, dass beim Betrieb der Energieerzeugung eben keine Klimagase erzeugt und emittiert werden.

Bioenergien sind unter Emissionsbetrachtungen hochkomplex: Nicht nachhaltige Anbaumethoden emittieren extrem viel Klimagase. Nachhaltige Methoden können dagegen sogar zur Kohlenstoffreinigung der Atmosphäre beitragen. Als Ausnahme unter den Erneuerbaren Energien muss die Bioenergie daher extra bewertet werden. Im Normalfall werden Holz, Pflanzenöle oder Biogas genauso wie fossile Rohstoffe verbrannt, um daraus Wärme, Strom oder Treibstoffe zu erhalten. Der in den Pflanzen enthaltene Kohlenstoff verbindet sich genauso wie fossiler Kohlenstoff mit dem Luftsauerstoff und wird als Kohlendioxid emittiert. Zwar gibt es auch bei den Bioenergien dazu Ausnahmen, wie beispielsweise der von Algen produzierte Wasserstoff, der über Brennstoffzellen ohne CO_2 oder Methan-Emissionen direkt in Strom umgewandelt werden kann.

Die beim Verbrennungsprozess von Pflanzen entweichenden Kohlendioxidmengen werden prinzipiell beim Aufwuchs neuer Pflanzen wieder der Atmosphäre entnommen. Allerdings ist hier die Kohlenstoffbilanz entscheidend. Werden zur Ertragssteigerung der Pflanzenernten Mineraldünger und Pestizide verwendet, deren Herstellung große Mengen fossilen Erdöls bedürfen, dann werden im gesamten Prozess vom Aufwuchs der Pflanzen bis zur Verbrennung mehr Kohlendioxid in die Atmosphäre entlassen, als die Pflanze der Atmosphäre wieder entnimmt. Zusätzlich werden beim Einsatz von Stickstoffdünger Lachgasemissionen verursacht, die ebenfalls zur Erderwärmung beitragen. Solche aus industriellen oder intensiven Landwirtschaftsanbaumethoden erwirtschafteten Energiepflanzen können selbstverständlich nicht zur Nullemission durch die Nutzung von Bioenergien gerechnet werden.

Im Sinne von Nullemissionen können also nur solche landwirtschaftlichen Prozesse und Bioenergienutzungen gerechnet werden, die in der gesamten Bilanz vom Aufwuchs bis zur Nutzung der Pflanzen einen wirklich geschlossenen Kohlenstoffkreislauf und lachgasfreien Anbau schaffen, womit keine Erhöhung der Treibhausgaskonzentration in der Atmosphäre stattfindet. Solche landwirtschaftlichen Methoden sind möglich und vor allem in der biologischen Landwirtschaft auch üblich. Konsequenterweise gehört dazu auch eine maschinelle Bewirtschaftung der Äcker, Weiterverarbeitung und Transport der Lebensmittel oder Bioenergiepflanzen, die ohne fossilen Rohstoffeinsatz ermöglicht werden, also beispielsweise mit Biokraftstoffen aus nachhaltigem Anbau oder solare Antriebsysteme.

Zusätzlich sind bei den landwirtschaftlichen Methoden zur Bioenergienutzung auch die Landnutzungsänderungen zu beachten. Werden beispielsweise Urwälder abgeholzt oder Moore entwässert, um daraus neue landwirtschaftliche Flächen zu schaffen, dann werden riesige, vormals im Holz oder dem Boden gespeicherte Kohlenstoffmengen in die Atmosphäre entlassen, was zur zusätzlichen Erhöhung der Treibhausgaskonzentrationen beiträgt. Pflanzen, die auf agrarischen Flächen mit solchen Landnutzungsänderungen angebaut wurden, können ebenso wenig wie die intensive Landwirtschaft zu Nullemissionen beitragen und sind deshalb zu vermeiden.

Die beste Klimaschutzwirkung entfachen aber Landnutzungsänderungen, die zur Speicherung von vormals in der Atmosphäre befindlichem Kohlenstoff in den agrarischen Böden beitragen. Das Einbringen von Pflanzenreststoffen oder der Substrate aus der Biogasgewinnung kann mit geeigneten Methoden eine Kohlenstoffanreicherung in den Böden, z. B. über Humusaufbau, bewirken. Somit kann über agrarische Methoden der Atmosphäre Kohlenstoff dauerhaft entzogen werden, was die entscheidende Methode zur Verringerung der Konzentration der Klimagase in der Atmosphäre ist. Gleichzeitig trägt die Anreicherung von Kohlenstoff in den Böden zur Erhöhung der Fruchtbarkeit und zur Stärkung der Wasserhaltung bei, was entscheidend ist für die Ertragssteigerung der landwirtschaftlichen Produkte unter Vermeidung von Mineraldüngereinsatz.

Die Möglichkeiten, atmosphärischen Kohlenstoff in den oberen Bodenschichten zu deponieren, sind vielfältig. Am bedeutendsten sind landwirtschaftliche Methoden, wie die biologische Landwirtschaft, Aufforstungen oder Grünlandkulturen. Technologische Verfahren wie die hydrothermale Carbonisierung oder Biogasanlagen können diese natürlichen Prozesse massiv beschleunigen.

Neben den Emissionen aus dem fossilen Energiesystem und der Landwirtschaft gibt es weitere Emissionsquellen für Klimagase.

Bedeutend ist vor allem die Zementherstellung. Hier wird vor allem Kalkgestein benutzt, der darin gebundene Kohlenstoff ausgetrieben und als CO_2 in die Atmosphäre entlassen. Die Betonherstellung über Zement verursachte im Jahre 2005 etwa 1,8 Milliarden Tonnen CO_2-Emissionen (IEA 2007), was ca. 5 Prozent der weltweiten CO_2-Emissionen entspricht (WBCSD 2002). Nullemission im von Beton beherrschten Bausektor kann vor allem durch Substitution erreicht werden. Dort, wo Holz als Baustoff Beton ersetzt, wird dauerhaft vormals atmosphärischer Kohlenstoff fest im Baustoff Holz gebunden. Aber auch neuartige Technologien wie Textilbeton oder Carbonfasersteine können die CO_2-Emissionen der Betonherstellung drastisch reduzieren und sogar völlig vermeiden.

Etwa 10 Prozent des weltweit geförderten Erdöls wird für die Produktion von Kunststoffen verwendet (Energie Krise 2011). Nach Beendigung der Nutzungsdauer landet dieser Plastikmüll meistens in der Müllverbrennung und wird so als CO_2 in die Atmosphäre emittiert. Falls dieser Plastikmüll nicht in die Müllverbrennung kommt, schafft er als kaum verrottbares Produkt eine massive Müllverschmutzung. Selbst an unbewohnten Stränden in der Südsee finden sich mit Plastik verschmutzte Strände. Meerestiere und Vögel verenden in großer Zahl an diesen Wegwerfprodukten der Zivilgesellschaft. Kunststoffe aus nachwachsenden Rohstoffen vermeiden beide Probleme. Zum einen verrotten diese Biokunststoffe relativ schnell, selbst wenn sie einfach in die Natur weggeworfen werden. Eine Vermüllung der Natur mit Kunststoffen würde es dann nicht mehr geben.

Zum anderen können Biokunststoffe einfach dem Biomüll beigemischt werden. Über Kompostierung oder sogar unter Energiegewinnung mit Biogasvergärung werden diese Biokunststoffe dann ihren Kohlenstoff in Böden ablagern können und wirken somit sogar als Senke des atmosphärischen Kohlenstoffes. In dieser Verwendung sind Biokunststoffe sogar mehr als reine Nullemission.

3.1.3 Nullemission des globalen Energiesystems sind mit 100 Prozent Erneuerbaren Energien in wenigen Jahrzehnten machbar

Im November 2009 haben die Wissenschaftler Jacobson und DeLucchi von den Kalifornischen Universitäten Stanford und Davis einen Plan vorgestellt, wonach die weltweite Energieversorgung bis 2030 vollständig auf Erneuerbare Energien umgestellt werden kann (DeLucchi/Jacobson 2009). Der Plan setzt vor allem auf Windkraft, Solarenergie und Wasserkraft. Er zeigt die technologische und ökonomische Machbarkeit auf. Nach diesem Vorschlag wird etwa die Hälfte der zukünftigen Weltenergieversorgung durch Windenergie bereitgestellt. Notwendig dafür wären ca. 3,8 Millionen Windkraftanlagen der modernen 5 MW-Klasse. Angesichts einer jährlichen weltweiten Produktion von über 70 Millionen Autos und kleinen Lastwagen erscheint diese industrielle Herausforderung bei entsprechendem politischem Willen leicht meisterbar.

Auch die gesamten dafür benötigten Investitionen von etwa 100 000 Milliarden US-Dollar für alle Erneuerbaren Energien sind nur etwa halb so teuer, wie die bis dahin notwendige weltweite Brennstoffrechnung. Im Jahre 2008 wurden etwa 5 500 bis 7 500 Milliarden US-Dollar weltweit für Brennstoffe aus Erdöl, Erdgas, Kohle und Uran bezahlt. Mit einer angenommenen 20-prozentigen Preissteigerung würde die Brennstoffrechnung der Erde in den nächsten 20 Jahren etwa 200 000 Milliarden US-Dollar verschlingen (Zittel 2010). Dabei ist es angesichts von *Peak Oil* (Maximum der Erdölförderung) sehr unwahrscheinlich, dass es bei einer solch niedrigen Preissteigerung bleiben wird. Damit ist klar: Die Aufrechterhaltung der konventionellen Energiewirtschaft wird mehr als doppelt so teuer sein, wie die weltweite Umstellung auf Erneuerbare Energien.

Als Gegenwert bekommt die Weltgemeinschaft eine dauerhaft brennstoffkostenfreie Energieversorgung, die sehr schnell die getätigten Investitionen rentabel machen. Eine ökonomische Belastung durch die vollständige Umstellung auf Erneuerbare Energien ist nach dem Plan von Jacobson und DeLucchi nicht erkennbar. Im Gegenteil: Eine dauerhafte vollständige Entlastung der Weltökonomie von steigenden konventionellen Brennstoffkosten wäre die Folge. Klimaschutz mit der Umstellung auf Erneuerbare Energien ist also keine ökonomische Belastung, wie immer noch behauptet wird, sondern eine Entlastung der Volkswirtschaften von den Kosten für die konventionelle Energiebereitstellung. Zusätzlich werden die Volkswirtschaften von den enormen externen Belastungen der fossilen und atomaren Wirtschaft weitgehend befreit.

In welch schneller ökonomischen Wachstumsdynamik sich die Erneuerbaren Energien aktuell befinden, wurde bereits in der Einführung und an anderer Stelle ausführlich aufgezeigt. Trotz aller Widerstände aus der konventionellen Energiewirtschaft zeigen die Erneuerbaren Energien eine enorme Kostensenkung sowie eine weltweit explodierende Investitionszunahme. Würden die Widerstände und Blockaden der konventionellen Energiewirtschaft weltweit gebrochen, würde eine Nullemissions-Energiewelt in wenigen Jahrzehnten verwirklicht und so der größte Beitrag zum Klimaschutz erbringbar.

Häufig wird diskutiert, dass zur Umsetzung einer Vollversorgung der Erneuerbaren Energien auch eine strukturelle Veränderung der Energiewelt einhergehen müsse. In der Tat spricht einiges dafür, dass Konzerne die von ihnen beherrschten Strukturen mit Hilfe einer zentral organisierten Energieversorgung aufrechterhalten wollen und sie auch zur Abwehr einer eher dezentral organisierten Erneuerbare-Energien-Welt benutzen. Für eine zentral organisierte Energieversorgungsstruktur stehen die großen Kohle- und Atomkraftwerke, Erdgas- und Erdölpipelines, Raffinerien. Solche zentralen Strukturen schaffen in der Tat eine Abhängigkeit der Energiekunden von den Konzernen als Energielieferant.

Ganz anders sieht es aus mit der eher dezentralen Struktur der Erneuerbaren Energien. Solarstrom kann auf den Hausdächern erzeugt werden; Landwirte betreiben die Biogasanlage auf dem eigenen Hof; Windparks werden in Dorfnähe aufgestellt und Biokraftstoffe können ab Bauernhof direkt an die Autofahrer vermarktet werden.

Nun wird oftmals verlautet, dass zuerst oder parallel mit der Einführung der Erneuerbaren Energien die Umstellung auf dezentrale Strukturen zwingend erforderlich sei. Die Marktmacht der Konzerne müsse gebrochen werden; nur so könne die Umstellung auf Erneuerbare Energien gelingen.

Eine solche pauschale Forderung übersieht, dass es auch bei Erneuerbaren Energien zentrale Strukturen geben kann und zur beschleunigten Umsetzung des Transformationsprozesses auch benötigt werden. Große Offshorewindparks, große solare Wüstenkraftwerke haben zentralen Charakter. Sie sind unverzichtbar, um weite große Weltregionen voll mit Erneuerbaren Energien zu versorgen. So liegen viele Megacities der Welt an Meeresküsten, wo Offshorewindparks schnell große Windstrommengen in die Städte bringen können. Solarkraftwerke in den Wüsten Nordafrikas werden unverzichtbar sein, um Städte wie Kairo oder Casablanca solar zu versorgen. Dafür sind aber hohe Investitionen nötig, die nicht aus dem Kapital der oftmals in Slums wohnenden Menschen erbracht werden können.

Wenn es gelingt, die heutigen Energiekonzerne dazu zu bewegen, dass sie nicht mehr in Kohle oder Atom investieren, sondern wenigstens in zentrale große Erneuerbare-Energien-Anlagen, dann würde ihre Kapitalkraft wesentlich sinnvoller eingesetzt sein als in alte fossile Strukturen.

Erste Projekte dazu gibt es bereits. Das Wüstenstromprojekt DESERTEC wurde genau mit diesem Zweck von großen kapitalkräftigen Firmen wie der Munich Re oder von Solarunternehmen wie Schott Solar gegründet (Desertec 2011). Mit in der DESERTEC-Industrieinitiative sind aber auch große konventionelle Energieversorger wie E.ON oder RWE. Desertec soll Wüstenstrom aus Wind und Sonne nach Europa transportieren. Wäre dies der ausschließliche Zweck, dann wäre DESERTEC tatsächlich zu kritisieren, weil damit die Chancen der dezentralen Entwicklung innerhalb Europas missachtet würden. Im Prinzip braucht ja Europa gar keinen Wüstenstrom aus Nordafrika, da die dezentralen Potenziale aus Sonne, Wind, Wasser, Biomasse und Erdwärme im Überfluss auch innerhalb Europas vorhanden sind. DESERTEC strebt allerdings nur an, 15 Prozent der europäischen Stromversorgung abzudecken. Das heißt, dass immer noch genug dezentrale Stromerzeugung notwendig sein wird.

Anderseits bietet ein Wüstenstromtransport aus Afrika nach Europa die Möglichkeit, umgekehrt Kapital und Know-how nach Nordafrika zu transferieren und so eine Initialzündung für die Ökologisierung der sich gerade neu orientierenden nordafrikanischen Länder zu unterstützen.

Solche zentralen Strukturen mit Erneuerbaren Energien können auch in anderen Weltregionen eine Beschleunigung der Umstellung auf Erneuerbare Energien bewirken. So habe ich mit dem mongolischen Staatspräsidenten Elbedjorg ein Gobitec Projekt angestoßen, welches in der Lage sein kann, mit Wind- und Solarstrom aus der Wüste Gobi das hochdicht besiedelte und energiehungrige Ostchina, Korea und Japan zu versorgen. Der Atomausstieg in Japan könnte so zusätzlich zum dezentralen Ausbau der Erneuerbaren Energien in Japan beschleunigt werden.

Die nationale australische Universität (ANU) in Canberra hat gar ein Studie vorgestellt, wo Solarstrom aus dem sonnenreichen Norden Australiens, verbunden mit dortigen Pumpspeicherwerken und großen Gleichstromleitungen, große Teile Südostasiens kostengünstig versorgen könnte.

Studie der ANU, Prof Dr. Andrew Blaker:

Solarkraft und Pumpspeicherkraftwerke in Australien plus Supergrid können Solarstrom nach Südostasien liefern, für 8 US-Cent/kWh

Bild 27: Solarenergie für Südostasien
(Quelle: Australian National University)

Von Australien über Indonesien, Malaysia und Vietnam bis nach China und einer Verbindung mit der Wüste Gobi könnten riesige Mengen Wüstenstrom zur Versorgung dieser und weiterer Länder bereitgestellt werden. Die hochgefährlichen Pläne Indonesiens, ausgerechnet in einer von Tsunamis und Erdbeben häufig heimgesuchten Region schwimmende Atomreaktoren zu bauen und die klimaschädliche Kohlestromerzeugung weiter auszubauen, wären somit schnell obsolet.

Der entscheidende Konflikt ist also nicht der viel diskutierte Konflikt, zentral gegen dezentral, sondern erneuerbar gegen fossil-atomar.

Die Potenziale, die politischen Hintergründe und Notwendigkeiten der Erneuerbaren Energien wurden in der Weltliteratur vielfach beschrieben. Daher soll dies an dieser Stelle nicht vertieft werden. Verwiesen sei nur auf einige neuere Veröffentlichungen: „Der Energethische Imperativ“ von Hermann Scheer; *Switching to Solar: What We Can Learn from Germany's Success in Harnessing Clean Energy* von Bob Johnstone; *100 Procent Renewable Energy Autonomy in action* von Peter Droege oder *Power to the World* von Wolfgang Palz.

3.1.4 Energieeinsparung als wichtiger Beschleuniger der Umstellung auf 100 Prozent Erneuerbare Energien

Energieeffizienz und Energieeinsparung sind wichtige Maßnahmen, um die Umstellung auf eine Energieversorgung mit 100 Prozent Erneuerbaren Energien zu erleichtern und zu beschleunigen. Jede Kilowattstunde Strom oder Heizenergie, die nicht gebraucht wird, muss eben nicht erzeugt werden. Jeder Kilometer Autofahrt, der nicht gefahren werden muss, verbraucht keinen Sprit. Ein um 10, 20 oder gar 50 Prozent reduzierter Energiebedarf benötigt eben auch wesentlich weniger Investitionen in Erneuerbare Energien, um eine 100-prozentige Vollversorgung zu erreichen. Daher sind Maßnahmen und Investitionen in Energieeinsparung eine unverzichtbare begleitende Strategie für die Umstellung auf Erneuerbare Energien.

Energieeinsparung und Effizienz sind vor allem notwendig im Energieverbrauchssektor, aber auch im Energietransport in Pipelines oder Strom- und Wärme/Kälteleitungen. Effizienzverbesserung in der Energieerzeugung hilft, Primärenergie zu sparen und senkt häufig die Investitionskosten. Allerdings sind Investitionen in effiziente fossile oder gar nukleare Energieerzeugung für den Klimaschutz kontraproduktiv. Jede Investition in das alte Energiesystem hilft, dieses länger aufrechtzuerhalten. Dies gilt beispielsweise für Effizienzinvestitionen in neue effizientere Kohlekraftwerke oder in Erdölraffinerien. Jede solcher Investition hält das fossile Zeitalter länger als nötig aufrecht.

Es ist nur scheinbar eine Klimaschutzmaßnahme, ein neues Kohlekraftwerk mit verbessertem Wirkungsgrad aufzubauen und dafür ein altes ineffizientes abzuschalten. Die neue Kohlekraft wird, sofern kein Stranded Investment akzeptiert wird, noch drei bis vier Jahrzehnte Strom erzeugen und dabei große Mengen klimaschädliches Kohlendioxid erzeugen. Würde das alte Kohlekraftwerk erst in zwei bis drei Jahren abgeschaltet, der dafür nötige Ersatz des Kohlestromes aber nun mit Erneuerbaren Energien bereitgestellt, dann wären die Gesamtemissionen bis zum Abschalten des alten ineffizienten Kraftwerks wesentlich weniger als die Gesamtemissionen des neuen effizienten Kraftwerks. Zudem raubt die Investition in das neue Kohlekraftwerk die Gelder, die für den Ausbau der Erneuerbaren Energien benötigt würden.

Effizienz bei der Energieerzeugung von Erneuerbaren Energien ist eine wichtige Maßnahme. Über Forschung und Entwicklung muss weiterhin an effizienterer Erzeugung von z. B. Strom aus der Sonne oder Ethanol aus Pflanzen gearbeitet werden. Dies senkt die Produktionskosten und schont Flächen. Weitgehend unbekannt ist aber ein entscheidender Effizienzeffekt: Eine Stromerzeugung aus Erneuerbaren Energien benötigt wesentlich weniger installierte Leistung als die gleiche Stromerzeugung aus konventionellen Energien. Damit ist die Umstellung auf Erneuerbare Energien schon eine der entscheidenden Maßnahmen für Energieeinsparung und Energieeffizienz.

Dies folgt vor allem aus den bezüglich des Primärenergiebedarfs ineffizienten Energieanwendungen des fossilen Energiesystemes. Elektrizitätsanwendungen haben einen wesentlich höheren Wirkungsgrad als fossile Verbrennungsmotoren oder Heizungen. So setzt ein Auto mit Verbrennungsmotor nur ein Fünftel der eingesetzten fossilen Energie in Bewegung um, ein mit Ökostrom betriebenes Elektroauto aber deutlich über 70 Prozent. Auch bei der Stromproduktion gibt es bei der Stromerzeugung mit Erneuerbaren Energien eine erhebliche Primärenergieeinsparung. Kohle-, und Kernkraftwerke verschleudern ungenutzt etwa zwei Drittel der eingesetzten Primärenergie als Abwärme. Bei einem Wind-, Wasser- oder Photovoltaikkraftwerk dagegen fällt keine nennenswerte Abwärme an. Somit ist die Investition in Erneuerbare Energien an sich schon ein wesentlicher Beitrag zur Effizienzverbesserung.

Der Plan der kalifornischen Universitäten Davis und Stanford von Jacobsen und DeLucchi/Jacobson 2009) nimmt eine Steigerung der weltweiten Energienachfrage bis 2030 mit einer installierten Leistung von heute etwa 12,5 Terrawatt auf etwa 16,9 Terrawatt an. Mit Erneuerbaren Energien kann aber die dann gestiegene Weltenergienachfrage bereits mit 11,5 Terrawatt installierter Leistung erreicht werden. Somit wird klar, dass schon der Umstieg auf Erneuerbare Energien eine wesentliche Energieeffizienzmaßnahme ist.

Die Energieeffizienz kann und muss vor allem auch in der Energieanwendung deutlich gesteigert werden. Hohen Energiebedarf beispielsweise haben die Raumheizungen in den nördlichen Breiten und die Kühlungen in den tropischen Ländern. Kühlungs- und Heizenergiebedarf können drastisch gesenkt werden, wenn die Häuser mit guter Wärmedämmung ausgestattet werden. Weltweit gibt es bereits viele neugebaute Häuser, die wegen bester Wärmedämmung keine fossilen Wärmeenergien mehr benötigen, sondern die dann benötigten kleinen Wärmemengen vollständig mit Erneuerbaren Energien decken. Es gibt solche solaren Häuser sowohl als Einfamilienhaus als auch als große Mietwohnhäuser oder gar als Hochhäuser. Ja, es gibt bereits Häuser, die aktiv mehr Energie aus Erneuerbaren Energien erzeugen, als sie für den eigenen Energiebedarf benötigen. Solche Energieplushäuser sollten schnell weltweit Standard im Neubausektor werden. Entscheidend wird aber die energetische Altbausanierung sein. Sie ist ein wesentliches Beschäftigungsprogramm und gleichzeitig eine äußerst wirksame Maßnahme im Kampf gegen die Erderwärmung. Allerdings zeigt auch die Heizungserneuerung oftmals Scheinlösungen. Moderne, hocheffiziente Brennwerttechnik von Erdöl- oder Gasheizungen verbrauchen zwar weniger Heizöl oder Heizgas, aber dennoch verbrauchen sie hohe Mengen fossiler Rohstoffe. Statt des Einbaus von fossilen Brennwerttechniken in der Heizungsrenovierung sollten also besser Wärmedämmung und der Einbau von Heizungssystemen mit Erneuerbaren Energien zum Zuge kommen.

Auch in vielen anderen Sektoren spielt die Energieeffizienz eine wesentliche Rolle. Alle elektrischen Gräte beispielsweise können in ihrer Energieeffizienz kontinuierlich verbessert werden. Kühlschränke, Waschmaschinen, Haushaltsgräte, elektrische Pumpen und vieles mehr können durch Effizienzverbesserung deutlich zur Energieverbrauchsreduktion beitragen.

Auch in der Industrie sind noch viele Effizienzverbesserungen notwendig und möglich. Verwiesen sei nur auf die Druckluftanwendungen. In vielen Betrieben, von der Autowerkstatt bis zur Schreinerei, werden Maschinen mit Druckluft angetrieben. Häufig sind die Kompressoren, Druckluftschläuche und Maschinen undicht, sodass laufend Druckerhöhung nachgeführt werden muss, um den Druckabfall infolge der Undichtigkeiten auszugleichen. Ein hoher, oft unterschätzter und zudem unnötiger Energieaufwand. Ein Austausch der undichten Leitungen und Dichtungen ist oftmals so kostengünstig, dass sich die Erneuerungskosten innerhalb weniger Wochen oder Monate alleine über die Einsparung der Energiekosten lohnt.

Der Beleuchtungssektor wird in seinem Energieverbrauch häufig unterschätzt – und damit seine Bedeutung für den Klimaschutz. So hat die Firma Osram vor Jahren darauf hingewiesen, dass die weltweite Umstellung aller Beleuchtungssegmente auf Energiesparlampen oder LEDs eine CO_2-Reduktion in der Größenordnung der gesamten Emissionen von Indien bewirken würde. Gerade der Beleuchtungssektor hat in den letzten Jahren eine erfolgreiche Innovationsentwicklung hinter sich, sodass die energiefressende Glühbirne bald ausgedient hat. Die Glühbirne ist geradezu das Symbol der Energieverschwendung: Vom Strom, der durch die Glühbirnen läuft, werden nur etwa zwei Prozent für die gewünschte Lichtenergie genutzt. Zunächst eroberten die Energiesparlampen viele Anwendungen. Allerdings werden sie wohl auch bald wieder aus den Ladenregalen verschwinden, weil mit den LEDs und später wohl auch den OLEDs die nächste Generation der sparsamen Beleuchtung schon auf einem rasanten Kostensenkungspfad ist. Gerade die LEDs sind ein Paradebeispiel für erfolgreiche Innovationsentwicklung und Forschungsmitteleinsatz der letzten Jahre. Ihre Entwicklung vor allem war es, die die Europäische Union mutig gemacht hat, in einem Stufenplan die Glühbirne zu verbieten. Ein erfolgreiches und sinnvolles Vorbild auch für andere Länder, dem Glühbirnenverbot der EU zu folgen.

Energieeffizienz ist aber auch in vielen Produktionsprozessen der Industrie wichtig und zum Teil bereits erfolgreich. Ein Paradebeispiel ist die weiße Biotechnologie. Mit dem Einsatz von neuartigen, manchmal gentechnisch manipulierten Enzymen, Bakterien oder Katalysatoren können chemische Herstellungsprozesse wesentlich energiesparender werden. Vor allem die Waschmittelherstellung, aber auch Farben, Papier oder Medikamente können so heute wesentlich energiesparsamer produziert werden. Auch der Materialaufwand solcher Herstellungsverfahren kann so verringert werden. Für Kunststoffe aus nachwachsenden Rohstoffen kann die weiße Biotechnologie viel Nützliches beitragen. Weiße Biotechnologie kann sogar den Erneuerbaren Energien selbst helfen, den Energieertrag zu erhöhen. Forschungsergebnisse mit neuartigen Bakterien oder Enzymen bei der Biogas- oder Bioethanolherstellung lassen die Energieausbeute aus dem Pflanzenmaterial deutlich steigern.

Auch der Einsatz der Nanotechnologie kann Hervorragendes zur Effizienzverbesserung von Technologien der Erneuerbaren Energien leisten. Nanotechnische Oberflächenbeschichtung für Windflügel oder Autokarosserien lassen den Windwiderstand senken und tragen so zur Effizienzsteigerung bei. Nanotechnologische Beschichtungen von Pipelines können den Strömungswiderstand von durchströmenden Biokraftstoffen oder Biogas reduzieren. Nanotechnologien bringen neuartige Solarzellen mit verbessertem Wirkungsgrad und verringertem Materialeinsatz auf den Weg.

Allerdings dürfen Nanotechnologie und weiße Biotechnologie nicht blind nur nach ihrem möglichen Nutzen beurteilt werden. Eine Technikfolgenabschätzung mit den Auswirkungen auf die Gesundheit der Menschen und die Ökosysteme sind vor der Anwendung erforderlich. So können z. B. Nanopartikel oder gentechnisch veränderte Enzyme Krankheiten hervorrufen, direkt bei der Nutzung oder indirekt nach Verbreitung im Ökosystem. Sollte diese Gefahr bestehen, sind die entsprechenden Anwendungen nicht verantwortbar.

Eine Fülle weiterer Forschungsergebnisse ist auf dem Weg in die Anwendung und wird die Effizienz im Energiesektor weiter revolutionieren. Genannt sei beispielsweise die Supraleitung, die den elektrischen Widerstand von Leitungen auf Null herabsetzt und so Leitungsverluste deutlich vermindern kann. Supraleitende Spulen können starke Magnetfelder auch auf kleinem Raum erzeugen, sodass erste hocheffiziente supraleitende Generatoren in Wasserkraft und Windkraft in Erprobung sind.

Neben den technischen Energieeffizienzmaßnahmen sind vielfach auch unter dem Begriff der Suffizienz bekannte Einsparmaßnahmen möglich und sinnvoll. Meist sind sie von der persönlichen Bereitschaft der Menschen abhängig. Daher sollten politische Maßnahmen vor allem aufklärerisch und mit Anreizen wirken. So ist beispielsweise eine Fahrt mit dem Fahrrad statt mit dem Auto eine höchst wirksame Klimaschutzmaßnahme. In den westlichen Industrienationen ist Bewegungsmangel eine der wichtigsten Krankheitsursachen. Sofern die tägliche Fahrt mit dem Fahrrad zum Arbeitsplatz möglich ist, kann sie erheblich zum Erhalt der Gesundheit und zum Klimaschutz beitragen. Eine Fülle solcher Suffizienzmaßnahmen kann wirksam zum Klimaschutz beitragen.

Bedeutsam ist z. B. auch die Regelung der Raumtemperaturen. Vielfach werden im Sommer Klimaanlagen so niedrig, beispielsweise um die 15 Grad Celsius temperiert, so dass Menschen darin frieren und sich wärmende Kleidung anziehen müssen, die dann beim Gang in die Hitze vor den Häusern störend wirkt. Gleichzeitig erhöht sich der Energieeinsatz dieser stark untergekühlten Häuser. Die japanische Regierung hat daher schon vor Jahren in einem Erlass eine höhere Raumtemperatur verordnet, aber gleichzeitig den Zwang, Jacketts anzuziehen, aufgehoben. Oftmals findet man in den im Sommer auf 15 Grad gekühlten Häusern eine überhitzte Wintertemperatur über 23 Grad Celsius. Nun laufen die Menschen nur mit T-Shirt bekleidet in den überhitzten Räumen, statt sich mit entsprechender Kleidung warm zu halten. Was ist das nur für eine verrückte Welt, die die Räume im Winter überhitzt und im Sommer unterkühlt. Diese Energieverschwendung dient nicht einmal der Behaglichkeit von Menschen, sondern macht oftmals Menschen sogar krank. Eine vernünftige Regelung der Raumtemperatur um die 20 Grad Celsius ist sowohl im Sommer wie auch im Winter angenehm, gesund, energiesparend und damit klimaschützend.

Das Feld der technischen Energieeffizienz ist sehr umfassend und bringt immer wieder neue überraschende Ergebnisse. Der Einsatz von Energieeffizienz in der Energieanwendung bringt aber nicht nur wirksamen Klimaschutz, sondern auch Energiekosteneinsparung und eine neue Industrie mit hohem Arbeitsplatzpotenzial.

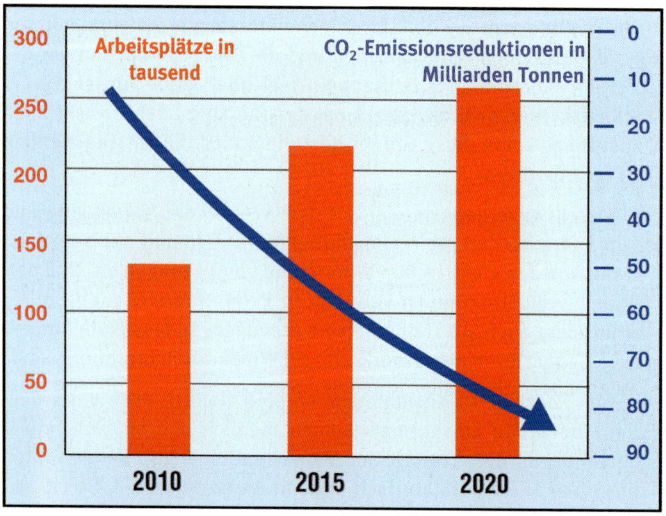

Bild 28: Energie Effizienz als Jobmotor
(Quelle: BMU 2009)

Eine Studie des deutschen Umweltministeriums zeigt auf, dass mit dem Erreichen eines Zieles von 20 Prozent Effizienzverbesserung im deutschen Energieverbrauchssektor bis zum Jahre 2020 jährlich etwa 77 Millionen Tonnen Kohlendioxidemissionen und 19 Milliarden Euro Energiekosten eingespart werden können. Zudem würden etwa 260 000 neue Arbeitsplätze entstehen (Bundesministerium für Umwelt, Naturschutz und Reaktorsicherheit 2009). Für die Energieeffizienz gilt also das Gleiche wie für viele andere Klimaschutzmaßnahmen: Sie ist keine Belastung für Wirtschaft und Verbraucher, sondern hilft schnell, Emissionen zu reduzieren und gleichzeitig von anderen Belastungen zu befreien wie steigenden Energiekosten oder lokaler Umweltverschmutzung. Sie schafft zusätzlich neue industrielle wie handwerkliche Wertschöpfung, also auch neue Jobs.

3.1.5 Carbonfasersteine und Textilbeton statt Stahlbeton

Treibhausgase entstehen nicht nur bei der Stromerzeugung, der Wärmeversorgung und im Verkehrssektor, auch industrielle Prozesse verursachen Emissionen in erheblicher Menge. Wenn die Menschheit die Erde wieder abkühlen will, dann müssen auch in diesem Sektor zumindest erhebliche Emissionsreduktionen vorgenommen werden. Hier gilt es, neben der Hebung von Effizienzpotenzialen, insbesondere bestehende Technologien durch neue Prozesse oder durch den Einsatz von neuen Materialien zu verändern. In der Bauwirtschaft benötigen speziell Beton und Aluminium hohe Energiemengen. So ist Beton für etwa 5 Prozent des weltweiten CO_2-Ausstoßes verantwortlich (WBCSD 2002). Durch neue Verfahren oder neue Werkstoffe lassen sich die Emissionen um bis zu 80 Prozent senken. Erfolgversprechende Optionen sind die Werkstoffe Textilbeton und Carbonstein.

Textilbeton ist ein Verbundmaterial, bei dem Fasern aus Kunststoffen oder Glas dem Beton hinzugegeben werden, um seine Eigenschaften zu verbessern. Bis dato wird vor allem Stahl zur Betonbewehrung verwendet. Bei Tragwerken, Säulen und Stützen sind noch keine anderen Materialien zugelassen.

Erste Untersuchungen haben eine CO_2-Einsparung von Textilbeton gegenüber herkömmlichen Verfahren von 75-80 Prozent ermittelt. Mit detaillierten Forschungsergebnissen ist ab 2014 zu rechnen.

Textilbeton weist gegenüber herkömmlichem Stahlbeton eine Reihe von Vorteilen auf. Die dünnwandige Verarbeitung von Textilbeton ermöglicht einen geringeren Materialeinsatz. Im Gegensatz zum Stahlbeton können bei Textilbeton bis zu 80 Prozent Beton eingespart werden.

Textilbeton weist eine höhere Zugfestigkeit, Belastbarkeit und Duktilität (beschreibt die Eigenschaft eines Werkstoffs, sich plastisch zu verformen, bevor er reißt) auf als herkömmlich bewehrter Beton.

Die im Textilbeton eingesetzten Fasern unterliegen keinen Schäden durch Korrosion.

Die erste textilbewehrte Betonbrücke der Welt, entwickelt von der TU Dresden

Vorteile zum Stahlbeton:

- Weniger korrosionsanfällig, dünnwandige Verarbeitung
- Textilbeton kann deutlich mehr Belastung aufnehmen
- CO_2-Emissionen werden drastisch reduziert (wg. Stahlvermeidung und weniger Zement)

Bild 29: Textilbeton
(Quelle: Forschungskuratorium Textil 2011, AiF)

Die entfallende Stahlproduktion und der geringere Betoneinsatz senken die Treibhausgasemission schon erheblich. Textilbeton weißt aber auch nur ein Fünftel der Masse von herkömmlichem Stahlbeton auf, was den Transportaufwand verringert und damit zu einer weiteren Reduktion der Emission beiträgt. Zusätzlich können die Textilien sogar aus nachwachsenden Rohstoffen gewonnen werden, was die CO_2-Bilanz nochmal erheblich verbessert.

Daneben sind die Dämmeigenschaften von Textilbeton denen von Stahlbeton überlegen.

In ersten Pilotprojekten wurde die Einsatzfähigkeit der neuen Materialen aufzeigt. Zum Beispiel wurde die Fassade am Gebäude des Instituts für Textiltechnik an der RWTH Aachen mit 216 „Sandwichmodulen" verkleidet. Dies führt zu einem um 80 Prozent verringertem Betoneinsatz.

Als weiteres Projekt hat die TU Dresden eine Textilbetonbrücke auf dem Gelände der Landesgartenschau in Oschatz, Ostdeutschland, errichtet. Auch hier wurden 80 Prozent der Materialien eingespart, sodass die Brücke nur fünf Tonnen im Gegensatz zu 25 Tonnen bei herkömmlicher Bauweise wiegt.

Das Material kann auch zur Herstellung wetterfester Möbel genutzt werden. Dabei erreicht Textilbeton schon bei einer Stärke von nur 10 mm eine hohe Festigkeit.

Für den industriellen Breiteneinsatz stehen noch bauaufsichtliche Prüfungen und kostenintensive Zertifizierungen aus. Die Bauindustrie verhält sich beim Transfer der Forschungsergebnisse und der Übernahme der Zertifizierungskosten zurückhaltend. Hier ist also politischer Einsatz gefragt, um diese erfolgversprechende Klimaschutztechnologie rasch in den Baumärkten zu etablieren.

Am Beispiel des Pilotprojekts am Gebäude des Instituts für Textiltechnik führte die RWTH Aachen eine Studie über die Einsparung von Treibhausgasemissionen unter Verwendung von Textilbeton im Vergleich zum Stahlbeton durch. Berücksichtigt wurden hier die Bereitstellung der Rohmaterialen, der Produktionsprozess, der Transport und die Montage der Elemente sowie die Entsorgung von Produktionsabfällen. Als Ergebnis konnte die RWTH Aachen eine Reduzierung der Treibhausgasemissionen von ca. 50 Prozent im Vergleich zur konventionellen Bauweise feststellen.

Eine weitere entscheidende Möglichkeit ist die Substitution von Baumaterialien. Ein Beispiel hierfür ist Carbonstein. Unter Carbonstein versteht man durch Karbonfasern armierten, das heißt ummantelten Naturstein. Da der Naturstein im Gegensatz zu Aluminium, Beton oder reinen Carbonbauteilen nicht energieintensiv hergestellt werden muss, können große Menge CO_2 eingespart werden. Eine Quantifizierung ist hier noch nicht möglich, da wissenschaftlich belastbare Untersuchungen noch nicht durchgeführt wurden.

Die beste Möglichkeit jedoch, Kohlendioxidemissionen im Bausektor zu vermeiden, ist die Anwendung von Baumaterialien aus nachwachsenden Rohstoffen. Vielfach werden Häuser aus Holz gebaut. Holzhäuser tragen meist sogar zur Senkung von Kohlendioxid bei. Für die Herstellung eines Kubikmeters Baumaterial aus Holz werden etwa 700 kg Kohlendioxid der Atmosphäre dauerhaft, meist über Jahrhunderte, entzogen. Dagegen werden zur Herstellung eines Kubikmeter Stahlbeton etwa 700 kg Kohlendioxid in die Atmosphäre neu emittiert.

Mit den richtigen Baumaterialien erstellte Häuser und andere Bauwerke können somit sogar zur Senkung der Kohlendioxidkonzentration in der Atmosphäre beitragen. Neben Holzhäusern sind dies Holzbrücken oder Möbel aus Holz statt Kunststoffmöbel; es gibt sogar schon Windkraftanlagen mit Holztürmen statt Betontürmen.

Stahlanwendungen gehen natürlich weit über die reinen Baubereiche hinaus. Auch wenn Textilbeton und Carbonsteine eine flächendeckende Anwendung erfahren würden, gäbe es immer noch weitere Stahlanwendungen, die hohe Emissionen bei der Stahlherstellung verursachen. Daher ist die Substitution von Stahl auch in anderen Bereichen notwendig.

Stahl ist immer noch das meistverbrauchte Material in Automobilkarosserien. Stahl macht die Autos schwer, was zu einem hohen Spritverbrauch führt. Autokarosserien aus carbonfaserverstärkten Kunstoffen gibt es bereits. Sie sind wesentlich leichter als Stahlkarossen und senken alleine schon dadurch den Energieverbrauch bei den Autofahrten. Die Emissionen aus der Stahlherstellung fallen weg, und wenn die Kunstoffe gar noch aus nachwachsenden Rohstoffen hergestellt werden, dann wird selbst das Erdöl für die Kunststoffherstellung vermieden.

Dennoch wird trotz der vielen Möglichkeiten, Stahl zu ersetzen, eine Restmenge an Stahlbedarf übrigbleiben. Die Hauptemissionen der Stahlherstellung werden durch den Einsatz der Kokskohle verursacht. Biokohle, z. B. aus der hydrothermalen Carbonisierung von Pflanzen, kann hier ein entscheidender Beitrag sein, die Kokskohle zu ersetzen. So können auch die Emissionen bei der Stahlherstellung selbst drastisch reduziert werden.

3.2 Zweite Säule: Kohlenstoffreinigung der Atmosphäre

3.2.1 Die Kohlenstoffreinigung der Atmosphäre ist ökonomisch wie technologisch machbar

Erste Abschätzungen von Professor Dr. Antonietti zeigen auf, dass ein Entzug von Kohlenstoff aus der Atmosphäre in großem Stiel machbar ist (Antonietti et al. 2010).

Um den heutigen CO_2-Gehalt der Atmosphäre von 387 ppm in 30 Jahren auf 330 ppm zu senken, müssen der Atmosphäre etwa 200 Gigatonnen Kohlenstoff in 30 Jahren entzogen werden. Dabei ist der Abschätzung zugrunde gelegt, dass gleichzeitig keine Neuemissionen mehr entweichen dürfen. Diese 200 Gigatonnen Kohlenstoff entsprechen etwa 10 Prozent des aktuellen Biomassezuwachses der gesamten Erde in diesen 30 Jahren. Dabei sind keine Abschätzungen über mögliche ozeanische Biomassezuwächse enthalten, wo z. B. über kontrollierten Algenzuwachs der Kohlenstoffentzug noch deutlich verstärket werden könnte.

Eine Anreicherung der Böden mit etwa 20 Tonnen Kohlenstoff pro Hektar kann eine zusätzliche Biomasseproduktion um 100 bis 200 t pro Hektar stimulieren. Mit etwa 10 Prozent der Landoberfläche der Erde ließen sich so die oben erwähnten 200 Gigatonnen Kohlenstoff aus der Atmosphäre entnehmen.

Die grundsätzliche Möglichkeit eines solches Vorgehens lässt sich gut an lokalen Modellen illustrieren. So wird für die jährliche Erzeugung von Zucker in Brasilien (100 Mt/a laut Produktionsstatistik) ca. 1 Gigatonne Zuckerrohr angebaut. Der größte Teil dieser Zuckerpflanzen wird aber als Abfall nur verbrannt und keiner weiteren Nutzung zugeführt. Bei dieser Intensivproduktion nimmt die Fruchtbarkeit der Böden ab, was wiederum Neurodungen zum Erhalt der Produktivität bedingt. Die Umwandlung dieses ansonsten verbrannten Rest-Zuckerrohres in Biokohle würde nicht nur die Welt-CO_2-Emissionen entlasten, sondern über die Einbringung in die räumlich benachbarten „verbrauchten Böden" auch die Biomasse-Produktivität erhöhen. Mineraldünger würde vermieden. Ein Problem mit der Ernährungssicherheit gibt es auch nicht, da ja nur die ansonsten der Abfallverbrennung zugeführte Biomasse verwendet wird. Zusätzlich kann die durch Zuckerrohr induzierte Regenwaldabholzung gestoppt werden, da die Böden sich ja nicht mehr verbrauchen.

„Terra Preta" ist eine schwarze Erde, die hoch mit Kohlenstoff angereichert ist. Sie kann zum Beispiel durch den unten beschriebenen Prozess der hydrothermalen Carbonisierung zur Biokohleerzeugung geschaffen werden. Ein solcher Prozess bei der Zuckerrohrherstellung kann entweder eine höhere Produktivität erreichen oder eben zusätzliche Biomasse zur CO_2-Bindung schaffen. Beides ist verbunden mit der Kohlenstoffreinigung der Atmosphäre. Eine Einbringung der durch HTC erzeugten Biokohle aus Zuckerrohr in die Böden schafft „Terra Preta" und so eine Erhöhung der Fruchtbarkeit der Böden.

3.2.2 Grünlandbewirtschaftung und biologische Landwirtschaftsmethoden

Weltweit belegen sehr viele Studien, dass der Umbruch von Grünland in Ackerland den Kohlenstoff im Boden durchschnittlich um knapp 60 Prozent verringert und so die stärkste Freisetzung von CO_2 aus dem Boden verursacht. Dagegen führt die Beweidung an neuen Grünlandstandorten in Europa durchschnittlich zu einer zusätzlichen Tonne Kohlenstoff pro Hektar und Jahr im Boden (Idel 2011).

Grünland bedeckt etwa 40 Prozent der Landfläche der Erde und etwa 70 Prozent der Flächen, die die Welternährungsorganisation (FAO) der Landwirtschaft zuordnet. Diese Grünlandflächen speichern etwa ein Drittel des globalen Kohlenstoffes. (Idel 2011).

Diese bemerkenswerten Zahlen beleuchten die hohe Bedeutung des Grünlandes für den globalen Klimaschutz.

Beweidung mit Rindern, Schafen und Ziegen lässt das Gras das ganze Jahr über wachsen, ohne dass es zu Samenbildung und damit einem Wachstumsstopp kommen würde. Das Grünland treibt starke Wurzeln, was Biomasse und damit Kohlenstoff in den Boden befördert. Gleichzeitig nehmen Mikroorganismen und andere Bodenlebewesen wie Regenwürmer massiv zu. Die Bodenfruchtbarkeit steigt, Rinder und andere Weidetiere können das gefressene Gras in Fleisch und Milch umwandeln. Der ins Gerede gekommene Methanausstoß von Rindern ist nur dann ein wirkliches Problem, wenn dem Rindermagen Kraftfutter aus Intensivlandwirtschaft zugeführt wird. Dann kann das Methan aus dem Rindermagen nicht mehr von der positiven Wirkung der Grünlandbeweidung kompensiert werden, da dann ja nicht nur das Methan aus der Kuh, sondern auch das Lachgas aus der Überdüngung und die Kohlenstoffentweichung aus dem Grünlandumbruch gegengerechnet werden müssen. Nicht die Kuh ist der Klimakiller, sondern die Intensivlandwirtschaft, die Kraftfutter erzeugt statt die Kuh artgerecht auf der Weide zu halten.

Der hohe Biomasseaufwuchs von Gras auf Grünland kann auch energetisch genutzt werden. In Deutschland gibt es durch den eigentlich sehr positiven Erfolg des großen Ausbaus von Biogasanlagen auch ökologische Kritik an Mais-Monokulturen, die sich immer mehr ausbreiten, weil sie die Pflanzen für die Biogasanlagen liefern. Intensive Anbaumethoden aber führen zu all den negativen Klimaeffekten wie Grünlandumbruch, Humusabbau, Bodenerosion usw. Dabei gibt es längst Entwicklungen, die einfach das abgemähte Gras vom Grünland in die Biogasanlage bringen und so die negativen Effekte des Energiepflanzenanbaus in der intensiven Landwirtschaft vermeiden. Walter Graf hat dies in seinem Buch *Kraftwerk Wiese* ausführlich beschrieben (Graf 1999).

Natürlich braucht die Menschheit zur Ernährung nicht nur Kühe auf Grünland. Hochwertige Ackerpflanzen wie Getreide oder auch Ölpflanzen sind unverzichtbar. Dies bedeutet aber noch lange nicht, dass diese Pflanzen in intensiver Landwirtschaft angebaut werden müssen. Längst haben Pioniere der biologischen Landwirtschaft mit großem Erfolg nachgewiesen, dass hohe Erträge von den Flächen und biologische Landwirtschaft keine Gegensätze sind. Ohne Düngemittel, Pestizide oder gar gentechnisch veränderte Pflanzen ließe sich mit geeigneten Methoden die Welternährung sicherstellen. Gleichzeitig würden so die Klimagasemissionen aus der Landwirtschaft vermieden und im Gegenteil der Boden als Kohlenstoffsenke das Klima sogar weitgehend entlasten.

Allen diesen erfolgreichen landwirtschaftlichen Methoden ist gemeinsam, dass sie ohne Pflug arbeiten und so die hohen Mengen an Kohlenstoff über Wurzeln, Mikroorganismen und andere Lebewesen im Boden lassen. Der Japaner Masanobu Fukuoka hat in über 50 Jahren erfolgreich hohe Erträge auf seinen landwirtschaftlichen Äckern erwirtschaftet, ohne die chemischen Produkte der Industrie in Anspruch zu nehmen. Der Boden bleibt lebendig und kohlenstoffreich; die Ackerfrüchte, das Obst und Gemüse sind sauber und gesund. Fukuoka hat sogar Reis auf trockenen Böden angebaut, was die hohen Methanemissionen aus dem traditionellen nassen Anbau von Reis vermeidet (Masonobu Fukuoka, 1975).

In vielen Ländern der Erde haben andere Landwirte in bewundernswerter Pionierarbeit ähnliche, den dortigen klimatischen Bedingungen angepasste, klimaschützende Landwirtschaftsmethoden entwickelt und angewandt. So zum Beispiel in der Nähe Münchens der Bauer Sepp Braun. Braun hat auf seinen Äckern ohne Umbruch, in Mischfruchtanbau, ohne Düngemittel und Pestizide hohe landwirtschaftliche Erträge erreicht. Alle diese Pioniere haben längst bewiesen, gemeinsam mit vielen anderen erfolgreichen Biobauern, dass die Ernährungssicherung der Welt nicht mit Klimagasemissionen verbunden sein muss. Nur langsam verbreitet sich der biologische Landbau auf der Erde, vor allem aufgrund des Wunsches der Menschen nach gesunden und sauberen Lebensmitteln.

Aber die starken ökonomischen Kräfte der Agrarkonzerne, die an dem Verkauf von Düngemitteln, Pestiziden und Gentechniksaatgut verdienen, haben bis heute eine klimaschützende Landwirtschaft verhindert. Es ist Aufgabe der Politik und Finanzwirtschaft, die Ausbreitung der biologischen Landwirtschaft und der Grünlandmethoden weiter zu befördern. Erfolgreiche und ertragreiche Finanzierungen in diesem Bereich gewährten bisher fast nur wenige ökologisch orientierte Banken, wie in Deutschland die Umweltbank in Nürnberg oder die GLS Bank in Bochum. Es muss Aufgabe der globalen Finanzwirtschaft werden, den Aufbau einer weltweiten biologischen Landwirtschaft finanziell zu unterstützen.

3.2.3 Begrünung von Wüsten

Wüstenflächen tragen nichts zur Biomasseproduktion bei. Die durch den Klimawandel sich schnell ausbreitenden Wüsten sind daher eine der stärksten Bedrohungen für die Ernährung der Menschheit. In weiten Wüstenrandgebieten verlieren so Millionen von Menschen ihre Lebensgrundlage. Eine der wichtigsten Strategien zur Bekämpfung von Armut und Hunger ist die Wiederbegrünung von Wüsten. Diese holen gleichzeitig Kohlendioxid aus der Atmosphäre und deponieren dieses als Biomassebewuchs, und über die Wurzeln auch als Humusaufbau, in den vormaligen Wüstenboden. Begrünte Wüsten verändern das Kleinklima, so dass es wieder mehr Niederschläge geben kann. Ein positiver, sich selbst befördernder Kreislauf wird in Gang gesetzt.

Wiederbegrünungen sind selbst in Regionen mit extremer Hitze und Trockenheit möglich. Ein erfolgreiches Projekt der Universität Hohenheim hat bei Luxor in Ägypten erfolgreich die örtliche Wüste zum Ergrünen gebracht (VDI-Nachrichten 39/2011). Jatrophanüsse wurden in den Wüstenboden gesät. Die Jatrophahecke erträgt extreme Trockenheit und Hitze. Binnen einem Jahr standen schulterhohe Jatrophahecken. Zwischen den Hecken fanden sogar weitere Pflanzen einen neuen Lebensraum. Der Ölgehalt wird zu Treibstoffen verwendet. Der entgiftete Presskuchen wird als Eiweißfutter in der Viehfütterung verwendet.

Bild 30: Begrünungen von Wüsten: ägyptische Wüste bei Luxor
(Quelle: Jatrosolutions)

Die Wiederbegrünung mit Jatrophahecken hat eine vielfache Klimaschutzwirkung: Kohlenstoff wird der Atmosphäre entzogen und im Boden und den Pflanzen gespeichert. Das Pflanzenöl ersetzt fossiles Erdöl als Treibstoff. Der Presskuchen liefert Eiweißfutter, was Soja ersetzt, womit Urwaldabholzungen, ausgelöst von Sojaplantagen, verhindert werden können. Gleichzeitig bringen solche Wiederbegrünungen Armutsbekämpfung. Gerade an solchen Beispielen wird deutlich, dass Klimaschutz keine ökonomische Belastung ist, sondern sogar vielfachen ökonomischen Mehrwert bringen kann. Und noch eines zeigt dieses Projekt auf: Biokraftstoffe können mit hohem ökologischem, ökonomischen und sozialem Nutzen erzeugt werden.

3.2.4 Hydrothermale Carbonisierung (HTC)

Die noch sehr junge und gerade dem Forschungsstadium entwachsende Technologie der hydrothermalen Carbonisierung (HTC) ist eine sehr erfolgversprechende Technologie zur Kohlenstoffreinigung der Atmosphäre.

Prinzip:

- Input: Pflanzen(-abfälle)
- Output: Biokohle, dabei wird Wärmeenergie frei

Biokohleverwendung:
- Brennstoff
- Chemischer Grundstoff (Erdölersatz)
- Bodenverbesserer (Kohlenstoffspeicherung)

Bild 31: Hydrothermale Carbonisierung (HTC)
(Quelle: MPI of Colloids and Interfaces)

Im Prinzip verwirklicht das Grundprinzip der HTC in wenigen Stunden den Prozess der Natur, die in Millionen von Jahren aus Pflanzen Kohle schuf. Bei HTC Anlagen wird vorne jegliches frisches oder altes Pflanzenmaterial hineingegeben. Auch landwirtschaftliche Abfälle, Abfälle die über die Biotonne gesammelt werden, das Gärsubstrat aus Biogasanlagen, selbst der Klärschlamm aus Kläranlagen eignet sich als Eingangsmaterial.

Mit hohen Temperaturen und hohem Druck wird unter Freisetzung von Wärmeenergie am Ende Biokohle erzeugt. Die hohen Temperaturen führen dazu, dass das Material hygienisiert wird. Das heißt, organische, belastende Stoffe, wie z. B. Medikamentenrückstände, wie sie im Klärschlamm vorhanden sind, werden eliminiert. Dies bedeutet für den kohlenstoffreichen Klärschlamm, dass er wieder in den Kreislauf der Natur zurückgeführt werden kann und nicht über Klärschlammverbrennung der enthaltene Kohlenstoff wieder in die Atmosphäre emittiert wird. Betont werden muss aber, dass der Klärschlamm natürlich auch frei sein muss von anorganischen Giftstoffen, wie z. B. Schwermetallen. HTC kann diese Reinigung nicht schaffen. Daher müssen über Verordnungen und Gesetze die Einleitungen von solchen anorganischen Giftstoffen in das Abwasser verhindert oder zumindest auf eine tolerables Maß vermindert werden. Es gibt viele positive Beispiele, die belegen, dass dies möglich ist. Die Einleitungen vieler organischer Giftstoffe in das Abwasser, wie beispielsweise Medikamentenrückstände, können nicht durch Gesetze verhindert werden, da sie aus menschlichen und tierischen Fäkalien kommen. Daher ist HTC die entscheidende Lösung, auch dieses Problem in den Griff zu bekommen und so den Klärschlamm aus der Abwasserentsorgung tatsächlich in den Naturkreislauf zurückführen zu können.

Am Ausgang der HTC-Anlage kommt Biokohle heraus. Diese kann im Prinzip drei Verwertungen zugeführt werden: als Ersatz für fossile Kohle in Kohlekraftwerken; als Ersatz für fossiles Erdöl als Grundstoff in der Kohlenstoffchemie und vor allem als Zuschlagstoff in die Böden. Diese Biokohle, angereichert in Böden, verbessert häufig deren Wasserrückhaltefähigkeit und gleichzeitig die Bodenfruchtbarkeit. So kann schwarze Erde, Terra Preta, erzeugt werden.

Die Erzeugung der Biokohle als Bodenverbesserer ist eine technologische Maßnahme für die Kohlenstoffreinigung der Atmosphäre. Um der Atmosphäre 200 Gigatonnen Kohlenstoff zu entziehen, was für die Senkung der CO_2-Konzentration auf 330 ppm erforderlich wäre, müsste eine große Menge von Biokohle aus Pflanzenmaterialien erzeugt werden.

Für eine solche Strategie wären weltweit etwa acht Millionen HTC Anlagen erforderlich. Eine grobe Abschätzung ergibt nach entsprechender Markteinführung und entsprechender Kostensenkung etwa 1 000 Milliarden US-Dollar Kosten. Dies sind ohne Zweifel Finanzierungen, die die globale Finanzwirtschaft in wenigen Jahren schultern könnte. Interessant ist, dass diese Investitionen in HTC-Anlagen nach erfolgter Markteinführung für sich wirtschaftlich rentabel sein werden, da die HTC-Anlagen mit der Biokohle ja einen wertvollen Output erzeugen. Die Biokohle ersetzt Mineraldünger und schafft mittelfristig höhere Ernteerträge. Alle diese Effekte können an sich schon zur Wirtschaftlichkeit führen. Die klimaschützende Wirkung muss also gar nicht mehr auf anderem Wege finanziert werden. Klimaschutz fällt sozusagen als Nebenprodukt ab, weil die Anlagen sich über andere ökonomische Effekte rentabel machen.

Genauere Forschungen zu obigen Zahlen sind allerdings noch erforderlich, weil es sich erst um grobe Abschätzungen handelt. Dennoch geben sie bereits einen Einblick in die ökonomische wie technologische Realisierbarkeit und den großen Nutzen zum Abkühlen der Erde.

In jüngster Zeit sind erste erfolgversprechende Investitionen in die Biokohleerzeugung mit HTC verwirklicht worden. In Anklam in Mecklenburg-Vorpommern wurde eine HTC-Anlage in industriellem Maßstab gebaut. Sie wurde sogar ohne öffentliche finanzielle Unterstützung erstellt, was als Hinweis für die ökonomische Tragfähigkeit dieser Technologie gelten kann. Als Pflanzenmaterial für die Biokohleerzeugung werden dort Biomassen aus Palludikulturen verwendet. Dies sind insbesondere Schilfgräser aus Moorgebieten. In der Nähe von Anklam wurden größere landwirtschaftliche Flächen aus Naturschutzgründen der Wiedervernässung ehemaliger Moorgebiete zugeführt. Die dort anfallenden großen Schilfmengen können nun zur wirtschaftlichen Tragfähigkeit der neuen Naturschutzgebiete beitragen. Gleichzeitig sind die neu entstehenden Moore große Kohlenstoffsenken, sodass sie zusätzlich zur Kohlenstoffreinigung der Erdatmosphäre beitragen.

Bild 32: Weltweit erste kommerzielle HTC-Anlage in Relzow, Deutschland

Die im Biokohlprojekt Anklam verwendeten Biomassen werden in Lagerhäusern eines ehemaligen militärischen Geländes zwischengelagert. Die Dächer dieser großen Lagerhäuser sind alle mit Photovoltaikanlagen belegt. Zusätzlich sind in diesem Projekt Windkraftanlagen und ein ein Megawatt großer Batteriespeicher mit modernster Lithium Ion Technologie gebaut worden. In Anklam ist damit ein modernes Hybridkraftwerk verwirklicht, welches mit dem Batteriespeicher und der Verstromung der Biokohle insbesondere zu Zeiten, wo wenig Solar- und Windstrom anfällt, rund um die Uhr versorgungssicher Strom erzeugen kann, trotz der fluktuierenden Erzeugung von Solar- und Windstrom.

In konkreter Planung sind auch andere große Biokohleprojekte. So werden in der afrikanischen Elfenbeinküste von der Regierung Planungen für Biokohleerzeugung vorangetrieben. Verwendet werden sollen die riesigen wuchernden Mengen an Elefantengras aus landwirtschaftlichen Brachflächen, die bisher keiner ökonomischen Verwertung zugeführt werden konnten; also Biomassen, die nicht in Konkurrenz zur Lebensmittelerzeugung stehen. Zusätzlich sollen große Algenteppiche, die in den Küstenbereichen wegen der Überdüngung der Gewässer vielen anderen Lebewesen die Existenzgrundlagen rauben, für die Biokohleerzeugung genutzt werden. Mit diesen Biokohlemengen könnte der Energiebedarf der Elfenbeinküste gedeckt und gleichzeitig noch Biokohle exportiert werden. Die so erzeugte Biokohle kann bereits heute zu wettbewerbsfähigen Preisen mit Kokskohle in der Stahlerzeugung angeboten werden. Dabei hat diese Biokohle sogar eine höhere Qualität als mineralische Kokskohle.

Biokohleprojekte können also heute bereits ohne staatliche Unterstützung einen besonders starken Beitrag für den Klimaschutz erbringen. Sie sind technologisch und ökonomisch in industriellem Maßstab verfügbar und werden sich daher in den nächsten Jahren rasant ausbreiten.

3.2.5 Aufforstungen

Aufforstungen bieten u. a. die Speicherung von CO_2, Lebensraum mit hoher Biodiversität sowie nachhaltig nutzbare Lebensmittel-, Energie- und Rohstoffquellen für die örtliche Bevölkerung. Großflächige Aufforstungen gehören daher zu den bedeutendsten Klimaschutzmaßnahmen und Wirtschaftsfaktoren. Viele Programme sind bereits erfolgreich angelaufen.

So betreibt China seit Jahren das weltweit größte Wiederaufforstungsprogramm. Es soll gleichzeitig einen Beitrag zum Schutz vor den verheerenden Überschwemmungen an den großen Flüssen Chinas bringen. Wälder speichern bekanntlich wesentlich mehr Niederschläge als abgeholzte Flächen. Auch in den Städten werden in China viele Bäume gepflanzt, um die innerstädtische Lebensqualität zu erhöhen. Wer in den letzten Jahren mehrfach in Peking war, hat diese positive Entwicklung sicherlich wahrgenommen.

Große Teilerfolge konnten in den letzten Jahren auch in der südlichen Sahara erzielt werden. Der sogenannte Sahelgürtel ist weltweit bekannt für vertrocknete Landschaften, Wüstenausbreitungen, unfruchtbare Böden, ausgetrocknete Brunnen, verendetes Vieh und hungernde Kinder. Doch die Sahelzone beginnt wieder, grüner zu werden. Im Niger, in Burkina Faso und anderen Ländern haben Bauern traditionelle landwirtschaftliche Methoden begonnen anzuwenden und vor allem Bäume zu pflanzen. Die Bäume spenden Schatten, schützen vor Austrocknung und lassen so unter ihnen Ackerpflanzen wesentlich besser gedeihen. Im Niger wachsen heute etwa zehn- bis zwanzigmal so viel Bäume wie vor 20 Jahren. In Malawi und Tansania lassen Landwirte Bäume auf ihren Mais- und Getreidefeldern wachsen mit dem Effekt, dass sie wesentlich höhere Erträge haben als ohne Bäume. Zusätzlich geben die Bäume Brennholz, Früchte, und aus der Rinde mancher Bäume wird sogar Medizin gewonnen. Mittlerweile hilft diese Agroforstwirtschaft über drei Millionen Menschen, auch in Dürrezeiten ohne Hunger über die Runden zu kommen (Burger 2011).

Dieser große ökologische und wirtschaftliche Erfolg wurde nicht etwa durch die Entwicklungszusammenarbeit der Industrienationen geschaffen. Vielmehr haben sich einzelne Bauern alter landwirtschaftlicher Methoden zugewandt, und deren Erfolge haben sich über Mundpropaganda weiterverbreitet. Leider gibt es immer noch viele Flecken in der Sahara, wo sich die Wüste ungehemmt ausbreitet. Die jüngsten katastrophalen Hungersnöte in Somalia und Äthiopien sind dafür ein trauriges Zeugnis. Dennoch macht die Ausbreitung der Agroforstkultur im Sahel große Hoffnung. Wichtig wäre nun, mit großflächigen Programmen weiten Teilen der Bevölkerung diese Agroforstmethoden über Bildungsprogramme zu vermitteln und mit Mikrokrediten eine Anschubfinanzierung zu gewähren. Eine Aufgabe für Politik und Finanzwirtschaft, die Klimaschutz und Armutsbekämpfung gleichzeitig schafft.

Agroforstkulturen sind nicht nur im Sahel eine klimaschützende und ertragsteigernde Anbaumethode. Es gibt Palmölplantagen in Südamerika mit verschiedensten Unterpflanzungen, z. B. Kakao. Hohe Biodiversität schützt vor Schädlingen, die vielfach in Plantagen mit Monokulturen Schaden bereiten.

Dabei lassen sich auch große Plantagen mit hohem wirtschaftlichem Erfolg in nachhaltiger Bewirtschaftung führen. In Palmölplantagen von Sime Darby, auf Carey Island, Malaysia, einem der großen Palmölproduzenten, sind viele Grundsätze der Nachhaltigkeit mit großem wirtschaftlichem Erfolg verwirklicht. So werden dort Schädlinge wie Ratten mit Eulen und Seeadlern bekämpft.

Unzählige Nistkästen bieten den Eulen ausreichend Nistmöglichkeiten. Schadinsekten werden durch natürliche Fressfeinde bekämpft. Dafür wurden extra Blühpflanzen in die Plantagen gebracht, damit die Nutzinsekten Lebensraum haben. Zehn Prozent der Plantagenfläche ist für sich selbst überlassene Naturräume reserviert, damit sich dort Artenvielfalt mit hoher Biodiversität schützend erhalten kann. Die alten, nicht mehr nutzbaren Bäume werden nicht mehr wie früher mit hoher Belastung für die Atemluft verbrannt, sondern heute verkleinert und kompostiert. So dienen die alten Bäume der Bodenfruchtbarkeit mit Ertragssteigerung und gleichzeitig als Kohlendioxidsenke. Alle Arbeiter erhalten faire Löhne und ausreichenden Arbeitsschutz. Sime Darby ist der größte Arbeitgeber in der Region und trägt damit maßgeblich zur Armutsbekämpfung bei. Das ausgepresste Palmöl geht in die verschiedensten Anwendungen: Lebensmittel, Kosmetik, Chemieindustrie. Sime Darby betreibt eine eigene Bio-Diesel-Anlage, womit auch ein Teil der Treibstoffversorgung in der Umgebung erdölfrei sichergestellt wird (Sime Darby 2011).

Bild 33: Ökologische Ölplantage, Malaysia
(Quelle: Hans-Josef Fell)

Dieses Beispiel zeigt auf, dass auch eine Palmöl-Produktion ökologisch mit wertvoller Klimaschutzwirkung aufgebaut werden kann. Große Flächen liegen im Tropengürtel der Erde brach und könnten über eine derartige Wiederaufforstung einer wirtschaftlichen Nutzung mit gleichzeitigem Klimaschutz zugeführt werden.

Die Finanzierung solcher nachhaltigen Palmölaufforstungen scheitern häufig am nicht zur Verfügung stehenden Kapital, welches Genossenschaften bräuchten, um Infrastruktur wie Ölpressen und den Aufbau der Palmölplantagen zu finanzieren. Die Bereitstellung von Kapital wäre aber exakt die Aufgabe der Finanzwirtschaft, statt sich an schnellen Gewinnen mit Urwaldabholzungen und klimaschädlichen Palmölplantagen zu beteiligen.

Agroforstkulturen gibt es nicht nur im tropischen und subtropischen Gürtel der Erde. Auch in Europa wurden erfolgreiche Versuche mit Bäumen gemacht, unter denen Getreide und Ackerpflanzen sehr gut gedeihen. Ertragsstabilität, Gesundheit der Pflanzen, Klimaschutz durch die Bindung von Kohlendioxid im Holz und Nutzung des Holzes, zum Beispiel als Pelletsbrennstoff, schaffen auch hier eine höhere wirtschaftliche Nutzung, gepaart mit Klimaschutz. In Europa verbreiten sich bereits vielfach moderne Pelletsheizungen als Ersatz von klimaschädlichen Erdölheizungen. Aber auch hier fehlt die politische und finanzielle Unterstützung, damit großflächig Agroforstkulturen die industriellen Monokulturen ersetzen.

- Waldsaaten sind mit etwa 500 US-Dollar pro Hektar wesentlich billiger als Pflanzungen
- In den Tropen kann nach zehn Jahren eine Rendite von bis zu 10 000 US-Dollar jährlich erzielt werden
- In gemäßigten Breiten immerhin noch mind. 5 000 US-Dollar pro Hektar.

Bild 34: Aufforstung mit Waldsaaten
(Quelle: Forest Seed)

Um großflächige Aufforstungen auch ökonomisch zu meistern, ist die beste und kostengünstigste Methode die natürliche Waldsaat statt arbeits- und kostenintensiver Pflanzungen. Mit Waldsaaten können große Flächen schnell und extrem kostengünstig aufgeforstet werden, um einen möglichst gesunden, nachhaltigen und natürlichen Wald entstehen zu lassen. Durch die bis zu zehnfache Anzahl an Bäumen gegenüber einer Pflanzung kann eine CO_2-Bindung von bis zu 300 t pro Hektar und pro Jahr realisiert werden. Die Kosten für die Aufforstung, vor allem im Tropengürtel der Erde, können häufig unter 500 US-Dollar pro Hektar liegen.

Die Erträge sind sehr unterschiedlich, je nach Boden und Klima. Für eine tropische Region mit guten Boden- und Wasserverhältnissen können mit nachhaltiger Bewirtschaftung Erträge von 10 000 US-Dollar pro Hektar in einer Zehn-Jahresperiode erreicht werden. Auch in den übrigen Breiten und trockenen Regionen sind Erträge von 500 US-Dollar pro Hektar ab dem fünften Jahr möglich. Notwendig für solche Forstsaatprojekte sind vor allem Genehmigungen der Regierungen für entsprechende großräumige Saatprogramme (FSG Forest Seed 2011).

3.2.6 Reine Pflanzenöle aus nachhaltigem Anbau und die Welternährungsfrage

Erdöl als dominanter Treibstoff für fast alle Antriebstechnologien der Welt verursacht die in Kapitel I angesprochenen Probleme. Die wichtigste Lösung hierfür ist die Umstellung auf elektrische Antriebe, die leicht mit Strom aus Erneuerbaren Energien angetrieben werden können. Jedoch für schwere Fahrzeuge und für lange Strecken hat ein flüssiger Treibstoff den enormen Vorteil, dass er mit hoher Energiedichte für lange Strecken im Fahrzeug mitgenommen werden kann.

Für schwere Nutzfahrzeuge und lange Strecken wird also ein flüssiger Treibstoff auch weiterhin erforderlich sein. Biokraftstoffe erfüllen diese Aufgabe. Sie gibt es in vielfältiger Form. Bioethanol kann Benzin ersetzen, Biogas das Erdgas, auch Wasserstoff aus Pflanzen kann zu den Biokraftstoffen gerechnet werden.

Als Ersatz für den weltweit verbreiteten Diesel bieten sich Pflanzenöle an. Das Geniale ist, dass die Pflanze beim Aufwuchs selbst den fast fertigen Treibstoff produziert. Pflanzenöle bestehen aus Kohlenwasserstoffen. Sie können im Motor verbrannt werden und liefern so die Antriebsenergie für ein Fahrzeug oder einen Dieselgenerator. Beim Auspressen der Ölsaaten entsteht ein eiweißreicher Rückstand, der Presskuchen. Dieser ist bestens geeignet, als Eiweißlieferant in der tierischen oder menschlichen Ernährung den Eiweißmangel der Erde decken zu helfen. Alleine dieser Aspekt entkräftet das Argument, dass Biokraftstoffe den Welthunger befördern. Übrigens fallen auch bei der Bioethanolerzeugung eiweißreiche Rückstände an, die meist verfüttert werden.

Die Pflanze mit dem höchsten Pflanzenölgehalt ist die tropische Ölpalme. Sie liefert das Pflanzenöl nicht nur für Treibstoffe, sondern vor allem auch für viele chemische Produkte, für die Kosmetik und für die Ernährung. In den gemäßigten Zonen wird vor allem Raps oder Sonnenblume als Pflanzenöllieferant angebaut. Es gibt auf der Erde weit über 1 000 Ölpflanzen, die nur zu einem geringen Teil kultiviert sind. Dennoch kann gerade mit Ölpflanzen eine Energiegewinnung organisiert werden, die die Biodiversität hoch anreichert, da ihre Blüten auch Insektenfutter liefern, bis hin für die Honig sammelnden Bienen.

Entscheidend für die Nachhaltigkeit von Treibstoffen aus Pflanzenölen sind die Anbaumethoden der Ölpflanzen. Leider werden heute im großen Stile für den Anbau von Ölpflanzen, meist als Eiweißlieferant für das Viehfutter, in großem Maße tropischer Regenwald gerodet, zum Beispiel für große Sojaplantagen in Brasilien oder Palmölplantagen in Indonesien. Die daraus gewonnenen Pflanzenöle haben eine verheerende Umwelt- und Klimabilanz. Durch das Abholzen der Regenwälder wird viel Kohlenstoff freigesetzt, sowohl durch das Verbrennen des Holzes als auch durch die Trockenlegung der Sümpfe und der Böden. Die darauf entstandenen Monokulturen werden hochgedüngt, verbrauchen viel Trinkwasser, führen zu Bodenerosion. Mit Hungerlöhnen bis hin zur Sklavenhaltung werden auch große soziale Ungerechtigkeiten erzeugt. Die Vernichtung der Urwälder und deren Böden sowie die Düngung der Monokulturen setzt viel Kohlendioxid, Methan und Lachgas frei und heizt damit das Klima an.

Gleichzeitig leidet die Akzeptanz von Biokraftstoffen unter der weitverbreiteten Annahme, Biokraftstoffe würden den Welthunger befördern, indem sie Flächen für den Nahrungsanbau belegen. In der Tat gibt es natürlich wertvolle Ackerböden, die nun von Energiepflanzen belegt sind. Es gibt auch Regionen in der Welt, von Madagaskar über Indonesien bis nach Brasilien, wo skrupellose Großagrarier den Kleinbauern das Land rechtswidrig entwenden, um dort lukrative Geschäfte mit Biokraftstoffen aufzubauen. In diesen Regionen kann somit die Ernährungssituation sehr verschärft werden, da den Kleinbauern ja nicht mehr das Land zur Verfügung steht, um selbst die für ihre Ernährung benötigten Lebensmittel zu erzeugen.

Aus solchen verwerflichen Handlungen und durchaus dramatischen regionalen Verhältnissen darf aber nicht geschlossen werden, dass Biokraftstoffe die Hauptursache für die Unterernährung von einer Milliarde Menschen seien. Hunger gab es in vielen Weltregionen auch schon vor 50, 20 und zehn Jahren, als Biokraftstoffe noch gar keine Rolle spielten.

Der Hunger in der Welt hat ganz andere Ursachen. Es ist vor allem ein Ergebnis eines ungerechten Verteilungsproblemes. Insgesamt werden auf der Welt genügend Lebensmittel erzeugt. Sie erreichen aber bei weitem nicht alle hungerleidenden Menschen. So werden alleine in Deutschland jährlich 20 Millionen Tonnen beste und verzehrbare Lebensmittel weggeworfen. Das Essen, das in Europa und Nordamerika weggeworfen wird, würde dreimal reichen, um alle Hungernden der Welt zu ernähren (Kreutzberger/Thurn 2011). Der hungernden Milliarde von Menschen stehen auf der anderen Seite etwa eine Milliarde übergewichtige Menschen gegenüber.

Auch die Analyse, wie viel Agrarflächen überhaupt für Biokraftstoffe zur Verfügung stehen, lässt schnell erkennen, dass Biokraftstoffe nicht die Ursache für die Welternährungsprobleme sein können. Etwa fünf Milliarden Hektar der Erdfläche werden aktuell landwirtschaftlich genutzt. Lediglich 40 Millionen Hektar davon, das heißt weniger als ein Prozent, entfallen auf die Produktion von Biokraftstoffen (Fargione et al. 2010/Global Renewable Fuels Alliance 2009/Global Renewable Fuels Alliance 2011).

Gleichzeitig gehen jährlich etwa zehn Millionen Hektar Ackerfläche verloren, vor allem durch Wüstenausbreitung, Versteppung oder durch Auslaugung der Böden durch intensive Landwirtschaft. Somit befördert die intensive industrielle Landwirtschaft den Welthunger und kann ihn nicht, wie sie selbst behauptet, mit Höchsterträgen bekämpfen.

Wer nun die vielen anderen Ursachen der Hungerprobleme der Welt unter die Lupe nimmt, kann schnell erkennen, dass nicht Flächenmangel am Hunger ursächlich ist: Das Wegwerfen von genießbaren Lebensmitteln wurde schon erwähnt. Dazu kommen weltweit schlechte Lagerbedingungen. Schimmel und Ratten vernichten enorme Lebensmittelmengen, die durch bessere Lagerbedingungen für die Ernährung zur Verfügung stünden.

Missernten spielen eine große Rolle. Zunehmend spielt dabei die Klimaveränderung eine entscheidende Rolle. Dürren, Überschwemmungen und Unwetter vernichten immer größere Teile der Welternten. Ein einziger Taifun in Birma hat 2009 hat einen erheblichen Teil der Weltreisernte vernichtet. Die durch Erderwärmung beschleunigte Ausbreitung der Wüsten vernichtet viel Ackerland und damit Böden, die für die Ernährungssicherheit dringend erforderlich sind. Der Kampf gegen die Erderwärmung ist also auch ein Kampf für eine ausreichende Ernährung der Weltgemeinschaft.

Der hohe und zunehmende Fleischkonsum der Menschen ist nicht nur für die Volksgesundheit ein Problem. Der Bedarf an Ackerflächen für die unnötige Kraftfutterzeugung raubt die Agrarflächen für die wesentlich effizientere vegetarische Ernährung der Menschen. So werden etwa drei- bis zehnmal mehr Ackerflächen benötigt, wenn der Mensch das Fleisch von Schweinen, Rindern oder Hühnern isst, statt mit direkter pflanzlicher Ernährung. Dieses Wissen ist seit langen vorhanden (Rudolf Strahm, 1985). Dennoch wird es weitgehend ignoriert und von den interessensgeleitenden Argumenten der mächtigen Agrarindustrie übertönt.

Der vielleicht dominanteste Faktor für die Hungerprobleme in der Welt ist die zunehmende Vernichtung von kleinbäuerlichen Strukturen zugunsten von industriellen Agrarstrukturen. Kleinbauern ernähren sich und die dörfliche Gemeinschaft seit Jahrhunderten. Agroindustrie nimmt ihnen aber die Flächen, um mit angeblich höheren Hektarerträgen die Ernährungssicherheit zu gewährleisten. Häufig wird dann aber auf den den Kleinbauern entwendeten Flächen nur Kraftfutter für die Fleischversorgung der Reichen angebaut. Von den Hungerlöhnen, die dann den ehemals selbstversorgenden Kleinbauern gezahlt werden, können sich diese aber nicht mehr ausreichend selbst die Nahrungsmittel kaufen. Die Hungerspirale dreht sich weiter.

Besonders pervers wird dies mit den Heilsversprechungen der Gentechnikindustrie. Deren Versprechen für besonders hohe Hektarerträge haben viele Kleinbauern in Indien, Südamerika und Afrika verlockt, gentechnisch verändertes Saatgut zu kaufen, meist zu Preisen, die die Bauern häufig nur mit Schuldenaufnahme bezahlen konnten. Die hohen Hektarerträge bleiben aus, die Schulden der Kleinbauern aber bleiben. Dies führte in manchen Regionen Indiens zu hohen Selbstmordraten der Kleinbauern und zur Freisetzung des Landes für die Agrarindustrie. Die alternative Nobelpreisträgerin Vananda Shiva spricht daher nicht von gentechnikfreien Zonen, sondern sogar von selbstmordfreien Zonen, dort, wo die Interessen der Gentechnikkonzerne zurückgedrängt werden konnten.

Wer die vielfachen Ursachen der Welthungerproblematik kennt: Überproduktion und Lebensmittelvernichtung in den Industrienationen, hohe Verderbensquote, überhöhter Fleischkonsum und Vernichtung der kleinbäuerlichen Strukturen, Erderwärmung, Wüstenausbreitung und Bodenerosion durch intensive Landwirtschaft, wird schnell erkennen, dass nicht die Produktion von Biokraftstoffen die Ursache für Hunger in der Welt ist. Auch kann das Steigern der Hektarerträge mit Hilfe von Gentechnik, Pestiziden und Düngemitteln nicht die Probleme lösen, sondern über die Verschlechterung der Bodenfruchtbarkeit werden diese sogar noch verstärkt. Wichtigste Auswege aus der Welthungerproblematik sind also die nachhaltigen Landwirtschaftsmethoden, die gleichzeitig die Bodenfruchtbarkeit erhöhen und die kleinbäuerlichen Strukturen aufbauen bzw. erhalten. Mit Projekten der nachhaltigen Biokraftstofferzeugung, zusammen mit Kohlenstoffsenken und Lebensmittelerzeugung, lassen sich also gleichzeitig wirksamer Klimaschutz und Welternährung sichern.

Wie schnell sich die Vorurteile bilden, konnte am Hungeraufstand der Bewohner von Mexiko City 2009 abgelesen werden. Damit der Ethanolerzeugung aus Mais aus den USA die Tortillapreise in Mexiko anzogen, revolvierten viele Menschen in den Slums in Mexiko City. Scheinbar war also die Konkurrenz der Biokraftstoffe schuld an den Lebensmittelpreissteigerungen. Genau dieses konnte vielfach gelesen werden in den Veröffentlichungen der Mineralölindustrie, und selbst viele Umweltschützer übernahmen diese einfache aber falsche Erklärung und bauten darauf Protestaktionen gegen Biokraftstoffe auf.

Die wahren Ursachen liegen aber wie so oft tiefer und ganz wo anders. Bis etwa 1995 ernährten sich die Mexikaner vom Mais für ihre Tortillas selbst mit Hilfe von Millionen von Kleinbauern, die auch die großen Städte belieferten. Dann kam die Freihandelszone Mexiko, USA, Kanada. Nun überschwemmte die US-Maisindustrie mit billigem, durch Steuersubventionen unterstütztem, intensiv angebautem Mais. Millionen von Chiapas mussten ihre traditionellen Höfe verlassen, da sie mit den Dumpingpreisen für Mais aus den USA nicht mehr konkurrieren konnten. Dann explodierte Mexiko City von zehn Millionen auf 20 Millionen Einwohner, und diese landeten meist in den Armenvierteln. Sie waren angewiesen auf die billigen Tortillas mit dem billigen Mais aus den USA. Da war es kein Wunder, als die Maispreise wegen Ethanolerzeugung anzogen, dass es Massenaufstände gab. Die eigentliche Ursache aber war die länger zurückliegende Zerstörung der Kleinbauern in Mexiko. Übrigens begannen nach den Tortillapreissteigerungen wieder vermehrte Abwanderungen aus Mexiko in die ländlichen Räume, weil bei den höheren Maispreisen sich der regionale kleinbäuerliche Anbau wieder zu lohnen begann.

Als erste Maßnahme aus der Erkenntnis, dass nachhaltige Anbaumethoden auch für Biokraftstoffe entscheidend sind, wurden in der Europäischen Union daher seit Anfang 2011 flüssige Biokraftstoffe verboten, die aus Flächen gewonnen werden, wofür vorher Wälder gerodet wurden. Dies ist eine erfreuliche, wenn auch noch nicht ausreichende Maßnahme, um dieser negativen Entwicklung der sich ausbreitenden Agrarindustrie Einhalt zu gebieten.

Auch in nördlichen Breiten geht es ohne intensive Landwirtschaft. Ölpflanzen können im biologischen Anbau angebaut werden, am besten im Mischfruchtanbau.

Erbse, Gerste, Leindotter

Gerste, Leindotter

Weizen, Leindotter

Ölpflanzen können gemeinsam mit anderen Feldfrüchten angepflanzt werden:

- Besonders geeignete Ölpflanze: Leindotter
- Das gewonnene Pflanzenöl reicht zur Bestellung des Feldes aus, ohne Mindererträge beim Hauptanbau in Kauf zu nehmen
- Mischfrucht führt mit ökologischem Anbau zu deutlich höheren Gesamterträgen

Bild 35: Mischfruchtanbau
(Quelle: Institut für Energie- und Umwelttechnik)

Dies bedeutet, dass mehrere Ertragspflanzen gleichzeitig auf einem Acker angebaut werden. So gibt es in Bayern seit Jahren erfolgreiche Anbauten von Gerste, zusammen mit Erbse und der Ölpflanze Leindotter. Dieser Acker liefert gleichzeitig Lebensmittel für die menschliche und tierische Ernährung sowie Pflanzenöl als Treibstoffersatz. Die pflanzlichen Reststoffe wandern in die Biogasanlage, deren Gärsubstrat als Düngemittelersatz wieder auf die Felder ausgebracht wird. So entstehen geschlossene Kreisläufe, wobei sogar noch vorheriger atmosphärischer Kohlenstoff als Humusaufbau in den Böden gelagert wird. Pflanzenöle als Treibstoff aus solchen Anbaumethoden sind nicht nur CO_2-neutral; vielmehr tragen sie sogar zur Kohlenstoffreinigung der Atmosphäre bei.

Pflanzenöle können in zwei technischen Methoden als Treibstoffersatz weiterentwickelt werden. Zum einen über einen Veresterungsprozess zu Biodiesel, zum anderen zu reinen naturbelassenen Pflanzenölen, die lediglich aus der Pflanze ausgepresst und gefiltert werden. Für die Verwendung von Biodiesel müssen an den Dieselmotoren geringfügige Veränderungen vorgenommen werden. Ältere Dieselmotoren, wie sie vielfach in den Entwicklungs- und Schwellenländern als Dieselgeneratoren Strom erzeugen, sind häufig sogar ohne Umrüstung für die Nutzung von reinen Pflanzenölen tauglich. Moderne Dieselmotoren benötigen jedoch technische Umrüstungen, wenn sie mit reinen Pflanzenölen gefahren werden sollen.

Der große Vorteil von reinem Pflanzenöl gegenüber Biodiesel ist die Möglichkeit, das Pflanzenöl dezentral ohne große technische Verfahren zu gewinnen und gleichzeitig zu verwerten. Dies macht unabhängig von Konzernen und schafft über die

Selbstversorgung Unabhängigkeit. Dies ist aber auch der Grund, weshalb die Entwicklung von Motoren für reine Pflanzenöltauglichkeit von den großen Motorenherstellern der Welt bisher nicht verfolgt wurde. Lediglich mittelständische Entwickler und Umrüster haben diese Technologie reifgemacht für die Anwendung. Sie besitzen aber keine Möglichkeiten für Marketing, sodass diese für das Weltklima wertvolle Technologie bisher leider nur ein Nischendasein führt. Zusätzlich wurde die erste, überhaupt in der Welt begonnene Markteinführung unter Rot-Grün in Deutschland nach sehr erfolgversprechenden drei Jahren jäh von der nachfolgenden Regierung abgewürgt. Mehr dazu im Kapitel 4 über Steuererleichterungen von Biokraftstoffen.

Die in den letzten Kapiteln beschriebenen Beispiele in der Klimaschutzstrategie stellen keine umfassende Darstellung dar, sondern sind lediglich eine Auswahl von strategisch wichtigen Handlungen und Technologien. Viele weitere existierende Maßnahmen und Technologien gehören dazu. Um den Rahmen des Buches nicht zu sprengen, sind hier deshalb nur wenige exemplarisch aufgezeigt. Vor allem die vielen wichtigen Maßnahmen wie Verkehrsvermeidung mit regionalem Warenverkauf, mit Bahn statt LKW oder mit Öffentlichem Personenverkehr statt Individualverkehr sind sehr wichtig, werden aber nicht vertieft behandelt. Auch das solare Bauen, also Baukörper, deren Heizung und Kühlung weitgehend mit der Sonne und den wechselnden klimatischen Bedingungen organsiert werden kann, wird nicht vertieft. Ebenso wie die Energieplushäuser, also Häuser die mehr solare Energie erzeugen, als sie verbrauchen. Die Fülle von wirksamen Klimaschutzmaßnahmen ist einfach so groß, dass bei weitem nicht alle in einem Buch erwähnt werden können.

Mit konsequenter politischer und finanzieller Unterstützung für alle Klimaschutztechnologien in der beschriebenen Zweisäulenstrategie ist eine industrielle Entwicklung ökonomisch wie technologisch machbar, die in wenigen Jahrzehnten eine Reduktion der CO_2-Konzentration auf 330 ppm ermöglichen kann.

Die Widerstände gegen eine solche Entwicklung kommen vor allem aus der fossilen und atomaren Wirtschaft. Ihre Unternehmen werden zu den Verlierern gehören, wenn sie nicht aktiv und rechtzeitig auf Klimaschutztechnologien umsteigen. Mit vielfachen Desinformationen, Lobbyismus, Korruption und Einflussnahmen auf die Medien verteidigen viele Konzerne der konventionellen Energie-, Chemie, Bau-, Transport- und Landwirtschaft ihre Renditen und behindern so schnellen und wirksamen Klimaschutz. Es ist Aufgabe der Politik und Finanzwirtschaft, sich aus diesem Lobbyismus zu befreien, um mit funktionierenden Gesetzen Klimaschutz und Versorgungssicherheit mit Erneuerbaren Energien, erneuerbarer Chemie und nachhaltiger Landwirtschaft durchzusetzen.

Eine Abkühlung der Erde ist machbar. Sie bringt große finanzielle und wirtschaftliche Vorteile für den größten Teil der Menschen, für Privatleute genauso wie für den unternehmerischen Mittelstand; aber eben nicht für die großen Konzerne, die ihr Geschäft mit der Erwärmung des Klimas betreiben. Konsequent umgesetzter Klimaschutz würde Wohlstand für den größten Teil der Menschheit schaffen. Dem stehen aber die wirtschaftlichen Interessen einer konzernorientierten Erdölwirtschaft entgegen. Um Klimaschutz in der Welt zum Durchbruch zu verhelfen, müssen also die wirtschaftlichen Interessen der fossil-atomaren Wirtschaft gebrochen werden. Dies ist die eigentliche Herausforderung für wirksamen Klimaschutz in der Welt. Da auf den weltweiten Klimaschutzkonferenzen dieser strategische Gedanke nicht einmal artikuliert wird, können dort auch keine Lösungen gefunden werden. Die mit Vorreiterprojekten organisierte, dezentrale Klimaschutzökonomie, gepaart mit sinnvollen zentralen Projekten der Erneuerbaren Energien, wird über die positiven Wirkungen der Wohlstandsentwicklung immer mehr Nachahmer finden und so wirksamen Klimaschutz über die Welt verbreiten. Die bereits heute sichtbaren, vielfältigen positiven Entwicklungen in der Welt lassen die Hoffnung wachsen, dass eine Abkühlung der Erde doch noch möglich sein wird.

4 Politische Maßnahmen zur Abkühlung der Erde

4.1 Notwendigkeit und Wirkung staatlicher Regulationen zur Umlenkung der weltweiten Finanzströme

Entscheidend für die Markteinführung und Durchdringung von Klimaschutztechnologien in den Weltmärkten sind politische Rahmenbedingungen und Regulationen. Sie müssen in Zukunft dazu führen, dass Investitionen in Klimaschutz erfolgreicher sind als in klimazerstörende Technologien und Maßnahmen. Das Versagen von Politik und Märkten in den letzten 200 Jahren liegt genau darin, dass Investitionen in Klimazerstörung – also in eine Wirtschaft basierend auf fossilen und atomaren Rohstoffen – hohe Renditen abwirft. Eine Wirtschaft, die den Klimaschutz beachtet und damit die Lebensgrundlagen heutiger und zukünftiger Generationen sichert, wird immer noch mit ökonomischer Belastung statt mit wirtschaftlichem Erfolg verbunden. Es braucht also staatliche Regulationen, um die Umlenkung der privaten Geldströme in wirksame Klimaschutzinvestitionen zu ermöglichen. Sobald Investitionen in Klimaschutztechnologien Renditen abwerfen, wird es massenhaft Investitionen und damit auch Innovationen geben. Das Umfeld der staatlichen Regulationen ist die entscheidende Stimulans für den Klimaschutz.

Vielfach werden die in diesem Kapitel beschriebenen politischen Maßnahmen für wirksamen Klimaschutz als zu radikal bezeichnet. Bedacht werden muss aber, dass erst die Umsetzung dieser Maßnahmen wirksamen Klimaschutz und Schutz vor ökonomischen und kriegerischen Krisen bietet. Alle bisherigen („nicht radikalen“) Kompromissmaßnahmen haben nur eine weitere Aufheizung der Atmosphäre bewirkt, mit der Perspektive der Zerstörung der menschlichen Existenzgrundlage. Insofern ist die Umsetzung der genannten konsequenten Maßnahmen erforderlich. Ihre Nichtumsetzung führt immer tiefer in ökonomische und ökologische Desaster.

Auch die Grundlagen des Erneuerbaren-Energien-Gesetzes (EEG) wurden noch 1999 als politisch viel zu radikal kritisiert. Dennoch haben es mutige Abgeordnete im Deutschen Bundestag durchgesetzt. Hätte es nicht die Umsetzung dieser „radikalen“ politischen Maßnahmen gegeben, hätte es auch nicht die heutige schnelle Marktdurchdringung und Innovationsentwicklung der Erneuerbaren Energien gegeben. Daher ist klar: Wirksamer Klimaschutz braucht weitere ähnliche „radikale“ politische Konzepte und Gesetze, weltweit umgesetzt. Nicht Bedenkenträger sollten weiter das zögerliche politische Handeln bestimmen, sondern mutige Visionäre. Die Alternative ist der Wärmetod der Zivilisation auf der Erde.

Vielfach wird von Unternehmen und Wirtschaftswissenschaftlern argumentiert, dass staatliches Handeln einem freien Wettbewerb und einer freien Marktwirtschaft im Wege stehe. Staatliche Regulationen würden das Marktgeschehen hemmen und negativ beeinflussen. Wer so argumentiert, übersieht, dass es solche freien Märkte überhaupt nicht gibt. Überall gibt es staatliche Regulationen, die große Wirkungen auf das Marktgeschehen entfalten. Im Energiesektor hat sich über 100 Jahre hinweg in praktisch allen Ländern ein staatliches Regulationswerk aufgebaut, das die Nutzung fossiler und atomarer Rohstoffe befördert. In tausenden Gesetzen, Verordnungen, Normen, Subventionen, Curricula hat sich die Unterstützung der fossilen Wirtschaft manifestiert. Eingeführt wurden diese Regulationen, weil mit der Nutzung fossiler Rohstoffe Wohlstandsverbesserung und Wirtschaftswachstum erwartet und befördert wurden.

Wer nun fordert, der Staat dürfe nicht regulatorisch in die Märkte eingreifen, zementiert somit das bestehende unterstützende Regelwerk der fossilen und atomaren Wirtschaft. Wer Klimaschutz leisten will, muss also konsequenterweise regulatorisch eingreifen. Andernfalls bleibt das konventionelle Wirtschaften mit dem Ergebnis rasant fortschreitender Erderwärmung Grundlage und Triebfeder staatlichen und unternehmerischen Handelns.

Immer werden also Märkte durch die bestehenden staatlichen Regulationen beeinflusst. Die Einführung einer neuen Steuer hat genauso Lenkungswirkung wie die Nichteinführung dieser entsprechenden Steuer. So würde beispielsweise eine Steuer auf das bisher steuerfreie Flugbenzin klimaschützende Lenkungswirkung in Richtung Verbrauchsreduktion und klimaschonende Treibstoffe bewirken. Die Nichteinführung einer Flugbenzinsteuer hält aber den Flugverkehr weiter in der Abhängigkeit fossilen Kerosins und verhindert dabei die Markteinführung oder gar Marktdurchdringung alternativer Treibstoffe. Die vielen negativen Auswirkungen und externen Kosten, die das Flugbenzin verursacht, werden dann weiterhin nicht von Fluggast, sondern, wenn überhaupt, vom Steuerzahler bezahlt. Somit ist die Nichtbesteuerung des Flugbenzins weiterhin eine Triebfeder der Erderwärmung. Der in der Meinung von Marktverfechtern aufrechterhaltene, weil nicht besteuerte freie Markt des Flugbenzins entpuppt sich somit zum indirekt hochsubventionierten Markt, weil die externen Kosten eben nicht vom Nutzer des Flugbenzins bezahlt werden. Für die Fluggesellschaften und Flugbenzinhersteller gibt es damit den entscheidenden Anreiz, weiter ihre klimaschädigenden Geschäfte aufrechtzuerhalten.

Das Beispiel des Flugbenzins beleuchtet, dass das globale Wirtschaftssystem durchdrungen ist von Unterstützungen für die fossile-atomare Wirtschaft. Dies führt dazu, dass der größte Anteil von Investitionen in den Sektoren Energie, Chemie oder Transportwesen weiterhin zur Aufrechterhaltung der fossilen Wirtschaft dienen.

Aktuell fließen weltweit jährlich einige tausend Milliarden US-Dollar in klimaschädigende Investitionen, z. B. in die Erschließung neuer Erdölfelder, neuer Erdgaspipelines, neuer Kohle- und Uranminen, neuer Autos mit Verbrennungsmotoren, neuer Düngemittelfabriken und neuer Ozeandampfer, die mit schmutzigstem Schweröl fahren. Sie sind vor allem deswegen rentable Finanzinvestitionen, weil die staatlichen Regulationen genau die Nutzung der fossilen Rohstoffe befördern, statt sie mit den externen Kosten zu belasten. Im Gegenteil: Mit großen Privilegien in der Genehmigungspraxis ausgestattet, werden sie sogar zusätzlich durch Steuervorteile und direkte Subventionen befördert. Die weltweiten Subventionen für die fossile Energiewirtschaft lagen laut IEA 2009 bei etwa 312 Milliarden US-Dollar (IEA 2010), während die angeblich hochsubventionierten Erneuerbaren Energien weltweit nur mit etwa 57 Milliarden US-Dollar subventioniert werden. In 2011 stiegen die weltweiten fossilen Subventionen sogar auf 523 Milliarden US-Dollar, während die für die EEE nur marginal auf 88 Milliarden US-Dollar stiegen. Dies bedeutet, dass jede Tonne CO_2-Emission etwa mit 100 US-Dollar subventioniert werden. Die Erklärung für diese unglaubliche Subventionierung der Erderwärmung ist einfach: Um den Energiekunden die Energierechnung erträglich zu halten, werden bei steigenden Rohstoffpreisen eben mehr Steuergelder zur Subvention der Energiepreise bereitgestellt. Eine dramatische Entwicklung, da ja weltweit die öffentlichen Haushalte mehr und mehr überschuldet sind. Die Verknappung der fossilen Rohstoffe und deren damit einhergehende Verteuerung haben somit einen wesentlichen Einfluss auf die zunehmende Staatsverschuldung und damit auf die Finanzkrisen, wie die EURO-Krise in aller Deutlichkeit aufzeigt.

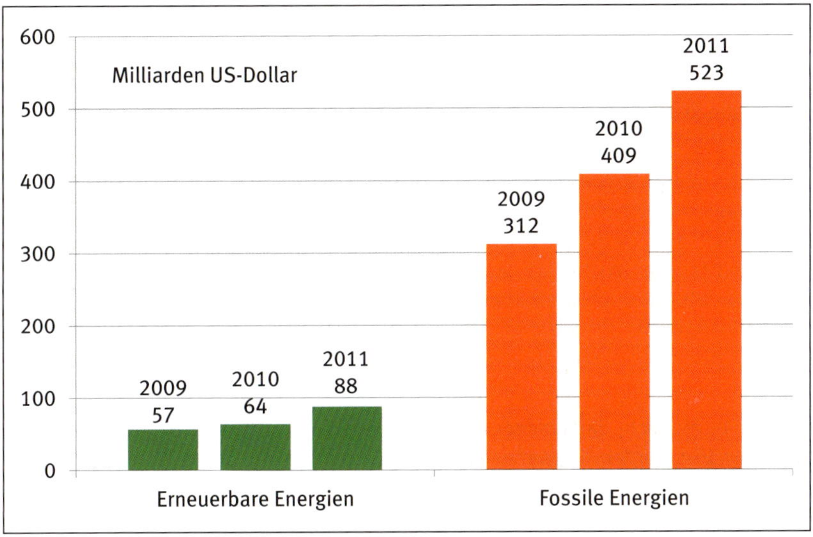

Bild 36: Vergleich der weltweiten Subventionen Erneuerbarer und fossiler Energien (Quelle: IEA, World Energy Outlook)

Ein besonders krasses Beispiel bietet Malaysia. Dort werden aus Steuermitteln direkte Subventionen für die Verbilligung von Benzin und Diesel in einer Größenordnung bezahlt, die die gesamten Ausgaben für Bildung in Malaysia übersteigen. Es ist kaum vorstellbar, dass die Verantwortungslosigkeit der malaysischen Politiker so groß ist, dass sie billiges Benzin für wichtiger halten als kluge Köpfe der Kinder. Aber eine Korrektur dieses krassen Fehlverhaltens hat bis heute nicht stattgefunden, in Malaysia genauso wenig wie in vielen anderen Ländern.

Aber es sind nicht nur direkte Subventionen, die die fossile und atomare Wirtschaft stützen. So gibt es beispielsweise zum Schutz vor technischem Schaden von Motoren Qualitätsnormen für die Treibstoffe. Solche Normen werden meist national festgelegt oder auf internationale Standards gehoben. Für nachhaltig angebaute Biokraftstoffe fehlen solche internationalen und meist auch nationalen Normen.

Wer heute sein Auto mit reinem Pflanzenöl aus nachhaltiger Produktion statt mit fossilem Diesel fahren will, muss selbst dafür Sorge tragen, dass sein Motor vor Schaden geschützt wird. Garantien der Automobilhersteller erlöschen, und Versicherungen springen nicht ein, wenn ein Pflanzenöltreibstoff genutzt wird. Es gibt zwar Bestrebungen, die Normung von Biokraftstoffen voranzutreiben. In ersten Ansätzen sind in Deutschland beispielsweise auch für reine Pflanzenöle, Biodiesel und in Brasilien für Ethanol Normungen bereits auf den Weg gebracht worden. Dennoch sind Biokraftstoffe weit davon entfernt, ein weltweites Normungs- und Qualitätssystem wie die fossilen Treibstoffe erreicht zu haben. Somit wirkt die fehlende technische Normung als massives Hindernis für Investitionen in entsprechende erdölfreie Antriebssysteme. Vor allem Automobilkonzerne wie auch Treibstoffhersteller legitimieren ihr Festhalten am fossilen Treibstoff häufig mit fehlender Normung, statt technologisch und politisch darauf hinzuwirken, dieses Hindernis zu überwinden.

Die vielfachen ökonomischen Vorteile für die Nutzung von fossilen und atomaren Technologien und die Hemmnisse gegen eine erdölfreie Welt lassen den Nullemissiontechnologien kaum eine Chance, sich selbst mit eigener Kraft gegen die Marktmacht der fossilen Wirtschaft durchzusetzen. Zudem haben die fossilen Techniken weit über 100 Jahre Entwicklungszeit hinter sich und lassen sich über Massenfertigung kostengünstig herstellen. Dies macht es unmöglich, dass sich Klimaschutztechnologien ohne staatliche Regulationen auf den Märkten von alleine durchsetzen.

Es ist unbegreiflich, dass immer noch mit Steuergeldern in großem Stile Subventionen gewährt werden für Maßnahmen und Techniken, die den Ausstoß von Klimagasen verursachen. Angesichts immer größerer Verschuldung der Staatshaushalte sollte genau hier zuerst die Ausgabenreduzierung stattfinden.

Doch trotz drohenden Staatsbankrotts finden viele Regierungen und Parlamente nicht die Kraft, genau diese klimaschädigenden Subventionen abzubauen, um ihre Haushalte wenigstens teilweise zu entlasten. So gehört beispielsweise Spanien zu den höchst verschuldeten Staaten in Europa und ist Mitverursacher der europäischen Schulden- und Eurokrise. Dennoch hält Spanien an steuerlichen Direktzahlungen für den Schiffsdiesel von spanischen Fischern fest, der 2008 nach gewalttätigen Protesten von spanischen Fischern sogar noch erhöht wurde.

Die EU-Kommission hatte 2010 vorgeschlagen, die europäischen Kohlesubventionen ab 2014 zu beenden. Vor allem die deutsche Regierung hatte dann mit ihrem Einfluss erreicht, dass diese noch bis 2018 aufrechterhalten bleibt.

Es gibt Tausende ähnlicher Beispiele, die alle eines gemeinsam haben: Das Festhalten an staatlichen Unterstützungen und Regulationen für die fossile und atomare Wirtschaft. Dies ist eines der Haupthindernisse für die Umlenkung der Finanzströme in den Klimaschutz.

So ist es kein Wunder, dass die Anstrengungen der internationalen Gemeinschaft für den Klimaschutz bisher wirkungslos geblieben sind.

Hilflos erscheinen die angestrebten Ausgaben der öffentlichen Hand für Klimaschutzmaßnahmen im Vergleich zu den privaten Mitteln, die in viel größerem Maße in klimaschädigende Investitionen fließen. Auf der Klimaschutzkonferenz 2009 in Kopenhagen wurde gefordert, dass die Industrienationen über mehrere Jahre hinweg etwa 100 Milliarden US-Dollar aufbringen sollten, um Entwicklungsländer beim Klimaschutz zu unterstützen. Weit über 1 000 Milliarden US-Dollar dagegen fließen jährlich vor allem aus privaten Geldern in konventionelle Energieprojekte und damit in die weitere Aufrechterhaltung der Klimagasemissionen. Solange die Summe privater und öffentlicher Geldströme in klimaschädigende Investitionen höher sind als in den Klimaschutz, kann die Erderwärmung nicht gestoppt werden. Da die privaten Ausgaben die der öffentlichen Hand bei weitem übersteigen, müssen also die private Geldströme in den Klimaschutz umgelenkt werden.

Staatliche Regulationen müssen daher immer unter dem Ziel betrachtet werden, finanzielle und sonstige Begünstigungen für klimaschädigende Technologien und Rohstoffe zu beenden sowie ökonomische Anreize für Investitionen in Klimaschutztechnologien zu schaffen. Sobald dies gelungen ist, wird es massenhaft private Investitionen in Klimaschutztechnologien geben. Mit jedem Aufbau der Massenfertigung werden die Kosten für diese Technologien schnell gesenkt und Innovationen sowie Marktdurchdringung befördert.

Das in Deutschland im Jahre 2000 beschlossene Erneuerbare-Energien-Gesetz (EEG) ist dafür ein besonders gutes Beispiel. Ohne staatliche Subventionen, also ohne Steuergelder, konnte mit den Erneuerbaren Energien ein neuer Wirtschaftszweig aufgebaut werden. Die Abgeordneten legten über gesetzlich festgelegte Einspeisevergütungen lediglich die Regulation fest, wie die Marktakteure zu handeln haben, damit die Investitionen in Erneuerbare Energien rentabel werden.

Im Einführungskapitel wurden bereits ausführlich die durch das EEG angestoßenen Erfolge der Erneuerbaren Energien in Deutschland beschrieben. Die vielfach erhobenen Behauptungen, die Erneuerbaren Energien seien eine Belastung der Wirtschaft und können nicht schnell genug wachsen, sind somit längst widerlegt.

Außerdem wurde mit dem EEG der Beweis erbracht: Wenn staatliche Regulationen Rentabilität in private Investitionen für Klimaschutztechniken ermöglichen, wird ein schnell wachsender Markt stimuliert, der viele neue Investitionen in Klimaschutz ermöglicht.

Entscheidende politische Aufgabe wird es nun sein, die politischen Maßnahmen und Regulationen zu identifizieren und politisch durchzusetzen, welche die Investitionen in die verschiedenen Klimaschutztechnologien und -maßnahmen finanziell rentabel machen sowie Genehmigungshürden und andere Hemmnisse abbauen.

Privates Kapital gibt es in großen Mengen. Staatliche Ausgaben und Subventionen dagegen sind aufgrund der weltweiten Verschuldung der öffentlichen Hand nicht in der Lage, ausreichend Kapital für eine entsprechende Dynamik für die Entwicklung der Klimaschutztechnologien bereitzustellen.

Große Widerstände gegen die Einführung jeder einzelner solcher gesetzlichen Regulationen wird es von den großen Weltkonzernen der fossilen und atomaren Wirtschaft geben, die um die Renditen in ihrem Geschäft mit der Klimazerstörung fürchten.

Sollten Gesetzgeber und Regierungen weiterhin den Interessen dieser Konzerne nachgeben, wird es keinen wirksamen Klimaschutz in dieser Welt geben. Auch halbherzige Maßnahmen werden nicht weiterhelfen, da die Fieberkurve der Erde steil nach oben steigt.

Wenn andererseits schnell die entscheidenden politischen Rahmenbedingungen geschaffen werden, dann wird ausreichend privates Kapital, vor allem aus der Finanzwirtschaft, fließen, um wirksamen Klimaschutz mit einer Abkühlung der Erde in wenigen Jahrzehnten zu realisieren.

Sehr schnell werden sich Klimaschutztechnologien über Kostensenkungen infolge der Massenfertigung selbstständig im Markt behaupten und damit zu dessen Durchdringung beitragen. Da die ökonomischen Belastungen der konventionellen Ressourcen aufgrund fortschreitender Verknappung immer mehr steigen, werden sich Klimaschutztechnologien zunehmend auch ohne staatliche Regulationen auf den Märkten durchsetzen. Doch dies alleine abzuwarten, ist für einen wirksamen Klimaschutz nicht genügend, da die Erderwärmung zu schnell voranschreitet.

Wirksame staatliche Regulationen benötigen geschätzt nur etwa 15 bis 20 Jahre aktiver politischer Unterstützung, bis sich eine selbsttragende Ökonomie des Klimaschutzes entwickelt hat. Danach können die entsprechenden Klimaschutztechnologien bzw. -maßnahmen zum ökonomischen Selbstläufer werden.

Für eine solche Klimaschutzstrategie braucht es auch keinerlei globale Beschlüsse auf weltweiten Klimaschutzkonferenzen. Reine nationale Gesetzgebungen, die am besten in vielen Nationen gleichzeitig stattfinden, genügen, um eine entsprechende Dynamik auszulösen. Da sich viele positive gesamtökonomische Effekte entwickeln, werden den Pionierstaaten immer mehr Nachahmer folgen. Das Beispiel Deutschland mit der Markteinführung der Erneuerbaren Energien belegt dies eindrucksvoll.

Viele Nationen der Erde haben mit Staunen das schnelle Wachstum und die positiven ökonomischen Effekte der Erneuerbaren Energien in Deutschland erkannt. Daher haben inzwischen über 60 Nationen ähnliche Gesetze mit Einspeisevergütung geschaffen. Nicht alle von ihnen sind wirksam, da der Einfluss konventioneller Energieversorger oft so weitreichend ist, dass auch auf die Gesetzgebung von Erneuerbaren Energien bremsend Einfluss genommen werden kann. Dennoch hat das deutsche Beispiel eine international schnell wachsende Dynamik entfacht mit dem Effekt einer Globalisierung der Technologien der Erneuerbaren Energien und einer rasanten Preissenkung. Heute ist der Siegeszug der Erneuerbaren Energien nicht mehr aufzuhalten. Er muss nur noch beschleunigt und flächendeckend umgesetzt werden. Ähnliche Entwicklungen können auch mit biologischer Landwirtschaft, mit bodenverbessernder Kohlenstoffanreicherung, mit Nullemissionsautos oder einer Chemie mit nachwachsenden Rohstoffen angestoßen werden. Notwendig sind dafür lediglich konsequente nationale Vorreiterrollen, die den politischen Mut und Weitblick dazu aufbringen, sowie Finanzinvestoren, die diese neuen Chancen aktiv ergreifen und einfordern.

4.2 Nachfrageorientierte Innovationspolitik durchbricht den Teufelskreis von Innovationsblockaden

Innovationen gelten zu Recht als Möglichkeit, neue wirtschaftliche Tätigkeiten aufzunehmen und neue Arbeitsplätze zu schaffen. Sie leisten damit einen unverzichtbaren Beitrag für die wirtschaftliche Entwicklung.

Die Umsetzung erfolgversprechender Forschungsergebnisse in marktfähige Produkte kann im Normalfall nicht von alleine gelingen, sondern braucht gesetzliche Rahmenbedingungen. Gerade im Bereich Erneuerbare Energien lieferte die Forschung der achtziger und neunziger Jahre viele erfolgversprechende Innovationen. Allerdings ist Forschungsunterstützung alleine, selbst mit gut gefüllten Forschungstöpfen, nicht in der Lage, erste Forschungserfolge in marktfähige Produkte umzusetzen. Es braucht meist sehr große Investitionsvolumina, um die ersten Fabriken zu finanzieren sowie die Produkte über technische Optimierungen kontinuierlich zu verbessern. Die Ausweitung der Produktvielfalt und Produktmengen benötigt auch nach begonnener Markteinführung laufend hohe Kapitalinvestments. Mit weiteren Investitionen beginnen die anfänglich hohen Produktkosten zu sinken. Jede Erweiterung der Massenfertigung sorgt für ein Sinken der Stromerzeugungskosten.

Finanzinvestoren bringen diese hohen Kapitalmengen aber nur dann auf, wenn Sie einigermaßen sicher sein können, dass die Produkte aus den Fabriken für Erneuerbare Energien auch tatsächlich einen Markt finden. Nur so kann das Investment refinanziert werden.

Gute und ausreichende Forschungsunterstützung ist notwendig, damit erste Entwicklungen und Pilotprojekte verwirklicht werden können. Eine alleinige Forschungsunterstützung greift jedoch zu kurz. Entscheidend ist die Übertragung der Laborergebnisse auf die Produktion. Dies ist aber nur möglich, wenn das Produkt auch tatsächlich in großen Mengen produziert wird. Produktion aber erfordert Nachfrage und die Nachfrage bildet den Markt. Es ist unverzichtbar und damit Aufgabe der Politik, die richtigen Rahmenbedingungen für die Markteinführung zu schaffen. Nur dann werden die Innovationen tatsächlich in Produkte umgesetzt, und nur dann können die Forschungsergebnisse auch die Wirtschaft beleben und für neue Arbeitsplätze sorgen.

Mehr noch, eine aktive Markteinführung unterstützt eine verstärkte Forschung. Wenn Firmen mit Innovationen beginnen Gewinne zu machen, dann werden sie diese Gewinne teilweise wieder in Forschung investieren, damit sie im Wettbewerb um die besten Produkte die Nase vorne haben. So stecken deutsche Unternehmen mittlerweile mehr als doppelt so viel Geld in die Photovoltaikforschung, als die öffentliche Hand zur Verfügung stellt. Bei ausschließlicher öffentlicher Forschungsförderung wäre also das gesamte Forschungsbudget für die Photovoltaik wesentlich kleiner. Erst die Markteinführung über das EEG hat die Photovoltaikforschung in Deutschland so richtig zur Blüte gebracht. Das beste Beispiel dafür ist das stetig wachsende und weltweit führende Institut für solare Energietechnik (ISE) in Freiburg. Es lebt viel mehr von unternehmerischen Forschungsaufträgen als von öffentlichen Forschungsmitteln. Das außergewöhnlich erfolgreiche Wachstum des ISE und anderer Forschungsinstitute für Erneuerbare Energien ist auch ein Erfolg des EEG.

Das EEG ist daher nicht nur ein sehr erfolgreiches Gesetz für die Markteinführung, sondern gleichzeitig auch für eine erfolgreiche Forschung und Entwicklung der Erneuerbaren Energien.

Über Jahrzehnte hinweg hatte sich ein Teufelskreis aufgebaut: Die erfolgversprechenden Forschungsergebnisse der ersten Windräder, Photovoltaikanlagen oder Biogasanlagen konnten zwar in wenigen Pilotanlagen umgesetzt werden; deren Stromerzeugungskosten waren aber im Vergleich zur konventionellen Stromerzeugung viel zu hoch. Den Vorteil der Vermeidung externer Kosten für Umweltschäden konnten die Erneuerbaren Energien aber nicht zur Marktreife führen, da die externen Kosten der konventionellen Stromerzeugung eben nicht Teil der Stromkosten waren, sondern – wenn überhaupt – aus Steuergeldern bezahlt wurden. Somit konnte kein Käufermarkt entstehen. Der fehlende Käufermarkt aber war der Grund für das fehlende Investment in Fabriken. So konnten die Investitionskosten für Erneuerbare Energien nicht sinken. Ergebnis des Teufelskreises war: keine Markteinführung für Erneuerbare Energien.

Die erfolgreichsten Lösungsansätze zur Überwindung solcher marktwirtschaftlicher Teufelskreise kann man unter dem Begriff der nachfrageorientierten Innovationspolitik zusammenfassen. Darunter versteht man politische Maßnahmen, die den Kunden für am Anfang zu teure, aber innovative Produkte einen Kaufanreiz verschaffen. Am häufigsten werden dafür staatliche Subventionen angewandt. Subventionen bieten aber viele Nachteile, die an anderer Stelle ausführlicher beschrieben werden. Eine solche erfolglose Innovationspolitik gab es in Deutschland Mitte der achtziger Jahre, wo mit viel Einsatz von Steuergeldern die Entwicklung einer Drei-Megawatt-Großwindanlage „Growian" kläglich scheiterte. Erst mit der Gewährung einer Einspeisevergütung für Windstrom ab etwa 1990 wurde eine rasante Innovationsentwicklung möglich, bis hin zu den heutigen fünf Megawatt starken Großwindanlagen. Die Einführung einer kostendeckenden Vergütung löst das Problem. Der Investor für eine Stromerzeugung aus Erneuerbaren Energien bekommt gesetzlich eine Einspeisevergütung garantiert, die so hoch bemessen ist, dass in einigen Jahren bis Jahrzehnten eine ausreichend verzinste Refinanzierung der Investition möglich wird.

Damit steigt die Nachfrage nach entsprechenden Technologien sprunghaft an. Sofern die gesetzlichen Rahmenbedingungen einen verlässlichen Käufermarkt über viele Jahre ermöglichen, fließt nun auch Geld in den Bau von Fabriken. So kann das Kostensenkungspotenzial über Massenfertigung und Produktverbesserungen kontinuierlich abgeschöpft werden. Mit jeder Kostensenkung kann die staatliche Unterstützung gesenkt und dennoch gleichzeitig der Kundenkreis erhöht werden.

Ziel ist es, die staatliche Preisregulation überflüssig zu machen. Sobald die Technikkosten so niedrig sind, dass sich die Technologien der Erneuerbaren Energien von selbst im Energiemarkt durchsetzen, ist eine staatliche Preisregulation nicht mehr notwendig. Dies gelingt natürlich umso schneller, je mehr auch die externen Kosten auf die konventionelle Stromerzeugung umgelegt werden. Mit einer Ökosteuer auf konventionellen Strom, unter Befreiung des Ökostromes von der Ökosteuer, kann dies beschleunigt werden.

Da nicht alle Arten der Erneuerbaren Energien auf gleichem Innovationsstand sind, müssen die Einspeisevergütungen unterschiedlich hoch sein. Auch das Auslaufen der Gesetzesnotwendigkeit dürfte unterschiedlich lang sein. Die Photovoltaik braucht heute noch höhere Vergütungen, auch wenn sie mit den rasanten Produktionskostensenkungen in einigen Jahren billiger sein könnte als die Windenergie. Daher muss genau beobachtet werden, wann die Vergütungen für einzelne Technologien sich erübrigen, weil sie wettbewerbsfähig sind. Dies bedeutet aber noch lange nicht, dass sich andere Grundsätze gleichzeitig miterledigt hätten. Aus machtpolitischen Gründen wird beispielsweise der privilegierte Einspeisevorrang von Erneuerbaren Energien länger aufrechtzuerhalten sein als eine Vergütungsverpflichtung.

4.3 Das EEG als Beispiel für eine wirksame staatliche Regulation, private Geldströme in den Klimaschutz zu lenken

Da das deutsche Erneuerbare-Energien-Gesetz, kurz EEG, von vielen als die erfolgreichste gesetzgeberische Maßnahme für den Klimaschutz angesehen wird, soll es in diesem Kapitel sehr ausführlich bezüglich der verschiedensten Aspekte beschrieben werden. Eine weiterführende Literatur, die auch als Handreichung für Politiker zur Umsetzung eines nationalen EEG angesehen wird, wurde von Miguel Mendonca, David Jacobs und Benjamin Sovocool geschrieben: Powering the Green Economy, World Futur Council (Mendonca, Jacobs, Sovocool 2010).

Im Folgenden werden die Grundprinzipien des EEG mit Feed in Tariffs beschrieben und vor allem in den Kontext der politischen Debatte gesetzt. Es wird aufgezeigt, dass viele Argumente, die oft gegen Einspeisevergütungen aufgeführt werden, nicht stichhaltig sind. Vor allem aus der Wirtschaftswissenschaft werden vielfach Argumente aus Sicht eines freien Marktes vorgebracht, die einer näheren Betrachtung nicht standhalten. So erweist sich das Einspeisevergütungsmodell seit mittlerweile einer Reihe von Jahren als das überlegene Modell für die Markteinführung der Erneuerbaren Energien in einem freien Wettbewerbsmarkt gegenüber Subventionen aus Steuergeldern, Ausschreibungsmodellen oder Quotenregelungen.

4.3.1 Der Erfolg des deutschen EEG

Das deutsche Erneuerbare-Energien-Gesetz gilt als weltweit erfolgreichstes Gesetz für die Einführung der Erneuerbaren Energien im Stromsektor. Neben dem Strombereich wird auch der Wärmesektor erschlossen – über die Abwärmenutzung der Stromerzeugung im Bereich Bioenergien und Geothermie. Das EEG hat Deutschland zu großen Binnenmärkten und zu einer stürmischen Innovationsentwicklung in den Branchen Windenergie, Photovoltaik, Biogas, Holzverstromung und Pflanzenölblockheizkraftwerke geführt. In den kommenden Jahren werden ähnliche Erfolge in der Stromerzeugung aus Tiefenerdwärme, in beschränktem Maße später auch aus Meeresenergien, erwartet. Auch die traditionelle Wasserkraft hat vom EEG profitiert.

Das EEG hat in Deutschland bis Ende 2010 ohne den Einsatz von Steuergeldern über 200 000 neue Arbeitsplätze geschaffen. Insgesamt sind bis 2011 in der Branche der Erneuerbaren Energien über 380 000 Arbeitsplätze entstanden. Dies ist in Zeiten, in denen Konjunkturprogramme als Antwort auf die Weltrezession geschaffen werden, besonders bedeutsam. Das EEG ist ein Konjunkturprogramm ohne staatliche Neuverschuldung! Es schafft Anreize für privates Investment, vor allem für Geld aus Bürgerhand, aber auch von Finanzinvestoren. Viele der Erfolge des EEG wurden bereits in der Einführung beschreiben und sollen hier nicht wiederholt werden.

Möglich wurde diese für viele Beobachter erstaunliche Entwicklung durch das Prinzip der kostendeckenden Einspeisevergütung. Die Einspeisevergütung im EEG orientiert sich konsequent an den wirtschaftlichen Minimalerfordernissen der Investoren für Stromerzeugung aus Erneuerbaren Energien. Der Gesetzgeber hat Renditen von 5 bis 7 Prozent als Berechnungsbasis genommen. Zwar gibt es inzwischen sehr viele Kopien des erfolgreichen deutschen Gesetzes. Doch nur sehr wenige sind dauerhaft erfolgreich. Die Grundtatsache, dass irgendein Einspeisetarif gesetzlich fixiert ist, ist noch längst kein Garant für eine funktionierende Markteinführung der Erneuerbaren Energien. Sehr viele Details müssen stimmen, damit die gewünschte Dynamik für eine industrielle Entwicklung der Erneuerbaren Energien entstehen kann.

Neben einem funktionierenden Gesetz für Einspeisevergütungen sind natürlich weitere gesetzliche Rahmenbedingungen erforderlich. Sie betreffen vor allem die Genehmigungspraxis von Anlagen zur Stromerzeugung aus Erneuerbaren Energien.

Weltweit existieren unterschiedlich hohe Hürden für die Genehmigung von Erneuerbaren Energien. Ein Abbau dieser Genehmigungshürden ist genauso unverzichtbar für einen erfolgreichen Ausbau der Erneuerbaren Energien wie ein funktionierendes Einspeisegesetz.

Trotz der Mehrkosten, die auf die Stromkunden umgelegt werden, findet der Ausbau Erneuerbarer Energien in Deutschland eine hohe Akzeptanz in der Bevölkerung. Nach einer Befragung von TNS Infratest Mitte 2011 im Auftrag der Agentur für Erneuerbare Energien erklärten lediglich 16 Prozent der Befragten, dass die 3,5 Cent-EEG-Umlage zu hoch sei. 54 Prozent hielten sie für angemessen, und 25 Prozent hielten sogar mehr für richtig, um den Ausbau Erneuerbarer Energien noch zu beschleunigen (Agentur Erneuerbare Energien 2011). Diese hohe Akzeptanz in der Bevölkerung ist deswegen bemerkenswert, weil viele Medien, Energiekonzerne und Teile der konservativ-liberalen Politik die 3,5 Cent-Umlage im Jahre 2011 als zu hohe Belastung für die Gesellschaft kritisierten.

Die gleiche Umfrage stellte auch heraus, dass die Akzeptanz der Bürger in Deutschland hoch ist, in der Nähe von Energieerzeugungsanlagen aus Erneuerbaren Energien zu wohnen. Bedeutsam ist, dass diese Akzeptanz sogar umso höher ist, je mehr die Bürger Erfahrungen mit diesen Anlagen, z. B. mit bereits vorhandenen Windkraftanlagen in ihrer Wohnortnähe, haben. Die größte Zustimmung finden Solarparks mit 82 Prozent, Windenergieanlagen mit 69 Prozent, Biomasseanlagen mit 51 Prozent. Im Vergleich dazu akzeptieren nur 35 beziehungsweise 38 Prozent der Anwohner ein Gas- oder Kohlekraftwerk in ihrer Nähe. Atomenergieanlagen werden faktisch abgelehnt, da nur 8 Prozent der Bürger in ihrer Nähe wohnen wollen.

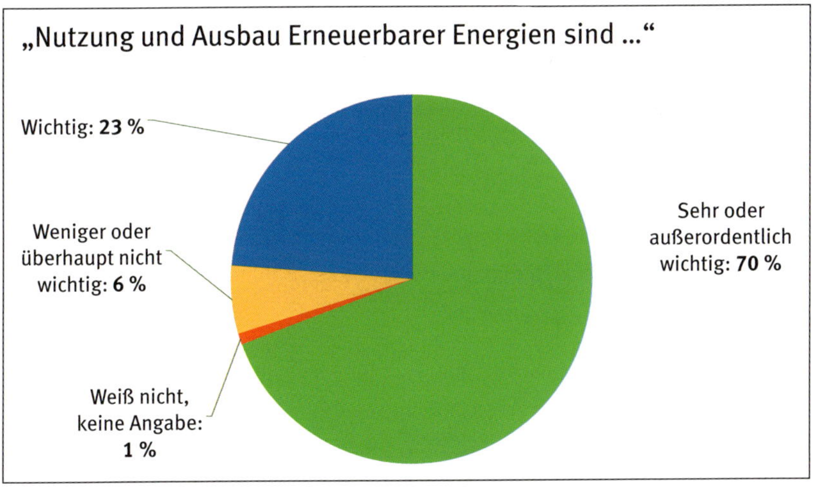

Bild 37: 93 Prozent der Deutschen unterstützen den verstärkten Ausbau Erneuerbarer Energien (Quelle: Agentur für Erneuerbare Energien 2012)

Auch als im Herbst 2012 die Ankündigung einer Erhöhung der EEG-Umlage von 3,5 auf 5,3 Cent pro kWh für das Jahr 2013 angekündigt und breit in den Medien als Belastung der Stromkunden thematisiert wurde, war die Akzeptanz der Bürgerinnen und Bürger in Deutschland für die Erneuerbare Energien ungebrochen hoch. 93 Prozent der Deutschen unterstützen den verstärkten Ausbau Erneuerbarer Energien und bezeichneten Nutzung und Ausbau Erneuerbarer Energien als außerordentlich wichtig (70 Prozent) oder als wichtig (23 Prozent).

4.3.2 Zur Diskussion über die schnellen PV-Vergütungssenkungen in Deutschland

Vielfach werden in der Welt negative Schlagzeilen über die deutsche Gesetzgebung zur Vergütungssenkung der Photovoltaik geschrieben. Angeblich zu hohe Kosten würden die Stromkunden zu hoch belasten, und deshalb müssten die Vergütungssätze drastisch gesenkt werden. Dies sind Behauptungen der Stromkonzerne, die weiterhin aktiv gegen das EEG opponieren. Diese Behauptungen entbehren jeglicher Realität. Der Gesetzgeber hat in der Tat die Vergütungen für die PV Mitte des Jahres 2011 und erneut Mitte 2012 deutlich gesenkt. Hintergrund sind die sensationell schnell sinkenden Produktionskosten der Photovoltaik.

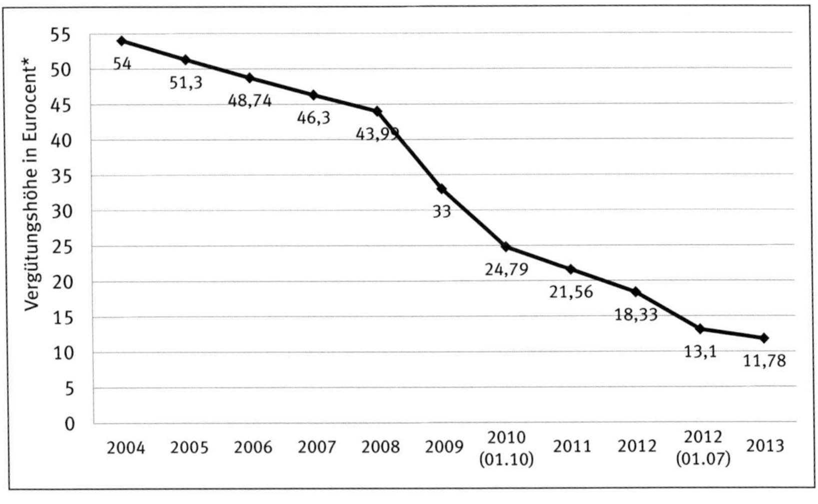

Bild 38: Entwicklung der Einspeisevergütung für PV-Dachanlagen über 1 MW (Quelle: BSW, EEG 2004–2012)

In der Grafik ist die vom Gesetzgeber festgelegte Vergütungshöhe für große PV-Dachanlagen in den letzten Jahren dargestellt. Für die kommenden Jahre nach 2011 richtet sich die Vergütung nach dem jährlichen Ausbauvolumen. Ein stärkerer Ausbau führt zu einer hohen Degression, ein schwacher zu einer geringeren

Degression. Die Vergütungssätze, und damit die PV Stromerzeugungskosten, sind in Deutschland weit unter die Strombezugskosten von Haushaltskunden gefallen, die in etwa bei 25Cent pro kWh liegen. Damit wird es für mehr und mehr Investoren lukrativ, in Eigenstromerzeugung zu investieren. Der Solarstrom vom Hausdach ist inzwischen billiger als der Bezug des Stromes vom Atom- und Kohlekonzern. Die rasant sinkenden Vergütungssätze in Deutschland für die PV sind ein Spiegelbild der höchst erfolgreichen Senkung der Produktionskosten, wie sie vor wenigen Jahren noch kaum jemand für möglich gehalten hätte. In den kommenden Jahren werden die Stromerzeugungskosten für die Photovoltaik weiter schnell fallen und deutlich unter die Stromerzeugungskosten von neuen Atomkraftwerken sinken. Die bereits in der Einführung erwähnte Studie der von John O. Blackburn und Sam Cunningham, Forscher an der Duke Universität in den USA, hat dies eindrucksvoll belegt (Blackburn/Cunningham 2010).

4.3.3 Unbegründete Strompreiserhöhungen

Ende 2010 haben in Deutschland etwa 400 der rund 1 000 Energieunternehmen eine Erhöhung des Strompreises zum Jahreswechsel angekündigt. Begründet wurde diese Preiserhöhung meist mit gestiegenen Mehrkosten für Erneuerbare Energien in der EEG-Umlage, die 2011 von 2,05 Cent um 1,48 Cent auf 3,53 Cent pro Kilowattstunde stieg.

Aber: Die Strompreise für private Haushalte steigen, obwohl die Einkaufspreise für die Stromanbieter sinken.

Immer mehr Strom wird mittlerweile aus den Erneuerbaren Energien erzeugt, im ersten Halbjahr 2011 sogar schon 20,8 Prozent. Hierdurch werden – worauf auch der Präsident der Bundesnetzagentur hinweist – immer mehr teure Kraftwerke vom Markt verdrängt, was sich wiederum dämpfend auf die Großhandelspreise auswirkt.

Zwischen 2008 und 2010 ist der Erzeugerpreisindex des Statistischen Bundesamtes, also die Entwicklung des Einkaufspreises von Strom, von 163,8 auf 130,5 Punkte gesunken. Das ist eine Preissenkung von rund 20 Prozent in den zwei Jahren.

Die Einkaufspreise an der Börse sind sogar gefallen: Von 2008 bis 2011 sind die Stromeinkaufspreise an der Börse von durchschnittlich 6,5 Cent pro Kilowattstunde (kWh) auf 5,1 Cent/kWh im Base Load und von knapp 8 Cent/kWh auf 5,7 Cent/kWh im *Peak Load* gesunken (laut IZES auf Basis von Daten der EEX). Klug wirtschaftende Energieversorger kaufen den Strom günstig statt teuer ein und haben damit eine Preissenkungsspanne von bis zu zwei Cent pro Kilowattstunde. Umgerechnet auf die Erhöhung der EEG-Umlage von 1,5 Cent/kWh zum Jahreswechsel 2010/2011 bliebe somit ein reales Strompreissenkungspotenzial von bis zu 0,5 Cent pro Kilowattstunde.

Im Gegensatz dazu stiegen die Strompreise für Privatkunden weiter an. So bezahlte ein Musterhaushalt mit 4 000 kWh im Jahre 2008 rund 850 Euro. Im Jahre 2010 waren es bereits 920 Euro. Das ist eine durchschnittliche Preissteigerung von acht Prozent. Wenn aber Stromversorger ihre Strompreise mit Hinweis auf das EEG erhöhen, beweist dies, dass sie entweder überteuert eingekauft haben oder zusätzliche Gewinne einstecken wollen. In beiden Fällen stellt die gestiegene EEG-Umlage eine willkommene Ausrede für die Strompreiserhöhung dar.

Da aber in Deutschland die Gewinne der drei großen Stromunternehmen im Jahre 2010 von 23 Milliarden Euro auf ca. 30 Milliarden Euro gestiegen sind (Leprich/Junker 2010), ist klar, dass die Strompreiserhöhungen nicht wegen den Mehrkosten der Erneuerbaren Energien stattfinden, sondern auf Grund der höheren Gewinnerwartungen der Atom- und Kohlekonzerne.

Auch die mit einer deutlich steigenden EEG-Umlage begründeten Strompreiserhöhungen für das Jahr 2013 sind nicht, wie oftmals behauptet, dem Ausbau der Erneuerbaren Energien geschuldet. Vielmehr haben verschiedene Effekte über gesetzgeberisch verfehlte Novellen die EEG-Umlage unnötigerweise nach oben getrieben.

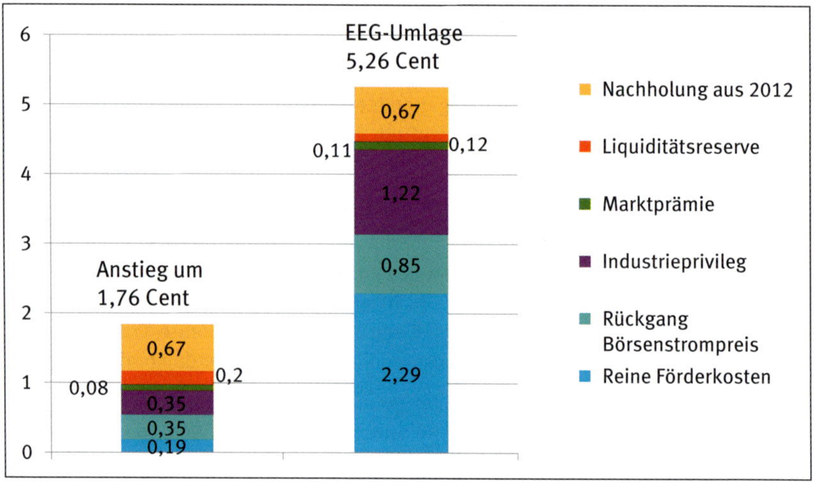

Bild 39: Einzelaufschlüsselung der EEG-Umlage und deren Anstieg in €-Cent in 2013 (Quelle: BEE 2012)

Im Anstieg der EEG-Umlage von 2012 auf 2013 um 1,76 Cent pro Kilowattstunde macht der Neuzubau von Ökostromanlagen und die dadurch verursachte zusätzliche Vergütungszahlung nur 0,19 Cent aus. Der große Rest sind Sondereffekte, die faktisch nichts mit dem Ausbau der Erneuerbaren Energien zu tun haben. Auch im Jahre 2012 sind die Börsenstrompreise infolge des billigen Einspeisens von Wind- und Solarstrom weiter auf 49 Euro pro Megawattstunde/4,9 Cent pro Kilowattstunde gesunken. Da aber der Börsenstrompreis am Terminmarkt die Basis für die Berechnung der Mehrkosten (EEG-Umlage) bildet und die Preise am Terminmarkt zeitverzögert sinken, sind die Differenzkosten um 0,35 Cent pro Kilowattstunde gestiegen

(Internationales Wirtschaftsforum Regenerative Energien 2013). Die Stromkonzerne aber geben diese gesunkenen Beschaffungskosten nicht an ihre Stromkunden weiter, sondern erhöhen gar noch die Strompreise, wodurch sie ihre Gewinne weiter sehr stark steigern. Um weitere 0,35 Cent steigt die EEG-Umlage, weil die Regierung immer weitere Unternehmenszweige von der EEG-Umlagezahlung befreit hat. Als Argument wird der Erhalt der internationalen Wettbewerbsfähigkeit angegeben. Allerdings stehen große Teile der Tausenden neu hinzugekommen befreiten Unternehmen gar nicht im internationalen Wettbewerb, wie beispielsweise Unternehmen, die Braunkohle fördern. Die unnötige Befreiung dieser Unternehmen führt aber dazu, dass die nicht privilegierten, meist kleine und mittlere Unternehmen, sowie private Stromkunden nun eine erhöhte Umlage zahlen müssen. Diese unfaire Verteilung der Mehrkosten hat in Deutschland viel Unmut hervorgerufen, der sich nicht gegen den Ausbau der Erneuerbaren Energien richtet, sondern gegen die Regierung, die diese unfairen Ausnahmeregelungen eingeführt hatte. Weitere Posten von unnötiger Erhöhung der EEG-Umlage sind die Zahlung einer Marktprämie, die, anders als angestrebt, keine Marktintegration der Erneuerbaren Energien schafft, dagegen aber ungerechtfertigte Mitnahmeeffekte. Zudem wurde im Jahre 2011 die EEG-Umlage falsch berechnet, woraus Nachholeffekte im Jahre 2012 erforderlich wurden. Auch hier geht die Steigerung kaum auf den Ausbau der Erneuerbaren Energien zurück, sondern im Wesentlichen auf die bereits erwähnten Sondereffekte.

Die vielfach geäußerte Kritik am Ausbau der Erneuerbaren Energien als Strompreistreiber in Deutschland entpuppt sich bei näherer Analyse als nicht haltbar. Beleuchtet wird dies vor allem auch durch die Zunahmen des Stromexports aus Deutschland in Nachbarländer. Deutschland hat im Jahre 2012 einen Rekordexportüberschuss erwirtschaftet (AG Energiebilanzen 2013). Dies ist schon alleine deshalb bemerkenswert, weil vielfach behauptet wurde, dass nach dem Abschalten von Atomkraftwerken – alleine acht Reaktoren im Jahre 2011 – Deutschland in großem Stile Stromimporte aus den Atomländern Frankreich oder Tschechien benötigen würde. Das glatte Gegenteil ist eingetreten. Viele industrielle Großkunden im Ausland ordern aber vor allem deshalb so viel Strom von der deutschen Strombörse, weil die Strompreise durch den ständig steigenden Wind- und Solarstromanteil immer billiger werden. Es ist an Heuchelei nicht zu überbieten, dass in Deutschland der starke Ausbau der Erneuerbaren Energien als Begründung für die Strompreiserhöhungen der deutschen Stromkunden herhalten muss, im Ausland aber immer mehr Stromkunden von der preissenkenden Wirkung durch den Solar- und Windstrom profitieren.

4.3.4 Zur Geschichte: erste zaghafte Anfänge der Einspeisevergütungen in Deutschland

Das Prinzip der Kostendeckung der Einspeisevergütung für Investoren wurde in Deutschland erstmals 1990 mit dem Stromeinspeisegesetz (STREG) für die Windkraft an der Küste ermöglicht. Zusammen mit den steuerlichen Subventionen über das 500-Megawatt-Windprogramm ermöglichte die im STREG festgelegte Vergütung von 90 Prozent des durchschnittlichen Strompreises eine wirtschaftliche Rentabilität für die Windkraft an der Küste sowie für kleine Wasserkraftwerke. Windkraft im Binnenland und Photovoltaik erhielten zwar auch diese Vergütung, sie war aber zu niedrig für ein wirtschaftliches Investment, weshalb durch das STREG von 1990 in diesen Bereichen keine Dynamik entstehen konnte. Das gleiche galt für Biogas, welches sogar nur 65 Prozent des durchschnittlichen Strompreises als Vergütung erhielt. Erdwärme wurde im STREG überhaupt nicht berücksichtigt.

Für die Photovoltaik ermöglichten erstmals 1993 in Hammelburg, Freising und Aachen lokale Beschlüsse eine kostendeckenden Vergütung. Das mutige Beispiel dieser drei Städte wurde in den Folgejahren von vielen deutschen Städten kopiert und führte zum erfolgreichen Modell der Markteinführung für die Photovoltaik. In Deutschland entstanden Initiativen für Einspeisemodelle also erst auf kommunaler und regionaler Ebene, bevor das entsprechende Gesetz (EEG) letztendlich im Jahre 2000 auf Bundesebene erlassen wurde.

2001 wurde dann mit der europäischen Richtlinie für Stromeinspeisung die Wahl der Förderinstrumente freigestellt und somit das Grundprinzip der Einspeisevergütungen auch in den europäischen Gesetzesrahmen ermöglicht.

1999 wurde das erfolgreiche Modell der kostendeckenden Vergütung für Solarstrom auf kommunaler Ebene im Bundestagsbüro von Hans-Josef Fell in einem Gesetzesentwurf für alle Erneuerbaren Energien in der Stromerzeugung umgesetzt. Die erfolgreichen Verhandlungen zwischen den Bundestagsfraktionen der SPD und der Fraktion Bündnis 90/Die Grünen wurden geführt von den Abgeordneten Hermann Scheer, Dietmar Schütz auf SPD-Seite sowie von Michaele Hustedt und dem Autor dieses Buches, Hans-Josef Fell, seitens der Grünen. Im April 2000 wurde dann das EEG im deutschen Bundestag mit der Mehrheit von SPD und Bündnis 90/Die Grünen verabschiedet.

4.3.5 Regulierung der Interaktion privater Marktteilnehmer

Mit dem EEG regelt der Gesetzgeber die Geschäftsbeziehungen zwischen dem Erzeuger von Strom aus Erneuerbaren Energien, den Betreibern des Stromnetzes und den Stromkunden. Das EEG schafft für den Ökostromerzeuger eine Grundlage im Strom-„markt“, wirtschaftliche Rentabilität und Netzzugang überhaupt zu erreichen.

Das EEG ist also eine Regulation, die den Ökostrom-Erzeugern überhaupt erst die Möglichkeit eröffnet, zu investieren. Es ist weder eine Garantie für Ökostromgewinne, noch ein unerlaubter Eingriff in den Wettbewerbsmarkt.

Der Strommarkt, so wie er etwa in Deutschland und vielen anderen Ländern besteht, ist in Wirklichkeit kein Markt, sondern eine von gleichlautenden Interessen weniger Stromkonzerne beherrschte, monopolartige Stromwirtschaft. Die Netzbetreiber, zumindest auf der Höchstspannungsebene, besitzen in vielen Ländern, so auch in Deutschland, bis 2009 gleichzeitig fast 90 Prozent der Stromerzeugungskapazitäten. Die Stromkonzerne haben kein Interesse, eine Konkurrenz anderer Stromerzeuger wachsen zu sehen. Mit ihrer Marktmacht blockieren sie vielfach den Netzzugang für andere Stromerzeuger und investieren selbst kaum in neue Stromerzeugung aus Erneuerbaren Energien. Jedenfalls fand das Investment in Deutschland in Erneuerbare Energien nur zu einem sehr kleinen Teil durch die etablierten Stromkonzerne statt. Vielmehr wurde vor allem privates Kapital von Bürgern, über Bürgeranlagen, Genossenschaften und kleiner Energieversorger getätigt.

Die Blockade der Netzbetreiber gegenüber neuen Stromerzeugern ist aus ihrer privatwirtschaftlichen Sicht zwar verständlich, aus gesamtvolkswirtschaftlicher Sicht aber nicht akzeptabel. Ein funktionierender Wettbewerb und der Ausbau der Erneuerbaren Energien aus Klimaschutzgründen sind aus gesellschaftlicher Sicht wesentlich für die Daseinsvorsorge. Daher muss der Gesetzgeber agieren, um die Einspeiseblockaden der Netzbetreiber zu verhindern.

Der im EEG festgelegte privilegierte Netzzugang hat erfolgreich die Netzzugangsblockaden aufgeweicht. Doch trotz des gesetzlich geregelten privilegierten Netzzugangs für Ökostrom-Erzeuger finden viele Netzbetreiber weiterhin eine Fülle von vorgeschobenen oder realen Argumenten, den Netzzugang zu behindern. Die im EEG gegründete Clearingstelle hat daher die Aufgabe, vorhandene Streitigkeiten zwischen den Netzbetreibern und Ökostrom-Erzeugern zu schlichten.

Die großen Stromkonzerne haben kein Interesse, selbst in großen Mengen Strom aus Erneuerbaren Energien zu erzeugen. Zum einen würde ihnen die Stromerzeugung aus konventionellen Kraftwerken schnell unwirtschaftlich werden, weil durch neue Stromerzeugungskapazitäten die alten abgeschriebenen Anlagen gedrosselt oder gar abgeschaltet werden müssten. Dies hilft zwar dem Klimaschutz und der Ökologie, aber nicht den wirtschaftlichen Interessen der großen Stromerzeuger.

Zum anderen laufen sie Gefahr, mit dem zunehmend dezentralen Ausbau der Ökostromerzeugung die natürliche Monopolstruktur der Stromerzeugung aus großen Kraftwerksblöcken selbst zu zerstören. Beide Aspekte führen dazu, dass die großen Stromkonzerne nur marginal in Erneuerbare Energien investieren.

Um diese Blockade aufzuheben, muss der Staat mit Regulationen eingreifen, da ansonsten Klimaschutzziele und der in Deutschland gesellschaftlich erwünschte und gesetzlich festgelegte Ausstieg aus der Atomenergie nicht erreichbar sind. Die staatliche Regulation für Ökostrom – wie im EEG angelegt – ist somit unverzichtbar zur Erreichung der gesellschaftlich angestrebten Ziele zur Daseinsvorsorge.

4.3.6 Diskussion: staatliche Regulierung kontra „freier Markt"

Ein häufig gegen Einspeisevergütungen vorgebrachtes Argument ist, dass eine garantierte Einspeisevergütung nicht in das Marktgeschehen eines Wettbewerbsmarktes passen würde. Vorgebracht wird es häufig von Ökonomen, die die Grundgedanken eines freien Marktes oftmals über alle anderen Notwendigkeiten, wie beispielsweise den Klimaschutz, stellen. Dabei übersehen diese Ökonomen, dass der Strommarkt meist gar kein freier Markt ist, sondern wie in Deutschland als quasi monopolistisch funktionierender Markt im Wesentlichen den Interessen der großen Stromkonzerne dient. Auch in anderen Ländern ist der Stromsektor meist dominiert von wenigen Konzernen oder gar von Staatsmonopolen. Wie oben bereits ausgeführt, dient die Einspeisevergütung überhaupt nur dazu, dass neue Akteure die Chance bekommen, im Strommarkt Fuß zu fassen. Ein funktionierender Wettbewerbsmarkt lebt von der Vielfalt der Anbieter. Diese Vielfalt existiert weltweit faktisch nicht. Das EEG schafft die Grundlage, damit neue Akteure in der Stromerzeugung sich überhaupt erst gegen die Wirtschaftsmacht der Oligopole entfalten können. Zudem haben preisregulierende Elemente eine lange Tradition in verschiedenen Strommärkten und stehen nicht grundsätzlich im Konflikt mit dem Wettbewerb. Ob der Gesetzgeber den Preis vorgibt und der Markt die Menge regelt (Einspeisemodell) oder die Menge vorgibt und der Markt den Preis regelt (Quotenmodell) macht keinen Unterschied. In beiden Fällen wird in den Markt eingegriffen, und in beiden Fällen ist dies marktkonform. Allerdings gibt es in der Wirksamkeit dieser Instrumente erhebliche Unterschiede. Einspeisemodelle haben sich als überlegen gegenüber Quotenmodellen erwiesen.

Wer also die Perspektive eines Wettbewerbmarktes im Stromsektor anstrebt, muss zunächst neue Akteure schaffen, um die wettbewerbsfeindliche Marktmacht der Konzerne zu brechen. Eine staatliche Regulation wie das EEG schafft die Grundlage für einen zukünftigen Wettbewerbsmarkt. Wer heute aus Gründen des sogenannten freien Strommarktes eine entsprechende staatliche Regulation abgelehnt, hat meist nicht wirklich die Interessen des Wettbewerbs im Sinne, sondern den Bestandschutz der monopolistisch agierenden Stromkonzerne.

Der aktuell existierende „Strommarkt" ist auch aus anderen Gründen kein funktionierender Markt. Die externen Kosten für Umweltschäden der konventionellen Stromerzeugung finden sich nicht im Strompreis, sondern werden, wenn überhaupt, aus allgemeinen Steuergeldern bezahlt. Viele der externen Kosten sind nicht einmal bezifferbar und werden daher auch nicht bezahlt, wie etwa die potenziellen Schäden eines Kernschmelzunfalls eines Atomreaktors oder die zu erwartenden bzw. bereits eingetretenen gigantischen Schäden der Erderwärmung, verursacht durch die Nutzung der fossilen Rohstoffe. Auch die in Deutschland in den letzten Jahrzehnten aus Steuergeldern bezahlten 40 Milliarden Euro Forschungssubventionen für die Atomenergie entlasteten den Atomstrompreis.

Auch die direkten Subventionen für konventionelle Energien verzerren die Marktverhältnisse und machen so mit Steuergeldern den Strompreis für die Stromkunden künstlich mit Steuergeldern billiger. Dem Stromkunden nützt dies aber nicht wirklich, da er mit seinen Steuergeldern die scheinbar billigen Strom- und Energiepreise selbst finanziert. Insgesamt sind weltweit die direkten Subventionen für Erneuerbare Energien wesentlich geringer als für fossile und atomare Subventionen. So hat die Internationale Energieagentur in Paris (IEA), wie bereits oben erwähnt, für das Jahr 2011 eine weltweite Subvention der fossilen Energien mit 523 Milliarden

US-Dollar errechnet, wogegen Erneuerbare Energien nur 88 Milliarden US-Dollar erhielten (IEA 2012). Vor allem auch historisch wurden fossile und nukleare Stromerzeugung in den Anfangsjahren hoch subventioniert, was ihnen einen wesentlichen Wettbewerbsvorteil noch heute verschafft. So erhielten allein in Deutschland die Kohleverstromung mit Stein- und Braunkohle von 1970 bis 2010 etwa 222 Milliarden Euro steuerliche Subventionen, die Nuklearenergie 186 Milliarden und die Erneuerbaren Energien lediglich 28 Mrd. In anderen Ländern der Welt dürfte dieses eklatante Missverhältnis zu Lasten der Erneuerbaren noch größer sein.

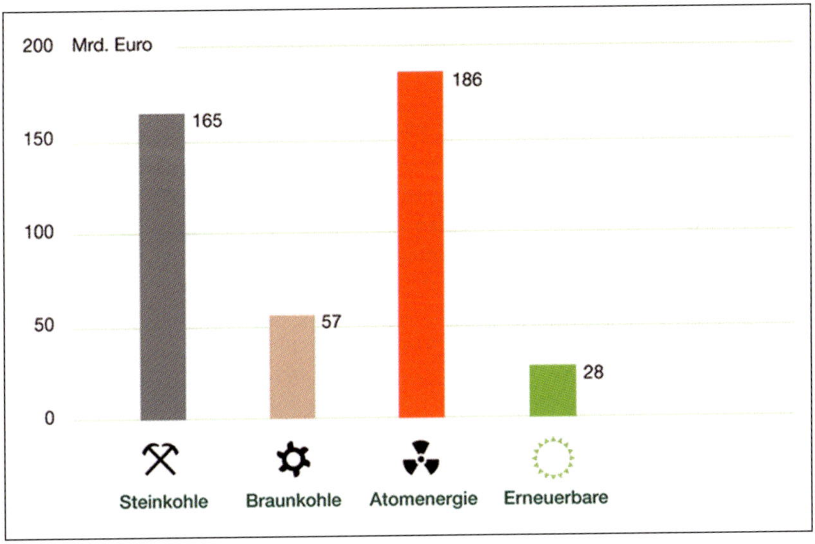

Bild 40: Staatliche Förderungen einzelner Energieträger 1970-2010 in Deutschland (Quelle: Greenpeace Energy eG, 2011; Forum Ökologisch-Soziale Marktwirtschaft 2011, Reale Preise 2010 in Mrd. Euro)

Die vielfach geäußerte Meinung, dass Erneuerbare Energien hoch subventioniert seien, ist damit klar widerlegt. Im Gegenteil, würden die Subventionen für fossile und atomare Energien gestrichen, wären die meisten Erneuerbaren Energien bereits wettbewerbsfähig.

Die Mehrkosten für die Stromkunden – verursacht durch die Einspeisevergütungen für Erneuerbare Energien –, liegen weit unter den externen Kosten der konventionellen Stromerzeugung. Sie sind schon alleine deshalb notwendig, um die volkswirtschaftlich auftauchenden externen Kosten auszugleichen. Die Umlage der Mehrkosten der Erneuerbaren Energien auf die Endkunden ist also aus Gründen eines funktionierenden Marktes unerlässlich.

Es gab ursprünglich zwar auch politische Diskussionen, das EEG-Umlageverfahren den EU-Beihilfe-Anforderungen gerechtwerden zu lassen. Eine Steuerfinanzierung der Einspeisevergütung hätte beispielsweise zu Konflikten mit dem EU-Beihilferecht führen können. Der Europäische Gerichtshof hat im Grundsatzurteil von 2001 klargestellt, dass gut ausgestaltete Einspeisetarife keine Beihilfe darstellen, sondern vielmehr auch als Ausgleich für fehlende externe Kosten gerechtfertigt sind. Einspeisevergütungen sind also keine Subventionen.

Niklaus Stern hat die Klimaveränderung als größtes Marktversagen aller Zeiten bezeichnet. Die Vergütungen für Erneuerbare Energien sind eine unverzichtbare Möglichkeit, genau diesem Marktversagen entgegenzusteuern. Sie bilden also auch die Grundlage, einem funktionierenden Stromwettbewerbsmarkt näher zu kommen.

4.3.7 Quoten- und Ausschreibungsmodelle

Befürworter von wettbewerblich orientierten Märkten lehnen häufig Einspeisevergütungen mit dem Argument ab, dass es besser sei, über Ausschreibungen oder Quotenmodelle genau die angestrebten Mengen für die Ökostrom-Erzeugung zu definieren. Bei Ausschreibungen erhalten die Anbieter mit den geringsten Kosten den Zuschlag. Bei Quotenmodellen setzt sich die Vergütung aus Strompreis und Zertifikatspreis zusammen. Genau dies schafft aber eine große wirtschaftliche Unsicherheit für die Erzeuger. Quoten- und Ausschreibungsmodelle werden vor allem dann eingeführt, wenn der Staat eine Obergrenze des Ausbaus der Erneuerbaren Energien festlegt. Die Erfüllung dieser Mengen solle nun mit den geringsten Kosten erreicht werden.

Die Erfahrung zeigt, dass mit solchen Modellen das glatte Gegenteil erreicht wird. So wird in Großbritannien seit 2002 ein Quotenmodell praktiziert mit dem Ergebnis, dass die Kilowattstunde Windstrom in Großbritannien etwa 0,13 Euro kostet, in Deutschland dagegen nur etwa 0,07 Euro pro Kilowattstunde. In Großbritannien ist trotz wesentlich besserer Windverhältnisse nur etwa ein Sechstel des Ausbaus der deutschen Windenergie gelungen. Das britische Quotenmodell ist also weniger effizient, teurer und weniger erfolgreich als das deutsche EEG.

Der Misserfolg des britischen Modells zeigt auf, dass Einspeisevergütungen nicht nur erfolgreicher und kosteneffizienter sind, sondern auch mehr Markt ermöglichen als Quotensysteme.

Ausschreibungen gelten als gutes Mittel, im Wettbewerb Kosten zu senken. Daher wurden beispielsweise in Großbritannien bis 2002 von staatlicher Ebene Ausschreibungen organisiert, um niedrige Kosten für die Investitionen von Erneuerbaren Energien zu erreichen. Solche staatlichen Ausschreibungen werden häufig als marktnäher und effizienter gegenüber der garantierten Einspeisevergütung bezeichnet. Doch das glatte Gegenteil ist der Fall.

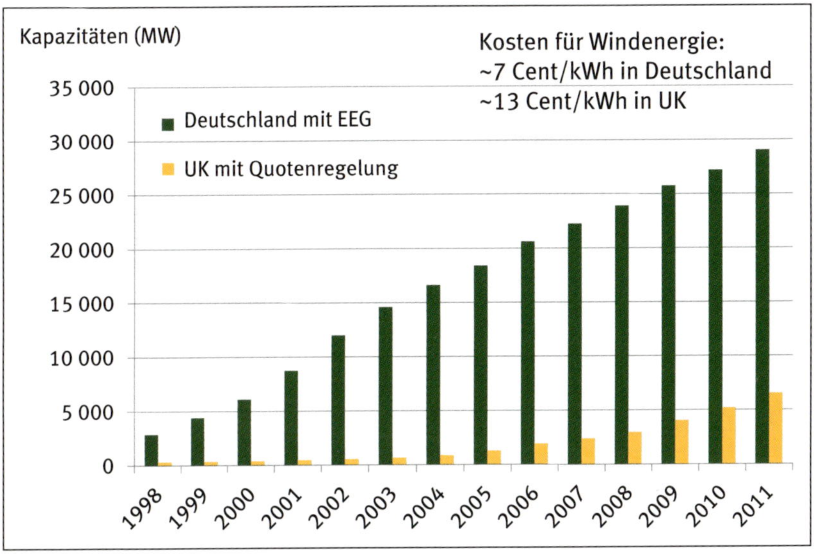

Bild 41: Windenergie – Ausbau & Kosten
(Quelle: ewea)

Übersehen wird nämlich, dass auch unter dem EEG in Deutschland Ausschreibungen stattfinden – allerdings nicht von der öffentlichen Hand, sondern von den Projektbetreibern der Ökostromanlagen. Einspeisevergütungen limitieren den Wettbewerbsdruck nur auf der Ebene des Stromabsatzes. Auf allen anderen Ebenen, etwa zwischen Projektierern und Anlagenproduzenten, findet weiterhin Wettbewerb statt. Diese stehen – anders als die Staatsbeamten – im unternehmerischen Risiko, weshalb sie im Allgemeinen wesentlich genauer ausschreiben und auswählen. Sie orientieren ihre Ausschreibungen und den Kauf nach dem besten Preis-Leistungs-Verhältnis des Anbieters. Damit wirkt ein entscheidender Innovationsfaktor. Er führt zum Wettbewerb der Anbieter von Ökostromtechnologien um die besten Technologien. Schlechte Anbieter kommen unter die Räder, innovative Technologiehersteller dagegen haben wirtschaftlichen Erfolg.

Die Vielzahl der Ausschreibungen in einem wettbewerbsorientierten Markt, dessen Grundlage die Einspeisevergütung ist, ist die Basis für den Erfolg des EEG und die Erklärung für die hohe Innovationskraft des EEG.

Die monopolistische Ausschreibung durch staatliche Akteure bzw. monopolistische Unternehmen in einem Quoten- oder Ausschreibungssystem dagegen ist wettbewerbsfeindlich. Sie führt zur bürokratischen Gängelung und zu staatlich festgelegten Kriterien statt zu einem freien Spiel der Marktkräfte.

Bezeichnend ist, dass sich in Großbritannien nur wenige Unternehmen an den staatlichen Ausschreibungen beteiligen konnten – zudem sind es meist nur große Konzerne. Eine vielfältige mittelständische Unternehmensstruktur, wie sie in Deutschland treibende Kraft der Innovationsentwicklung ist, konnte sich so in Großbritannien nicht entwickeln. Das EEG bewirkte also auch die Entwicklung einer hohen Akteursvielfalt. Viele neue Unternehmen wurden gegründet. Dies liegt insbesondere daran, dass aufgrund der höheren Investitionssicherheit durch feste Vergütung über 20 Jahre im Prinzip alle Akteure die notwendigen Kredite für die Finanzierung von Projekten erhalten konnten. Die initiierende Kraft war oft eine zündende technologische Idee, was zu immer neuen Innovationen führte. Bezeichnend ist, dass die Innovationen kaum aus den Konzernen der etablierten Energietechnologen kamen, sondern eben aus einer Vielzahl von neu gegründeten mittelständischen Unternehmen. Siemens als führender Konzern für Energietechnologien hatte seit dem Jahre 2000 aus eigener Kraft fast keinen Anteil an der Innovationsentwicklung der Erneuerbaren Energien.

Ein funktionierender und innovativer Wettbewerbsmarkt für Technologieanbieter kann sich also am besten unter einer funktionierenden Einspeisevergütung entwickeln und eben nicht in Ausschreibungs- oder Quotenmodellen.

4.3.8 Bürokratie

Quoten- und Ausschreibungsmodelle sind mit hoher Bürokratie verbunden. Wenn dann noch die Finanzierung aus staatlichen Subventionen kommt, muss dem Steuerzahler gegenüber nachgewiesen werden, dass die Gelder sinngemäß und effektiv vergeben werden. Dies führt zu einer Vielzahl von technischen und ökonomischen Bedingungen. Sie müssen ausgeschrieben und nach dem Bau auch überprüft werden. So gibt es großvolumige Aktenordner voll mit den geforderten Anforderungen und deren Überprüfungen. Dazu kommt die Bürokratie der Baugenehmigung.

Da im EEG der Staat den beteiligten Unternehmen und Privatpersonen die Handlungen überlässt, reduziert sich die Bürokratie auf die Erfordernisse der Baugenehmigung und die technische Sicherheit. Damit die Netzbetreiber nicht ihrerseits einen zu hohen Bürokratieaufwand verursachen, hat der Gesetzgeber im EEG sogar festgelegt, dass ein Einspeisevertrag nicht zwingend erforderlich ist. Sobald Strom aus Erneuerbaren Energien in das Stromnetz eingespeist wird, muss der Netzbetreiber die Vergütungen zahlen. Durch den Wegfall der Notwendigkeit eines Einspeisevertrages wird verhindert, dass der Netzbetreiber unangemessen hohe bürokratische Hürden aufbauen kann. Da in Deutschland Netzbetreiber und Stromerzeuger lange zu den gleichen Unternehmen gehörten, versuchten viele Netzbetreiber mit hoher Bürokratie, im Einspeisevertrag Investitionen in Erneuerbare Energien zu verhindern. Die geringe Bürokratie des EEG war somit auch eine wichtige treibende Kraft für den schnellen Ausbau der Erneuerbaren Energien in Deutschland.

Wer eine Stromerzeugung nach dem EEG baut, ist selbst stets darauf bedacht, dass die Stromproduktion optimal geschieht. Wer keinen Strom einspeist oder bei schlecht laufenden Anlagen nur geringe Mengen, bekommt keine oder nur eine verminderte Einspeisevergütung ausbezahlt. Dies schmälert oder verhindert die Rendite. Der Anlagenbetreiber ist also selbst darauf bedacht, dass seine Anlage bestens in Schuss ist und Strom produziert.

Bei Anlagen, die mit staatlichen Steuergeldern subventioniert wurden, muss der Staat mit hohem bürokratischen Aufwand kontrollieren, dass die Anlagen auch in den kommenden Jahren CO_2-freien Strom produzieren. Nach dem Erhalt der Subvention hat der Anlagenbetreiber keinen ökonomischen Anreiz mehr, die Anlage zu warten und ständig zu optimieren. Es gibt genügend Beispiele für mit teurem staatlichen Geld aufgebaute Photovoltaikanlagen oder Windparks, die nach wenigen Jahren keinen Strom mehr produzieren. Nach dem Erhalt der Subvention hatte sich niemand mehr ausreichend um sie gekümmert. Eine gesetzlich garantierte Einspeisevergütung ist Garant für den langjährigen Betrieb der Anlage. Somit sind Einspeisemodelle in der Regel anderen preisbasierten Fördermechanismen, wie etwa Investitionszuschüssen, überlegen. Übrigens ist diese gesetzlich garantierte Einspeisevergütung nicht automatisch gleichzusetzen mit einer garantierten Rendite, wie fälschlicherweise oft behauptet wird. Eine Rendite ist nur gewährleistet bei ausreichend unternehmerischem Einsatz. Die normalen unternehmerischen Risiken bleiben trotz garantierter Einspeisevergütung bestehen. Wer mit zu hohen Kosten eine schlechte Anlage kauft, wird kaum eine Rendite erwarten können, und wer seine Anlage nicht wartet, ebenso. Die gesetzlich garantierte Einspeisevergütung bietet nur die Grundlage, aber noch nicht die Garantie für eine Rendite.

4.3.9 Maximalziele und Quoten als Ausbaubremse

Die Festlegung von Quoten oder Maximalzielen für eine bestimmte Zeit ist ein beliebtes politisches Instrument, mit welchem Aktivitäten für Erneuerbare Energien aufgezeigt werden sollen.

Maximalziele werden aber meist festgelegt, um den Ausbau der Erneuerbaren Energien zu beschränken und den Investitionen für konventionelle Energien weiterhin eine gute Perspektive zu verschaffen. Maximalziele, vor allem dann, wenn sie niedrig angesetzt sind, sind in Wirklichkeit Schutzmechanismen für die Investitionen in fossile und atomare Energieerzeugung und eben kein wirksames Instrument für den Ausbau Erneuerbarer Energien.

Differenzierter stellt sich die Lage bei Minimalzielen dar. Das bedeutendste und bekannteste Ziel ist wohl aktuell das Ziel von 20 Prozent Erneuerbarer Energien in der EU bis 2020. In allen offiziellen Verlautbarungen wird dieses Ziel als ambitioniert gelobt. Hinterfragt wird kaum, ob es denn wirklich ambitioniert sei, z. B. im Vergleich mit den Möglichkeiten einer Branche der Erneuerbaren Energien, die sich unter optimalen statt restriktiven politischen Unterstützungen entfalten könnte.

Es spricht vieles dafür, dass in der EU 2020 wesentlich mehr als 20 Prozent Erneuerbare Energien realisiert sein werden, zum einen, da die Verteuerung und Verknappung der konventionellen Energieressourcen den Ausbau der Erneuerbaren Energien beschleunigen wird. Zum anderen sinken die Kosten für Technologien der Erneuerbaren Energien, was deren Ausbau ebenso verstärkt. Wer sich einmal die Wachstumsgeschwindigkeiten von Personal Computer, Handys oder Flachbildschirmen angeschaut hat, wird unschwer erkennen, dass 20 Prozent Erneuerbare Energien bis 2020 ein sehr wenig ambitioniertes Ziel ist. Warum sollen Hersteller von Photovoltaik und solarthermischen Systemen, von Windrädern oder Biogasanlagen und elektrischen Autos nicht ähnliche Erfolgsgeschichten schreiben können wie Nokia oder Dell? Angesichts von Beispielen aus andern Industriebranchen sind 20 Prozent Erneuerbare Energien in der EU bis 2020 wenig ambitioniert. Sie werden mit Leichtigkeit weit übererfüllt.

Da aber in der EU die meisten politisch Verantwortlichen 20 Prozent Erneuerbare Energien bis 2020 für sehr ambitioniert halten, engagieren sie sich im Energiesektor vor allem für die Sicherung der Energieversorgung mit konventionellen Energien und vernachlässigen so die politischen Möglichkeiten für den Ausbau der Erneuerbaren Energien. Insofern wirkt das EU-Ziel als Ausbauhemmnis, obwohl es natürlich ein Ziel ist, das auch übererfüllt werden könnte. Wenn Ziele nicht hemmen sollen, dann müssen es sehr ambitionierte Mindestziele sein. Das ambitionierteste Ziel wäre 100 Prozent Erneuerbare Energien, und genau dieses sollte angestrebt werden, denn aus diesem Ziel erwachsen ganz andere Kräfte, als aus den schwachen Zwischenzielen.

Bekannt ist, dass es innerhalb der EU nur wenige Länder gibt, die gute politische Bedingungen für den Ausbau geschaffen haben. Auch wenn verschiedenste EU-Länder Einspeisegesetze (FIT-Gesetze) haben, so heißt das noch lange nicht, dass sie wirksam sind. Einzelne Details der Gesetze können so gestaltet sein, dass sie Unwirksamkeit hervorrufen. Auch gibt es viele Probleme in den Genehmigungsgesetzen, die den Ausbau der Erneuerbaren Energien behindern. Wenn man diese Blockaden weiterhin akzeptiert, kann es in der Tat ambitioniert erscheinen, 20 Prozent Erneuerbare Energien bis 2020 zu verwirklichen. Vor allem wer aus Gründen des Bestandschutzes der konventionellen Energien die politischen Bremsen der Erneuerbaren Energien nicht ausräumen will, nennt solche Ziele ambitioniert.

Zudem wird dabei oft das Argument betont, dass man ja bei lediglich 20 Prozent Erneuerbaren Energien 80 Prozent fossile und atomare benötigen würde, was dann die Legitimationsgrundlage bietet, den energiepolitischen Focus weiterhin auf den konventionellen Energien zu belassen. Die vielfachen Unterstützungen für die Atomenergie über EURATOM, für die Erdöl- und Erdgaswirtschaft, für neue Pipelines und Diversifizierungen sind dafür genauso Beleg, wie die plötzlich rasant steigende Unterstützungen für neue Kohlekraftwerke.

Noch stärker als unzulängliche politische Ziele wirken festgelegte Quoten in Gesetzen oder Ausschreibungen als Ausbaubremse. Da die Investitionsunterstützungen nur für die Mengen der Erneuerbaren Energien gelten, die unterhalb der Quote bleiben, ist klar, dass es eine Dynamik zur Übererfüllung der Quote nicht geben kann. Wird das mit der Quote verbundene Ziel erreicht, fällt der Zertifikatspreis auf Null, und jedwede Investition wird gestoppt. Mit einer niedrig angesetzten Quote lässt sich also bestens der Bestandschutz der alten Energien realisieren, obwohl die Quote eigentlich dem Ausbau der Erneuerbaren Energien dienen sollte.

Aber selbst wenn eine Zeitlang der Ausbau der Erneuerbaren Energien erfolgreich war, heißt dies noch lange nicht, dass dann der politische Durchbruch gegeben sei. Im Gegenteil, wirklich erfolgreiche FIT-Gesetze können auch die konventionelle Energiewirtschaft so stark unter Druck bringen, dass sie alle politischen Aktivitäten daran setzen, das Gesetz abzuschaffen. Ein besonders negatives Beispiel dieser Art ist die Tschechische Republik. Mit einem erfolgreichen Gesetz für Erneuerbare Energien entstand in den letzten Jahren bis 2010 eine große Investitionswelle. Vor allem bei der Photovoltaik gehörte die kleine Republik mit zu den größten Weltmärkten. Doch dieser Erfolg machte dem dem Staat zu 70 Prozent gehörenden und den Staat stark beherrschenden Energiemonopolisten ČEZ regelrecht Sorge. Mit großem Einfluss auf Medien und Politik setzte der Atom- und Kohlekonzern schon 2010 einen rückwirkenden Eingriff in getätigte Investitionen durch. Obwohl dies allen westlichen rechtsstaatlichen und auch den EU-Normen widerspricht, wurde nachträglich eine Steuer auf Gewinne, die gesetzlich für 15 Jahre garantiert waren, eingeführt. Ein unglaublicher Akt, der offensichtlich nur in einem Staate möglich ist, wo Korruption weit verbreitet ist.

Doch nicht genug damit. Mitte 2011 legte die tschechische Regierung drei Varianten eines Energieplans vor, die die verpflichtenden EU-Vorgaben sehr eigenwillig interpretieren. Danach soll die EU-Vorgabe für Erneuerbare Energien von 20 Prozent, die Tschechien auf nationaler Ebene mit 13 Prozent bis 2020 erfüllen muss, nach 2020 kaum weiter steigen. Laut einer Variante soll sogar ab 2030 die Stromproduktion aus Wind und Sonne wieder auf null zurückgefahren werden. Lediglich die Mitverbrennung von Biomasse in den ČEZ-Kohlekraftwerken will die Regierung der Tschechischen Republik noch fördern. Dies allerdings weit über das finanziell notwendige Maß hinaus. Um dies zu erreichen, brachte die tschechische Regierung Ende 2011 ein neues Gesetz im Parlament durch, womit das erfolgreiche tschechische EEG abgeschafft wurde. So wurden alle privatrechtlichen Verträge über die Förderung zwischen allen Produzenten von Ökostrom und den Netzbetreibern annulliert und dazu auch noch rückwirkend die 15-jährige Garantie der Höhe der Förderung abgeschafft. Ganz abgesehen davon, dass dies EU-rechtswidrig ist und einen Bruch mit den Grundlagen des Rechtsstaats darstellt, ahnt die Regierung wahrscheinlich nicht einmal, welch verheerendes Signal sie damit an alle Investoren, egal welcher Branche, sendet. Wer will bei solch willkürlichen Gesetzesänderungen überhaupt noch in Tschechien investieren, wenn er befürchten muss, dass selbst Verträge nicht mehr vor staatlicher Willkür sicher sind.

Sie werfen ein Bild darauf, wieweit die Macht von Atom- und Kohlekonzernen reichen kann, wenn sie um ihre zukünftigen Geschäfte fürchten. Dies tschechische Beispiel belegt aber auch, wohin schwache Ziele, wie das von der EU verordnete Ziel von 13 Prozent Erneuerbare Energien, in Tschechien führen. Schwache Ziele für Erneuerbare Energien motivieren offensichtlich mehr dazu, in die alten atomaren und fossilen Strukturen zu investieren, statt tatsächlich den Ausbau der Erneuerbaren Energien zu befördern.

4.3.10 Die Vorteile der Unabhängigkeit von Steuergeldern

Ein entscheidender Faktor für den Erfolg des deutschen EEG ist die Tatsache, dass keinerlei Steuergelder für die Finanzierung der Investitionen ausgegeben werden. Die Vergütungen im EEG stellen somit keine Subvention dar, auch wenn dies fälschlicherweise oft anders behauptet wird. Bezahlt werden die Einspeisevergütungen durch eine geringfügige Erhöhung der Stromtarife für alle Stromkunden. Dafür erhalten die Stromkunden als Gegenwert den CO_2-freien Strom aus Erneuerbaren Energien, anteilig so viel, wie es dem bundesdeutschen EEG-Durchschnitt entspricht. Da keine Steuergelder involviert sind, wird auch das Risiko von Änderungen der Förderbedingungen in wirtschaftlich schlechten Zeiten vermieden, etwa mit dem Ziele, den Staatshaushalt weniger stark zu belasten.

Im Jahre 2001 hat der europäische Gerichtshof in einem vielbeachteten Urteil festgestellt, dass die Einspeisevergütung keine Beihilfe im Sinne der europäischen Beihilferichtlinien darstellt. Subventionen aus Steuergeldern werden auf europäischer Ebene als Beihilfe bezeichnet. Somit ist klar, dass die in Deutschland gezahlten Einspeisevergütungen im EEG keine Subvention darstellen, obwohl sie vom Gesetzgeber verpflichtend vorgeschrieben sind. Auch der Subventionsbegriff des Dudens stellt klar, dass es sich bei Einspeisemodellen um keine Subvention handelt. Danach sind Subventionen „zweckgebundene (finanzielle) Unterstützung aus öffentlichen Mitteln; Staatszuschuss“. Auch im Subventionsbericht der deutschen Bundesregierung taucht die gesetzlich vorgeschriebene Umlage des EEG nicht auf – ein weiterer Nachweis, dass es sich eben nicht um eine Subvention handelt.

Für den Erfolg eines Einspeisegesetzes ist die Unabhängigkeit von Steuermitteln unverzichtbar. Einspeisevergütungen, die aus Steuergeldern bezahlt werden, unterliegen den jährlichen Haushaltsbeschlüssen. Vor allem, wenn das Einspeisegesetz erfolgreich ist, steigen die benötigten Finanzmittel an. Jeder Finanzminister wird dann versuchen, den Ausgabenanstieg zu bremsen, entweder mit reduzierter Einspeisevergütung oder mit einer Obergrenze für die Zahl der zu installierenden Anlagen. Damit ist für die produzierende Industrie keine verlässliche Kalkulation der Absatzmärkte über Jahre hinweg möglich. Sie muss mit jährlichem „Stop and Go“ rechnen, was die Bereitschaft zur Investition in neue Fabrikanlagen drastisch sinken lässt.

In Spanien ist dies passiert. Dort wurden Einspeisevergütungen teilweise aus Steuergeldern finanziert und zudem überhöhte Einspeisetarife bezahlt. Der große Erfolg des spanischen Solarmarktes im Jahre 2008 führte zu hohen Staatsausgaben und Ende 2008 zu einer Gesetzesänderung, die das Marktvolumen drastisch einschränkte. Der spanische PV-Markt ist deswegen stark eingebrochen, und 20 000 Arbeitsplätze gingen in nur einem Jahr verloren. In befürchtender Erwartung dieses Effektes hatte sich in Spanien noch kein großer industrieller Produktionsmarkt für Photovoltaiktechnologien entwickeln können. Ganz anders in Deutschland, wo die steuermittelfreie Einspeisevergütung verlässliche Marktentwicklungen über Jahre hinweg ermöglichte und somit den Aufbau von industriellen Produktionsstätten begünstigte.

Aufgrund der Weltwirtschaftskrise werden in allen Staaten Konjunkturprogramme aufgelegt. Überall sind sie mit hohen Staatsausgaben verbunden, womit die Staatsverschuldungen besorgniserregend ansteigen. Gesetze für Einspeisevergütungen ohne Steuergelder sind beste Konjunkturprogramme ohne staatliche Neuverschuldung. Finanziert werden sie mit privatem Kapital statt mit Steuergeldern. In Deutschland wurden mit dem EEG in wenigen Jahren über 250 000 Arbeitsplätze geschaffen. Gab es 1998 erst etwa 30 000 Jobs in der gesamten Branche der Erneuerbaren Energien, so finden in Deutschland Ende 2011 bereits etwa 380 000 Menschen ihr Auskommen in Produktion, Planung und Betrieb von Erneuerbaren Energien. Zum Vergleich: Im deutschen Kohlebergbau sind 2010 etwa 80 000 Menschen beschäftigt.

4.3.11 Vergütungshöhe

Privates Kapital ist in großen Mengen vorhanden, aber scheu. Privates Kapital wird nur investiert, wenn eine Rendite zu erwarten ist. Deshalb muss der Gesetzgeber die Rahmenbedingungen in einem Einspeisegesetz so wählen, dass eine Rendite möglich ist. Die Rendite muss nicht extrem hoch sein, sondern nur vergleichbar mit üblichen sicheren Bankeinlagen. Als Renditeziel hatte der Gesetzgeber im EEG etwa 5-7 Prozent angesetzt. Wesentlich höhere Renditen waren nicht erwünscht, weil dadurch das Umlagevolumen für den Strompreis zu hoch geworden wäre. Zu niedrige Renditen führen dazu, dass Investitionen kaum mehr getätigt würden. Bei gleichen Rahmensetzungen, also Vergütungshöhen, können geschickte Unternehmen ihre Renditen durchaus auch steigern. Auch dies ist ein treibendes Element für den Wettbewerb und die Innovationsentwicklung.

Überhöhte Vergütungssätze animieren auch bisweilen den Gesetzgeber, so einzugreifen, dass das Gesetz unwirksam werden kann. Dies ist vor allem dann zu befürchten, wenn die alten Stromkonzerne mit ihren Interessen für Atom- und Kohlestromerzeugung hohen Einfluss auf die Politiker haben. Nach Regierungswechseln kann dies öfter der Fall sein. Beispiele sind die bereits genannten Länder Tschechische Republik und Spanien.

Damit privates Kapital investiert wird, müssen folgende Randbedingungen richtig gesetzt sein: Die Höhe der Vergütung, der Zeitraum, in welcher die Vergütung gezahlt wird, der privilegierte Netzzugang sowie Regelungen für Netzanschlussbedingungen und Netzausbau.

Da die einzelnen Technologien der Erneuerbaren Energien in Bezug auf die Stromerzeugungskosten unterschiedlich teuer sind, müssen in einem Einspeisegesetz auch differenzierte Vergütungssätze festgelegt werden. Sie richten sich nach der Art der Ökostromerzeugung, nach der Größe der Anlage in Kilowatt und nach den meteorologischen Bedingungen. In jedem Land sollte der Gesetzgeber genau prüfen, welche Vergütungshöhen angemessen sind. Sie können nach dem Lohnkostenniveau und nach meteorologischen Verhältnissen sehr variieren. Wichtig ist vor allem, dass sie nicht unter eine Schwelle rutschen, die für den Investor eine Rendite unmöglich macht. Andererseits sollten die Vergütungssätze nicht zu hoch festgelegt werden, sonst gibt es Mitnahmeeffekte sowie eine Gefährdung des Gesetzes durch zu hohe Kosten.

Eine Vergütung für den ins öffentliche Netz eingespeisten Strom aus Anlagen zur Nutzung Erneuerbarer Energien wird dann als kostendeckend bezeichnet, wenn sie nach z. B. 20 Jahren bei elektrizitätswirtschaftlich rationeller Betriebsweise auch eine angemessene Rendite des eingesetzten Kapitals erbringt.

Diese Rendite muss zusätzlich zu folgenden Kosten erwirtschaftet werden können:

- Kosten für die Anlage und ihre Installation sowie Anschluss an das Netz;
- Genehmigungsgebühren, Planungskosten;
- alle Betriebskosten wie Messkosten, Wartungskosten, Reparaturkosten, Versicherungskosten, Lohnkosten und bei Biomasse auch Rohstoffkosten;
- Kapitalbeschaffungskosten (Schuldzinsen, Tilgung, Inflation)

Berechnet werden die erforderlich Vergütungssätze nach betriebswirtschaftlichen Rechenmodellen, in die im Wesentlichen folgende Parameter eingehen: Investitionskosten, auch für den notwendigen Netzanschluss, Betriebskosten, Kapitalkosten wie Zins und Tilgung, steuerliche Abschreibung und einige mehr.

Um besondere Anreize zu setzen, zum Beispiel für Innovationen oder die Nutzung von landwirtschaftlichen Rohstoffen, werden so genannte Boni auf die Vergütungshöhe aufgeschlagen.

Bei einigen Erneuerbaren Energien, wie z. B. Bioenergie- oder Geothermieanlagen, macht es Sinn, für kleinere Anlagen eine höhere Vergütung zu zahlen als für eine größere Anlage. Dies ist dann der Fall, wenn zum einen die Stromerzeugungskosten bei Kleinanlagen höher sind, zum anderen aber gute Gründe dafür sprechen, dass auch kleinere Anlagen gebaut werden.

In diesem Fall, ist es wichtig, das Gesetz so zu gestalten, dass die größere Anlage auch von der höheren Vergütung der kleineren Anlage profitiert – und zwar bis zu dem kleineren Größenanteil. Beispiel: Bekommt eine große 1-MW-Anlage laut

Gesetz eine Vergütung von 8 Cent und eine kleinere Anlage bis 500 Kilowatt 10 Cent Vergütung, ergibt sich daraus de facto eine Mischvergütung für die größere Anlage von 50 Prozent 8 Cent und 50 Prozent 10 Cent. Daraus ergibt sich eine Vergütung von 9 Cent bei dieser konkreten Anlage. Würde das Gesetz anders gestaltet werden, wären die Abstufungen zu groß, und die Anlagenbetreiber wären sehr findig darin, nur kleine Anlagen zu bauen, was die Vergütungskosten unnötig nach oben treiben würde.

Als Beispiele für Vergütungen sind hier die in Deutschland im Jahre 2013 mit dem aktuellen EEG gültigen Vergütungshöhen, differenziert nach der Art der Stromerzeugung, aufgeführt, wobei nur einige exemplarische Vergütungssätze herausgegriffen sind. Die tatsächlichen Verhältnisse sind wesentlich komplizierter.

Für Windkraft gelten folgende Vergütungshöhen:

- Wind Onshore: Für mindestens fünf Jahre werden im Jahre 2013 8,93 Cent pro Kilowattstunde gezahlt. Je nach dem Windpotenzial des Standortes der Windkraftanlage werden nach fünf bis 20 Jahren die Vergütungssätze auf den Basisvergütungssätze von 4,87 Cent/Kilowattstunde gesenkt. Bei mäßigen Standorten verlängert sich die Zeitdauer für die höhere Anfangsvergütung.
- Für Offshoreanlagen, die vor dem 1. Januar 2018 ans Netz angeschlossen werden, gilt ein wesentlich höherer Vergütungssatz von 19 Cent, der acht Jahre lang gezahlt wird, um dann auf eine Basisvergütung von 3,5 Cent abzusinken. Anlagen, die nach dem 1. Januar 2018 ans Netz gehen, erhalten eine Anfangsvergütung von 15 Cent über zwölf Jahre.

Die Vergütungen für Solarenergie sind differenziert nach Anlagengröße.

- Anfang 2013 lagen sie zwischen 11,78 Cent/Kilowattstunde für Freiflächenanlagen und bis zu 17,02 Cent/Kilowattstunde für kleinere Dachanlagen.
- In Deutschland gibt es keine Differenzierung der Vergütung nach Solarstrahlung oder Technologie.
- Bei der Bioenergie sind die Vergütungssätze im EEG sehr komplex.
- So werden verschiedene Boni gezahlt, z. B. für nachwachsende Rohstoffe, für innovative Technologien, wie beispielsweise Stirlingsmotoren oder Mikrogasturbinen, aber auch für die Nutzung besonderer Abfallstoffe wie die Gülle.
- In der Stromerzeugung kommen vor allem folgende Bioenergien zum Einsatz: Biogas, Holz, Pflanzenöl. Die Grundvergütung reicht von 6 Cent/Kilowattstunde bei Anlagen mit einer Größe von 5 Megawatt bis 20 Megawatt bis zu 14,3 Cent/Kilowattstunde für Kleinanlagen bis 150 Kilowatt.
- Hinzu kommen gegebenenfalls Boni für den Einsatz nachwachsender Rohstoffe, für die Nutzung der Abwärme oder den Einsatz besonders innovativer Technologien. Allerdings führte gerade der Bonus für nachwachsende Rohstoffe zu Abgrenzungsproblemen.

Kleine Wasserkraft

- Bis 500 Kilowatt (kW): 12,7 Cent/Kilowattstunde
- 500 kW bis 2 MW: 8,3 Cent/Kilowattstunde
- 2 MW bis 5 MW: 6,3 Cent/Kilowattstunde

Für die große Wasserkraft über 5 MW gelten wesentlich niedrigere Vergütungssätze.

Geothermie

Die Grundvergütung beträgt 25 Cent/Kilowattstunde.

4.3.12 Vergütungsdauer und Degression

Die Festlegung der Höhe der Vergütung alleine genügt nicht, um Investitionen von privatem Kapital zu ermöglichen. In manchen Gesetzen werden zwar Vergütungshöhen in ausreichender Höhe festgelegt, aber der Gesetzgeber lässt offen, ob diese Vergütungshöhe für ein oder mehrere Jahre gezahlt wird. Ein Investor, der nicht weiß, welche Vergütung seine Windkraftanlage in z. B. drei Jahren bekommt, wird nicht investieren. Das Risiko wäre zu groß, dass er dann zu wenig oder evtl. sogar überhaupt keine Vergütung mehr bekommt. Seine Investition würde dann ein Verlustgeschäft werden. Um dieses Risiko zu vermeiden, muss der Gesetzgeber die Vergütungsdauer ausreichend lange festlegen.

In Deutschland wurde bei den meisten Technologien eine Vergütungsdauer von 20 Jahren gesetzlich vorgeschrieben. Kürzere Vergütungsdauern sind auch denkbar, allerdings müssen dann die Vergütungssätze höher ausfallen. Ansonsten wird eine Rendite möglicherweise nicht mehr erreicht.

Die garantierte Vergütungshöhe über 20 Jahre wird aber nur für Anlagen bezahlt, die in dem Jahr gebaut wurden, für welches auch dieser Vergütungssatz im Gesetz festgeschrieben ist. Anlagen, die in späteren Jahren gebaut werden, erhalten niedrigere Vergütungssätze, die der Gesetzgeber auf Jahre hinweg mit einem klar definierten Degressionspfad festlegen kann. Die in einem späteren Jahr gezahlte, niedrigere Vergütung wird dann für diese Anlage aber wiederum für 20 Jahre festgelegt.

Das Senken der Vergütungsdauer für neugebaute Anlagen ist notwendig und möglich, weil mit der Ausweitung des Marktvolumens eine Senkung der Produktionskosten für die Technologien einhergeht. Je schneller der Markt wächst, umso stärker kann die Vergütung für neue Anlagen gesenkt werden. Im aktuellen deutschen EEG beträgt die Degressionen für Onshorewind jährlich nominal 1,5 Prozent. Dies heißt, dass für Windkraftanlagen, die im Jahre 2013 gebaut werden, die Vergütungssätze 1,5 Prozent niedriger liegen als für Anlagen, die im Jahre 2012 gebaut wurden. Allerdings bleibt der Vergütungssatz dann für die jeweiligen Anlagen über 20 Jahre stabil. Für die Solarenergie liegt die Degression zwischen 11,4 und 29 Prozent jährlich, je nach Marktwachstum. Für die Wasserkraft ist keine Degression angesetzt, weil hier die technologische Entwicklung bereits weit fortgeschritten ist und keine starke Senkung der Technologiekosten mehr erwartet werden können. Bei den Technologien Geothermie und Offshorewind greift die Degression erst ab 2018, um eine dynamische Entwicklung anzuschieben. Ab 2018 wird die Degression bei der Geothermie 5 Prozent pro Jahr betragen, bei der Offshorewindenergie 8 Prozent.

Entscheidend ist, dass die Degression nicht zu stark angesetzt wird, damit die Vergütungssätze in späteren Jahren nicht unter die Renditeschwelle sinken. Ansonsten würden Investoren für neue Fabrikanlagen um ihren zukünftigen Absatzmarkt fürchten, was deren Investitionsbereitschaft sinken lassen würde.

Real findet eine Degression übrigens auch dann statt, wenn keine nominale Degression festgelegt ist. Dann entspricht die Degression faktisch der Inflationsrate.

Die reale Degression setzt sich folglich aus der nominalen Degression und der Inflationsrate zusammen. Dies spielt vor allem in den Ländern mit höherer Inflationsrate eine Rolle. Dieser Effekt muss bei der Festlegung der nominalen Degressionssätze berücksichtigt werden. Dies kann entweder geschehen, indem eine bestimmte durchschnittliche Inflationsrate für die nächsten Jahre angenommen wird, oder ein Inflationsausgleich in die nominale Degression integriert wird.

4.3.13 Privilegierter Netzzugang

Investoren in Ökostromerzeugung können nur dann die gesetzlich garantierte Einspeisevergütung bekommen, wenn sie auch tatsächlich einen Anschluss an das Stromnetz erhalten. Dieser Sachverhalt mag banal klingen, ist aber zu betonen, weil es durchaus Akteure gibt, die den Anschluss von Ökostrom-Anlagen an das Stromnetz verhindern wollen. Der Widerstand kommt von den Stromproduzenten aus konventionellen Stromerzeugungsanlagen wie Kohlekraftwerke oder Kernkraftwerke. In Ländern, in denen die Trennung von Netz und Erzeugung nicht durchgesetzt ist, können die Stromerzeuger über den Besitz der Stromnetze ihre Marktmacht zur Verhinderung neuer Ökostromanlagen ausüben. Unverzichtbar ist daher ein gesetzlich garantierter, privilegierter Netzzugang für Ökostrom-Erzeuger.

Im deutschen EEG ist geregelt, dass der Netzbetreiber den Ökostrom aufnehmen muss, bis das Netz vollständig mit Ökostrom gefüllt ist. Das heißt, dass konventionelle Stromerzeugung abgeschaltet werden muss, wenn sie in Konkurrenz zu Ökostrom-Anlagen steht. Diese gesetzliche Regelung ist sehr sinnvoll, um Klimaschutz und Atomausstieg zu erreichen. Gäbe es keine Privilegierung des Ökostroms, könnten die Kohlestromerzeuger Bestandschutz geltend machen und über diesen Weg ihre CO_2-Emissionen über Jahre hinweg aufrechterhalten. Wirksamer Klimaschutz wäre unmöglich. Privilegierter Netzanschluss bedeutet auch, dass Netzbetreiber neue Anlagen im Bereich Erneuerbare Energien immer vor konventionellen Kraftwerken anschließen müssen.

Der Anschluss an die Stromnetze verursacht Kosten, genauso wie eine notwendige Verstärkung der Netze, wenn zur Ableitung des Ökostromes das bestehende Netz nicht ausreicht. Im EEG ist folgender Grundsatz geregelt: Den Netzanschluss bezahlt der Ökostromproduzent, den Netzausbau der Netzbetreiber. Der Netzbetreiber kann die Mehrkosten auf die Netzgebühren umlegen.

Häufig sind die Verhältnisse aber kompliziert, sodass es Streitigkeiten zwischen dem Investor und dem Netzbetreiber gibt, welches denn Netzanschlusskosten und welches Netzausbaukosten seien. Um diese Streitigkeiten zu regeln, hat der Gesetzgeber eine sogenannte Clearingstelle eingeführt. Diese wird von der Bundesregierung eingesetzt und schafft klare Regelungen in den Streitfällen, damit auch zukünftige Streitfragen von vornherein geregelt werden können.

4.3.14 Politische Stabilität

Die Investitionen in eine Fabrik für Technologien der Erneuerbaren Energien sind keine Kleinigkeit. Oftmals betragen die Investments über Hunderte von Millionen Euro. Diese Investitionen werden nur getätigt, wenn sich ein über Jahre hinweg verlässlicher Markt für die Produkte aus der Fabrik abzeichnet. Um einen solchen Markt zu ermöglichen, sind in einem Einspeisegesetz wichtige Rahmenbedingungen zu schaffen: politische Stabilität, Gültigkeitsdauer der Vergütungssätze, keine Beschränkung des Marktvolumens und keine Steuerfinanzierung der Vergütungssätze.

Kein Gesetzgeber kann politische Stabilität garantieren. In einer Demokratie werden die politischen Mehrheiten in den Parlamenten immer wieder neu gewählt. Jedes Parlament kann jedes Gesetz abschaffen, neu schaffen oder verändern, da dies ja die entscheidende Aufgabe des Parlamentes ist. Insofern kann natürlich niemand eine Garantie für den Bestandschutz eines Einspeisegesetzes über viele Jahre geben. Aus diesem Grunde sind politische Verlautbarungen besonders wichtig. Politische Willenserklärungen und Wahlaussagen für den Erhalt eines Einspeisegesetzes und für Verbesserungen, die im Laufe der Zeit notwendig werden, sind wichtige Grundlagen für das Investment in Fabrikationsanlagen für Erneuerbare Energien.

In Deutschland wurde im Jahre 2000 das EEG mit der Mehrheit der Sozialdemokraten und Grünen im Bundestag verabschiedet, gegen die Stimmen der Konservativen (CDU, CSU) und Liberalen. Vor der Bundestagswahl im Jahre 2005 erklärten die Konservativen und Liberalen noch, dass sie das EEG abschaffen würden. Doch selbst unter der großen Koalition mit Konservativen und Sozialdemokraten wurde im Jahre 2008 das EEG novelliert, sodass teilweise sogar verbesserte Bedingungen für den Ausbau der Ökostrom-Produktion möglich wurden. Alle fünf im Bundestag vertretenen Parteien haben inzwischen vielfach den politischen Willen zum Erhalt und zur kontinuierlichen Verbesserung des EEG ausgedrückt. Beeindruckt von dem großen wirtschaftlichen und ökologischen Erfolg unterstützt nun selbst die seit Herbst 2009 an der Regierung befindliche Koalition aus Konservativen und Liberalen das EEG. Dies ist ein entscheidendes Fundament für das andauernde weitere Investment in Deutschland in Fabriken für Erneuerbare Energien. Allerdings gibt es seit 2012 auch Stimmen aus dem Lager des kleinen Koalitionspartners FDP, die für eine Abschaffung des EEG und die Einführung von (untauglichen) Quoten- und Zertifikatsregelungen plädieren. Ihnen wächst der Ökostromanteil zu schnell, was ja die Interessen der großen Stromkonzerne stört. Allerdings ist klar, dass es in Deutschland keine Parlamentsmehrheit zur Abschaffung des EEG geben wird. Dies schafft weiterhin gute verlässliche Investitionsbedingungen für den Bau von Ökostromanlagen.

Gültigkeitsdauer des Einspeisegesetzes

Ein Einspeisegesetz muss solange Bestand haben, bis die Investitionen in Erneuerbare Energien auch ohne garantierte Einspeisevergütung im Markt gesichert sind. Dies wird dann der Fall sein, wenn die Stromerzeugung aus Erneuerbaren Energien billiger ist als die Stromerzeugung aus konventionellen Energien.

Manche Technologien wie die Windkraft sind an einem windstarken Standort heute schon günstiger als eine Stromerzeugung aus neuen Kohlekraftwerken oder anderen konventionellen Stromerzeugungen. Für die Photovoltaik wird die volle Wettbewerbsfähigkeit bereits in diesem Jahrzehnt erwartet, heute bereits als Abdeckung von Spitzenlast. Da aus Klimaschutzgründen aber die konventionelle Stromerzeugung abgelöst werden muss, kann ein Einspeisegesetz erst dann überflüssig werden, wenn die Stromerzeugung aus Erneuerbaren Energien konkurrenzfähig ist mit den Stromerzeugungskosten im bestehenden Kraftwerkspark. Aktuell befinden sich die PV-Produktionskosten auf einem steilen Sinkflug. In Gegenden mit hoher Solarstrahlung ist die als besonders teuer geltende Photovoltaik bereits heute wettbewerbsfähig mit neuen Kraftwerken im Kohle-, Erdgas- und Nuklearsektor; das Gleiche gilt für entsprechende Standorte für die Wind und Wasserkraft. Auch diese sind mit dem Neubau fossiler und atomarer Kraftwerke konkurrenzfähig. Auf der anderen Seite werden die Brennstoffkosten für konventionelle Kraftwerke in den kommenden Jahren immer stärker ansteigen, da die Verknappung der Ressourcen, politische Konflikte und die Notwendigkeit des Umweltschutzes diese Kosten immer weiter nach oben treiben werden.

Allerdings sind bis zu einer Durchdringung mit 100 Prozent Ökostromversorgung einzelne Aspekte des EEG weiterhin notwendig, selbst wenn die finanzielle Wettbewerbsfähigkeit erreicht ist. Dies gilt insbesondere für die Abnahmepflicht von Ökostrom, die privilegierte Einspeisung in das Netz und für die Verpflichtung zum Netzausbau.

Der Gesetzgeber sollte also genau prüfen, welche der Technologien bereits konkurrenzfähig sind und ihre Vergütungspflicht aus einem Einspeisegesetzes herausgenommen werden könnte. Entscheidend dafür ist, dass im Markt eine sich selbst tragende Dynamik für den Ersatz der konventionellen Energien aus ökonomischen Gründen entstanden ist. Allerdings muss auch sichergestellt sein, dass ein wirklich freier Strommarkt existiert, unabhängig von den Interessen weniger Wirtschaftmonopole. Das EEG wird sich in Zukunft selbst erübrigen. Sobald außerhalb des EEG Renditen erwirtschaftbar sind, die höher sind als mit den im EEG garantierten

Einspeisevergütungen, wird es eine vom EEG unabhängige Dynamik zum weiteren Ausbau der Erneuerbaren Energien geben. Aktuell gibt es in Deutschland und vielen anderen Ländern noch keinen funktionierenden Strommarkt, der solchen Bedingungen genügen würde. Die Interessen weniger Konzerne dominieren immer noch den Stromsektor. Das EEG muss also in seinen Kernelementen weiterhin erhalten bleiben, allerdings bedarf es einer Weiterentwicklung, die sich an einer weiteren schnellen Marktdurchdringung orientieren sollte.

Keine Beschränkung des Marktvolumens (kein Deckel!)

Eine Beschränkung des Marktvolumens wird von manchen Gesetzgebern in ein Einspeisegesetz geschrieben. Ein solcher Deckel wirkt wie eine Bremse für den Ausbau des Marktes. Er kann unterschiedlich stark sein, sodass er erst nach Jahren erreicht wird oder bereits nach wenigen Stunden, so geschehen mit der Photovoltaik im österreichischen Ökostrom Gesetz. Für das Jahr 2008 wurde in Österreich gerade mal ein Fördervolumen von 21 Millionen Euro zugelassen, was einem Ausbau von lediglich etwa drei Megawatt entspricht. Dieses Ausbauvolumen war in Österreich in wenigen Minuten von Investoren beantragt worden. Darüber hinaus gibt es in Österreich keine nennenswerten Ausbauaktivitäten. Gerade das alte österreichische Gesetz ist ein Paradebeispiel dafür, dass mancher Gesetzgeber den Ausbau der Erneuerbaren Energien in Wirklichkeit nicht will, sondern Scheinaktivitäten hervorruft. Ein Einspeisegesetz, welches ein geringes Ausbauvolumen vorsieht, ist in Wirklichkeit kein Gesetz für den Ausbau Erneuerbarer Energien, sondern ein Gesetz, um den Ausbau zu begrenzen oder gar zu verhindern. Österreich hat im Jahre 2012 sein Ökostromgesetz erneut novelliert. Verschiedene Analysten gehen nun davon aus, dass dieses neue Gesetz nun auch in der PV eine Ausbaudynamik erreichen wird.

Ein gesetzlich festgelegter Ausbaudeckel kann zusätzlich markthemmend wirken, da viele Investoren befürchten, erst nach Erreichen des Deckels noch an das Netz angeschlossen zu werden. Wie das Fallbeispiel Spanien zeigt, ist eine nachhaltige Entwicklung einer Technologie unter diesen Voraussetzungen nicht möglich. In Spanien wurde 2009 mit einem Deckel von 500 Megawatt Photovoltaik lediglich ein Ausbauvolumen von ca. 350 Megawatt erreicht.

In Deutschland wurde bei der PV in der EEG-Novelle 2012 eine Grenze von 52 Gigawatt festgelegt. Diese wirkt aber nicht wie ein klassischer Deckel, weil im Vermittlungsausschuss von Bundestag und Bundesrat die Grünen zusammen mit der SPD durchgesetzt haben, dass die Bundesregierung rechtzeitig vor Erreichen der 52 Gigawatt PV-Leistung eine Anschlussförderung vorschlagen muss. Der massive Rückgang von Fabrikneuinvestitionen und die vielen Insolvenzen in der Solarwirtschaft Deutschlands haben aber nichts mit dieser Solargesetznovelle zu tun, sondern mit den weltweit aufgebauten Überkapazitäten, vor allem in China. Gleichzeitig haben weder Bundesregierung noch EU-Kommission bis Ende 2012 keine industriepolitischen Maßnahmen ergriffen, die der deutschen und europäischen Solarwirtschaft Stützen geben könnten gegen die starke chinesische Konkurrenz.

Auf jeden Fall wirken gesetzlich festgelegt Ausbaudeckel als Bremse für den Bau von Fabriken für Erneuerbare Energietechnologien, da Fabrikinvestoren kein Wachstum des Marktes, sondern nur eine Deckelung erkennen können und somit Neuinvestitionen nicht möglich werden.

Ein Gesetzgeber, der auch die Ansiedlung von Technologieproduzenten in seinem Lande wünscht, muss auf jeden Fall eine Beschränkung des Marktvolumens verhindern.

Schutzregelungen für die heimischen Produzenten

In verschiedenen Ländern wird versucht, die heimischen Produzenten von Solarmodulen durch Regelungen in den Einspeisegesetzen vor ausländischer Konkurrenz zu schützen. Solche sogenannten local content Regelungen werden vor allem in Ontario (Kanada) und Italien angewandt. Im Prinzip versuchen sie, die heimischen Hersteller über eine höhere Solarvergütungen zu belohnen. Importware bekommt diese höheren Vergütungen nicht.

Ein alternativer Weg außerhalb der Vergütungsgesetzgebung, den Schutz heimischer Hersteller zu erreichen, sind Schutzzölle auf Importe von Solarmodulen. In den USA sind solche Schutzzölle auf chinesische Solarmodulhersteller bereits ausgesprochen worden. In der EU ist ein entsprechendes Verfahren gegen die chinesische Konkurrenz ebenfalls anhängig. Vorangetrieben werden die Schutzzollaktivitäten von einigen wenigen Solarfirmen. Der größte Teil der europäischen Solarfirmen unterstützt nicht die Schutzzollaktivitäten. Die Gründe liegen auf der Hand:

Marktabschottungen, was beide Regelungen ja letztendlich sind, können zu Nachahmeffekten in anderen Ländern führen, nach dem Motto: Wenn die USA und die EU den Marktzugang für unsere (z. B. chinesische) Produkte erschweren, dann machen wir Chinesen unsere Märkte eben auch dicht. Da die großen Märkte der Zukunft aber in Fernost liegen werden, wäre diese Entwicklung ein Eigentor für die europäischen und US-amerikanischen Hersteller.

Local content Regelungen und Schutzzölle haben weitere Nachteile: Sie schwächen den Innovationsdruck für die heimische Industrie. Kunden der heimischen Solarmodulproduzenten bekommen eine höhere Einspeisevergütung, weshalb sich die Hersteller nicht in dem Maße an der Produktionskostensenkung beteiligen müssen, wie die ausländische Konkurrenz.

Meist funktionieren sie auch nicht für den Schutz der heimischen Hersteller. Solarmodule sind sehr komplexe Technologien mit sehr unterschiedlichen Technikkomponenten. Angefangen von der Siliziumproduktion, die Wafer- und die Zellenherstellung bis hin zur Modulfertigung sind an einem Modul die Wertschöpfungen vieler Hersteller beteiligt. So hat EPIA, der Europäische Verband der Solarwirtschaft, belegt, dass in den nach Europa importierten Modulen ein größerer Teil europäische Wertschöpfung steckt (EPIA 2012). Diese Reimporte würden bei entsprechender Ausgestaltung von local content oder Schutzzöllen eben auch ausgeschlossen, was dann genau die trifft, die eben geschützt werden sollen. Zum anderen bietet dies chinesischen Herstellern die Möglichkeiten, die Regelungen zu umgehen. Ein anderer Effekt ist, dass chinesische Hersteller mit dem Aufbau neuer Produktionsstätten in Vietnam oder Malaysia versuchen, die Zölle gegen die chinesischen Hersteller zu umgehen.

Der wichtigste negative Effekt kann aber sein, dass mit dem Einführen von gegenseitigen Schutzzöllen in vielen verschiedenen Märkten die Preise für die Module kaum mehr sinken oder gar wieder ansteigen. Dies würde zu schrumpfenden Märkten führen, was für den Klimaschutz kontraproduktiv ist und auch den Firmen die Expansionsmöglichkeiten nehmen würde.

Natürlich sind die Hintergründe, warum solche Marktabschottungen versucht werden, ernstzunehmen. WTO-widriges Subventionsdumping, wie es den Chinesen vorgeworfen wird, ist nicht akzeptabel. Daher sollten die nationalen Regierungen in bilateralen und multilateralen Gesprächen faire Wettbewerbsbedingungen einfordern, zum einen, was den gegenseitigen Zugang der Märkte betrifft, zum anderen, was die Produktionsbedingungen betrifft. Zudem ist es wichtig, dass die Regierungen neben den nachfrageschaffenden Einspeisevergütungen eben auch eine aktive Solarindustriepolitik machen, um die heimische Konkurrenz im scharfen internationalen Wettbewerb zu unterstützen. Hier zeigen EU-Kommission und deutsche Regierung große Defizite. Es fehlen Maßnahmen, die den Kapitalzugang für investitionswillige Firmen erleichtern. Gerade Banken sind in der Eurokrise sehr zögerlich, sehen die internationale Solarkonkurrenz und wagen kaum mehr große Investitionsunterstützungen. Hier sollten Deutschland und die EU ihre Förderbanken KFW und EIB ins Spiel bringen. Sie können sicherlich helfen, den Kapitalzugang zu verbessern. Gleichzeitig braucht es eine wesentlich stärkere Innovationsunterstützung mit mehr Forschungsgeldern und Wagniskapitalzugang. Hier rächt sich, dass Europa immer noch den Löwenanteil der Energieforschungsmittel in die nuklearen Technologien steckt.

Es ist für den Klimaschutz der Erde gut, dass die chinesische Regierung viel Unterstützung für die Solartechnik und andere Erneuerbare Energien gibt. Genau dies haben Klimaschützer immer gefordert. Nun ist an den Europäern und Amerikanern, diese erfreulichen chinesischen Klimaschutzaktivitäten aufzugreifen und mit einer eigenen verstärkten Solarindustriepolitik die heimischen Hersteller zu unterstützen. Schutzzölle und local content Regelungen sind für einen wirksamen Klimaschutz nicht tauglich, weil sie die Innovationsentwicklung, die Kostensenkung und damit auch die schnellen Marktausweitungen bremsen.

Keine Steuerfinanzierung

Sofern die Einspeisevergütungen aus Steuern gezahlt werden, haben Investoren für Fabriken keine verlässliche Rahmenbedingung. Die jährlichen Entscheidungen über den Haushalt kann niemand vorhersagen. Damit ist das Marktvolumen abhängig von den Entscheidungen des Finanzministers. Auf dieser Basis können Investoren für Fabrikanlagen nicht verlässlich kalkulieren und unterlassen meist die Investitionen. In Spanien brach, wie bereits erwähnt, im Jahre 2009 der Photovoltaikmarkt fast völlig ein. Hintergrund für die Einführung der Deckelung im spanischen EEG war die partielle Steuerfinanzierung der Einspeisevergütung. Die Staatskassen hatten den großen Ausbauerfolg der Photovoltaik in Spanien im Jahre 2008 nicht mehr absichern können. Hinzu kam die Wirtschaftkrise und die damit verbundene Bestrebung, die Staatsausgaben zu senken. Aufgrund einer zu hohen Einspeisevergütung und der Ankündigung der Begrenzung für 2009 war der spanische Markt im Jahre 2008 auf 2,4 Gigawatt explodiert. Die Steuerfinanzierung war also eine Ursache für den spanischen Deckel und die damit verbundene drastische Schrumpfung des Marktes. Wie oben bereits erwähnt, ist 2009 in Spanien der Ausbau mit ca. 350 Megawatt sogar deutlich unter dem Niveau des Deckels geblieben.

Einer der größten gesetzgeberischen Fehler ist also entweder die direkte Finanzierung der Einspeisevergütung aus dem Staatshaushalt oder auch nur die Gewährung von staatlich garantierten finanziellen Sicherheiten für die Netzbetreiber, die die Vergütung ausbezahlen müssen.

4.3.15 Akteure

Ein funktionierendes EEG muss aus der Sicht unterschiedlichster Interessensgruppen der Gesellschaft akzeptiert werden und den Investoren verlässliche Investitionsbedingungen gewähren. Im Folgenden werden diese Grundvoraussetzungen für die unterschiedlichen Interessensgruppen beschrieben:

Stromkunden

Die Stromkunden müssen die erhöhten Kosten der Einspeisevergütungen tragen. Gleichmäßig sollten die Mehrkosten auf alle Stromkunden umgelegt werden, um so die Strompreiserhöhung möglichst gering zu halten.

Ende der neunziger Jahre gab es in Deutschland Umfragen, wonach Stromkunden artikulierten, dass sie bereit wären, geringfügige Mehrkosten für die Ökostromerzeugung zu zahlen, wenn alle Kunden gleichmäßig belastet würden. In der Tat wechselten Stromkunden nur relativ selten freiwillig zu einem Ökostromhändler, weil dort die Strompreise meist noch höher lagen als beim Bezug von konventionellem Strom. Die Meinung vieler Stromkunden geht also nach der Devise: Wenn schon Mehrkosten für Klimaschutz und Markteinführung für neue Technologien erforderlich sind, dann sollen alle gleichmäßig diese Mehrkosten tragen und nicht nur wenige Kunden, die ein Bewusstsein für die Notwendigkeit der Ökologie haben.

In der Tat gibt es Mehrkosten für die Stromkunden. Sie betrugen 2010 in Deutschland nach Angaben des Bundesumweltministeriums 8,2 Milliarden Euro. Diese Summe mag hoch erscheinen, doch umgelegt auf die einzelnen Stromkunden ist dies relativ wenig. So zahlte ein typischer Haushaltskunde im Jahre 2011 in Deutschland etwa 24 Cent pro Kilowattstunde Strom. Der Anteil für die Mehrkosten durch das EEG betrug daran nur etwa 3,53 Cent pro Kilowattstunde, was einem Anteil von etwa 14,7 Prozent entspricht. Der Stromkunde erhielt dafür im ersten Halbjahr 2011 bereits einen Anteil von 20,8 Prozent Erneuerbarer Energien an seinem Stromverbrauch.

Auch für Stromkunden aus der Wirtschaft sind die Mehrkosten für die Energieausgaben durch erneuerbare Energien leicht zu tragen. In Deutschland liegen die durchschnittlichen Kostenanteile für Energie an den Produktionskosten etwa bei 5 Prozent. Mit einer Strompreiserhöhung von etwa 3 Prozent liegt die Erhöhung der Produktionskosten also deutlich unter 0,15 Prozent. Diese geringfügigen Mehrkosten sind im unternehmerischen Alltag nicht von Relevanz und könnte leicht durch entsprechende Stromeinsparmaßnahmen mehr als wettgemacht werden.

Für die energieintensive Industrie, zum Beispiel Aluminiumwerke, sind allerdings auch geringe Strompreiserhöhungen bereits ein ernstzunehmender belastender Wirtschaftsfaktor. Die Härteklausel im deutschen EEG sieht deshalb vor, dass bestimmte energieintensive Industrien bei der Umlage der Mehrkosten deutlich entlastet werden. So müssen sie etwa nur 10 Prozent der Umlage, wie sie für Haushaltskunden erforderlich sind, bezahlen.

Die energieintensive Industrie profitiert damit mehrfach vom EEG. Zum einen sind über den sogenannten Merit-Order-Effekt die Strombörsenpreise in Deutschland aufgrund der Einspeisung der Erneuerbaren Energien bereits niedriger als ohne diese Einspeisung. Dieser Merit-Order-Effekt kommt hauptsächlich dadurch zustande, dass bei starkem Wind viel Strom erzeugt wird, für den keine Brennstoffkosten anfallen. Damit hat die deutsche Industrie bereits einen Wettbewerbsvorteil gegenüber ausländischen Industriezweigen. Trotz dieses Effektes müssen sie deutlich weniger Umlagekosten zahlen als die Haushaltskunden. Ein dritter, oft unterschätzter Vorteil ist, dass die Branche der Erneuerbaren Energien die Umsätze der energieintensiven Industrie deutlich erhöht. So ist die Windkraftindustrie in Deutschland nach der Automobilindustrie bereits einer der größten Stahlabnehmer.

Stromkonzerne

Die Interessenslage der großen Stromkonzerne ist meist konträr zur Einspeisung der Erneuerbaren Energien. Die großen Stromkonzerne sind in Deutschland, zwar nicht in offiziellen Verlautbarungen, aber dennoch in vielen Handlungen erbitterte Gegner der Einspeisung Erneuerbarer Energien in das Stromnetz. Die Erklärung dafür liegt auf der Hand: Etwa 80 Prozent der Stromerzeugung in Deutschland ist in der Hand der vier großen Konzerne E.ON, RWE, Vattenfall und EnBW. Zum größten Teil sind dies klimaschädliche Kohlekraftwerke sowie umweltschädliche Kernkraftwerke. Würde der Anteil Erneuerbarer Energien an der Stromerzeugung z. B. auf 50 Prozent ansteigen, dann müsste ein Großteil dieser umweltschädlichen Großkraftwerke abgeschaltet werden. Dies führt aber zu verminderten Verkaufserlösen und damit verminderten Renditen oder gar Verlusten der Konzerne. Deshalb arbeiten sie mit vielfältigen Methoden gegen ein starkes Wachstum der Stromerzeugung aus Erneuerbaren Energien, zumindest gegen ein Wachstum, welches außerhalb der Konzerne stattfindet.

Dies gilt übrigens nicht nur für Deutschland, sondern ist weltweit das Haupthindernis für den Klimaschutz und die Versorgungssicherheit mit Erneuerbaren Energien. Die Manager der großen Energiekonzerne haben besten Zugang in die höchsten Etagen der Politik und können deshalb ihre Interessen oft durchsetzen. Dort, wo Überzeugungsarbeit alleine nicht fruchtet, wird hinter den Kulissen auch teilweise mit Korruption nachgeholfen.

Noch problematischer wird es, wenn die konventionelle Stromerzeugung gar in staatlichem Besitz ist. Die Renditen dieser Stromerzeugung gehen in den Staatshaushalt. Deshalb sind Finanzminister oft gegen den Ausbau Erneuerbarer Energien – ein schnelles Wachstum würde hier auch die Staatseinnahmen aus der konventionellen Stromerzeugung schnell schmälern.

Um gegen diese Widerstände anzugehen, ist es unverzichtbar, dass die Energieversorgungsunternehmen mit eigenem Investment in Erneuerbare Energien auch Anteil an der Einspeisevergütung haben. Somit bietet sich ihnen wenigstens die Möglichkeit, die in ihrem Konzern wegfallenden Stromerzeugungskapazitäten gewinnbringend mit Eigenerzeugung aus Erneuerbaren Energien aufzufangen.

Obwohl im deutschen EEG diese Möglichkeit den Konzernen seit dem Jahre 2000 eröffnet ist, haben sie dennoch nur sehr wenig in Erneuerbare Energien investiert. Der Grund ist wohl der Renditeansatz von etwa 5 bis 7 Prozent. Große Stromkonzerne sind es gewohnt, Renditen von 15 bis über 20 Prozent zu erzielen. So ist es kein Wunder, dass in Deutschland der Löwenanteil der Investitionen nicht von den großen Konzernen getätigt wurde, sondern vor allem von Bürgern, die mit privatem Kapital in viele Bürgeranlagen investierten. Aber auch Finanzgesellschaften und kleinere Energieversorgungsunternehmen wie fortschrittliche Stadtwerke haben den Aufschwung bei Erneuerbaren Energien unterstützt.

Mittlerweile haben selbst die großen Energiekonzerne erkannt, dass sie den stark wachsenden Markt der Erneuerbaren Energien nicht einfach der mittelständischen Konkurrenz überlassen können. Als Folge haben sie mittlerweile eigene Abteilungen gegründet, die in Erneuerbare Energien investieren. Ende 2012 hat mit EnBW der erste große Stromkonzern seinen Widerstand gegen den Ausbau der Erneuerbaren Energien und gegen das EEG aufgegeben. In einem Positionspapier wurde das EEG gelobt und als Notwendig für die Energiewende anerkannt (EnBW 2012).

Gesetzgeber

Für den Gesetzgeber, der ein Einspeisegesetz vorbereitet, gilt es natürlich, alle Kriterien, Ziele und Interessenslagen zusammenzutragen und zu optimieren. Die Ziele des Gesetzgebers müssen sich an den Gemeinwohlinteressen orientieren und nicht an den Interessen weniger Stromkonzerne. Wichtige Gemeinwohlziele für ein Einspeisegesetz lassen sich wie folgt identifizieren: Wirtschaftliche Entwicklung mit neuer Unternehmertätigkeit und Sicherung der Energieversorgung; Schaffung von neuen Arbeitsplätzen; Unterstützung von Innovationen und deren Umsetzung in marktfähige Produkte; Verringerung der Abhängigkeit von Energieimporten; Sicherung der zukünftigen Energieversorgung; Erschließung von kostenlosen Energieträgern; Klimaschutz mit Vermeidung von CO_2-Emissionen; Verbesserung des lokalen Umweltschutzes.

Alle diese positiven Ziele stehen im Widerspruch zu den Interessen der konventionellen Stromerzeuger, die im Allgemeinen besten Zugang zu den Entscheidungsträgern in den Parlamenten und Regierungen haben. Häufig sind Parlamentarier freier von den Lobbyinteressen als Regierungsmitglieder. Nach den Grundgesetzen in demokratischen Gesellschaften ist das Parlament der Gesetzgeber und nicht die Regierung. Es ist bezeichnend, dass das deutsche EEG ohne Regierungsentwurf mitten aus dem Parlament entstanden ist. Ja, es wurde sogar gegen den erbitterten Widerstand des damals zuständigen Wirtschaftsministers Werner Müller vom Deutschen Bundestag durchgesetzt. Dieses Beispiel kann Mut machen für andere Parlamente, sich über die Interessen der Energiewirtschaft durchzusetzen, selbst dann, wenn deren Interessen wie so oft großen Widerhall in der Regierung finden.

Das Parlament sollte sich aber auch an anderen Kriterien ausrichten. Dazu gehört beispielsweise die Verringerung der Staatsausgaben. Der mehrfach erwähnte Vorteil der Unabhängigkeit von Steuergeldern sollte also in ureigenem Interesse eines Parlamentes verwirklicht werden.

Zudem ist es wichtig, dass Parlamente Gesetze beschließen, deren Wirkung auch über Jahre hinweg gesichert ist. Positive Wirkungen für den Klimaschutz können Anlagen für Erneuerbare Energien nur dann erzielen, wenn sie dauerhaft Strom erzeugen. Mit der auf 20 Jahren garantierten Einspeisevergütung wird dieser Effekt mit hohem Wirkungsgrad erfüllt. Mit alternativ zu beschließenden staatlichen Subventionen wird zum einen der Staatshaushalt belastet, zum anderen keine Gewähr über eine 20-jährige Funktionsweise der subventionierten Erneuerbaren Energieanlagen gegeben. Dies alles sind oft übersehene wichtige Kriterien aus der Sicht des Gesetzgebers.

Naturschützer

Naturschutzverbände engagieren sich für eine intakte Umwelt. Sie trachten danach, die Erderwärmung aufzuhalten sowie lokalen Natur- und Umweltschutz umzusetzen. Naturschutzverbände haben deshalb ein herausragendes Interesse an der Einführung und Umsetzung von Einspeisegesetzen, da sie die erfolgreichste Möglichkeit für wirksamen Klimaschutz darstellen.

Gleichzeitig achten Naturschutzverbände zu Recht auf die Einhaltung klassischer Naturschutzziele. Dem örtlichen Artenschutz ist genauso Rechnung zu tragen wie Luftreinhaltung, Boden- und Gewässerschutz. Erneuerbare Energienanlagen helfen im Normalfall automatisch mit, diese Ziele zu erfüllen. Doch es gibt auch Zielkonflikte, die allerdings lösbar sind. So sollten beispielsweise große Wasserkraftanlagen vermieden werden, wenn sie große Landstriche mit Staudämmen unter Wasser setzen. Bei kleinen Wasserkraftanlagen ist dem Artenschutz, z. B. mit Aufstiegshilfen für Fische, Rechnung zu tragen. Bei Verbrennungsprozessen von Bioenergien ist die Luftreinhaltung ein wichtiges Ziel. Gesundheitsschädlicher Feinstaub ist genauso zu vermeiden wie Stickoxide und andere klassische Luftschadstoffe. Die Anbaumethoden von Pflanzen für ihre Energieanlagen sollten – übrigens genauso wie für die Ernährung – sozialen und ökologischen Kriterien entsprechen. Monokulturen mit Pestizideinsatz, Gentechnik und klimaschädlicher Mineraldünger, manchmal sogar unter Missachtung der internationalen Standards für Arbeitnehmer, sollten vermieden werden. Nachhaltigkeitskriterien für die Nutzung von Bioenergien sind unverzichtbar für Einspeisegesetze.

4.4 Die Genehmigungsprobleme

Es genügt nicht, gute gesetzliche Grundlagen für die wirtschaftlichen Investitionen zu schaffen – sowohl für die Renditeerwartungen, als auch für die privilegierte Einspeisung in die Stromnetze. Ebenso müssen weitere Hemmnisse ausgeräumt werden, die Investitionen in Erneuerbare Energien verhindern können. Vor allem in der Genehmigungspraxis können unüberwindliche Hindernisse aufgebaut werden.

Man muss verschiedene Arten von Genehmigungen unterscheiden:

- Genehmigung für die Gewährung der Vergütung,
- Genehmigung für den Netzanschluss,
- Genehmigung für den Bau der Anlage.

4.4.1 Genehmigung der Vergütung

Im deutschen EEG spricht die öffentliche Hand keine Genehmigung für die Gewährung der Vergütung aus. Da im Gesetz geregelt ist, dass die Vergütung verpflichtend vom Netzbetreiber zu bezahlen ist, gibt es dazu auch keine Veranlassung. Viele Netzbetreiber verlangen zwar den Abschluss eines Einspeisevertrages als Voraussetzung für die Zahlung der Vergütung. Dies ist aber rechtswidrig, da im EEG geregelt ist, dass der Abschluss eines Einspeisevertrages nicht notwendig ist. Der Gesetzgeber hatte diese Regelung in der Novelle 2004 für das EEG erlassen, da viele Netzbetreiber Einspeiseverträge missbraucht hatten, um Bedingungen durchzusetzen, die ihren Interessen entsprechen, aber die Einspeisewilligen von Ökostrom um ihre gesetzlich verbrieften Rechte brachten.

Eine Genehmigung für die Vergütung ist also nicht notwendig, da der Gesetzgeber eine Verpflichtung für die Zahlung der Vergütung festgelegt hatte. Eine Genehmigung für die Vergütung darf auch nicht in das Ermessen der Netzbetreiber gestellt werden, da sie ansonsten ihre Macht missbrauchen können, zum Beispiel für den Bestandsschutz konventioneller Stromerzeugung. Streitfälle müssen Gerichte auf Grundlage der gesetzlichen Basis entscheiden.

4.4.2 Genehmigung des Netzanschlusses

Auch dafür ist keine behördliche Genehmigung erforderlich, da im EEG ausdrücklich die Privilegierung des Netzanschlusses für Erneuerbare Energien festgelegt ist. Dennoch versuchen immer wieder Netzbetreiber, den Anschluss mit verschiedensten Argumenten zu verhindern. Um Streitigkeiten auszuräumen, wurde die schon erwähnte Clearingstelle bei der Bundesregierung eingerichtet. Sie löst oftmals erfolgreich Streitfälle ohne Gerichte anzurufen und erarbeitet im Konsens Regelungen für bestimmte Fälle unter Mitwirkung der Netzbetreiber und Ökostromerzeuger.

Auch hier gilt: Eine Genehmigung für den Netzanschluss darf nicht in das Ermessen der Netzbetreiber gestellt werden, da sie ansonsten ihre Macht missbrauchen können, zum Beispiel für den Bestandsschutz konventioneller Stromerzeugung. Wenn die Clearingstelle keine Lösung für die Beteiligten findet, müssen Gerichte auf Grundlage der gesetzlichen Basis entscheiden.

4.4.3 Genehmigung für den Bau der Anlage

Für den Bau der Anlage gilt eine Vielzahl von baugesetzlichen Vorschriften, sodass Baugenehmigungen nur von der öffentlichen Hand ausgesprochen werden können.

Baugenehmigungen müssen viele Vorschriften beachten. Sie umfassen z. B. das Emissionsrecht, welches beispielsweise bei Verbrennungsprozessen in Bioenergieanlagen die Einhaltung der Luft- oder Wasseremissionen vorgibt. Auch der Lärmschutz muss überprüft werden, z. B. bei Windkraftanlagen. Eine naturschutzrechtliche Prüfung ist erforderlich, z. B. beim Artenschutz für Fische bei Wasserkraftanlagen oder die Überprüfung von nachhaltiger Waldnutzung als Rohstoffquelle von Holz.

Baugenehmigungen müssen auch das allgemeine Planungsrecht einhalten. So kann beispielsweise keine große Windkraftanlage mitten in eine Siedlung gebaut werden. Aus diesem Grunde gibt es in Deutschland eine Privilegierung von Windkraftanlagen in Gebieten außerhalb von Siedlungen, wo ansonsten sehr restriktive Baugesetze gelten.

Raumplanung und Baugenehmigungen sind zwingend erforderlich, um Wildwuchs vorzubeugen. Allerdings können Baugenehmigungen auch für den Bestandsschutz von konventioneller Stromerzeugung missbraucht werden. Oftmals folgen Behörden in vorauseilenden Gehorsam den Interessen konventioneller Stromerzeuger und setzen zu restriktive Kriterien an die Genehmigung an, sodass Baugenehmigungskriterien eher einer Verhinderungsplanung nahe kommen, denn einer Ausbauplanung.

Ein Paradebeispiel ist der Vogelschutz bei Windkraftanlagen. Natürlich ist zu verhindern, dass eine Windkraftanlage in ein Vogelschutzgebiet gestellt wird. Allerdings ist außerhalb von Vogelschutzgebieten kaum mit einem Vogelschlagrisiko zu rechnen, wie umfangreiche wissenschaftliche Untersuchungen belegen. Dennoch wird dieses Argument oft vorgeschoben, um Windkraftanlagen die Genehmigung zu verweigern. Hinter der Verweigerung steht manchmal aber der Schutz konventioneller Stromerzeugung vor missliebiger Konkurrenz aus Erneuerbaren Energien. Eine Fülle anderer, prinzipiell richtiger Argumente wie Landschaftsschutz oder Schutz vor Bodenversiegelungen lässt sich auch für Verhinderungszwecke missbrauchen. So gibt es Genehmigungsbehörden, die mit dem Landschaftsschutzargument Windrädern die Baugenehmigung verweigern, aber bedenkenlos die Baugenehmigung für Braunkohletagbau erteilen, obwohl damit Dörfer abgebaggert werden und die Natur ganzer Landstriche vernichtet wird.

Mit dem Verhinderungsinstrument der Baugenehmigung arbeiten manche Regierungen und ihre untergeordneten Behörden, wenn ihr politisches Ziel darin liegt, atomare und fossile Stromerzeuger zu unterstützen. Baugenehmigungen sind hierfür ein willkommenes Verhinderungsinstrument. Es ist Aufgabe einer verantwortungsvollen Politik für Klimaschutz, solchen Baugenehmigungsmethoden der Behörden ein Ende zu setzen.

Zusammenfassend seien hier nochmal die wichtigsten Kriterien und Effekte in Tabellenform angeführt, die zu einem erfolgreichen Gesetz mit Einspeisevergütung führen.

Kriterien für den Erfolg von Einspeisevergütungsgesetzen (EEG):

- Die Einspeisung von Strom aus Erneuerbare-Energien-Anlagen hat Vorrang vor der Einspeisung von Strom aus anderen Quellen;
- Die Vergütungshöhen und -laufzeiten gewährleisten den wirtschaftlichen Betrieb der Stromerzeugungsanlagen – nicht mehr und vor allem nicht weniger;
- Realistische Degressionsvorgaben geben Anreize zur Kostensenkung und verhindern Mitnahmeeffekt;
- Die Mehrkosten der Einspeisevergütung werden vom Stromkunden getragen, Steuermittel bleiben außen vor;
- Bürokratische Vorgaben sind minimal, im Prinzip sind nicht einmal Stromeinspeiseverträge erforderlich.

Vorteile von Einspeisevergütungsgesetzen (EEG) gegenüber anderen Fördersystemen:

- Hohe Planungssicherheit auch in Krisenzeiten;
- Hohe Effizienz (geringe Kosten – geringe Transaktionskosten und Sicherheitszuschläge);
- Hohe Effektivität (schneller Ausbau Erneuerbarer Energien und umfassende Einsparung von CO_2);
- Hohe Innovationsanreize;

- Keine Belastung des Staatshaushaltes;
- Viele neue Arbeitsplätze;
- Insbesondere gute Chancen für mittelständische Unternehmen.

Wichtige Begleitmaßnahmen:

- Ausbau und Verstärkung von Stromnetzen und Stromspeichern;
- Weitgehende Reduzierung der Bürokratie, insbesondere einer unterstützenden Baugenehmigungspraxis;
- Kredit- und Bürgschaftsprogramme zur Erleichterung der Fremdkapitalaufnahme.

4.5 Notwendige staatliche Regulationen für wirksamen Klimaschutz

Adressaten für die Forderungen nach politischen Regulationen sind vor allem die Parlamente, denn sie beschließen die Gesetze. Adressaten sind aber auch Regierungen, weil sie über Verordnungen die Ausführung der Gesetze gestalten sowie häufig auch Gesetzesentwürfe in die Parlamente einbringen.

Gesetze und Verordnungen, die den Klimaschutz befördern, müssen vor allem unter zwei Leitlinien gefasst werden:

- Aufbau eines regulatorischen Systems, das Investitionen in Klimaschutzmaßnahmen und Technologien befördert. Dazu gehören steuerliche Förderungen, Regulationen für Investitionsunterstützungen (z. B. Einspeisevergütung), Genehmigungsunterstützung, Normungen und Bildungs- und Forschungsoffensiven. Dies gilt für alle Technologien, die Nullemission oder Kohlenstoffsenken befördern, vor allem in der Energie-, Chemie-, Transport-, Bau- und Landwirtschaft.
- Abschaffung bzw. Veränderung aller Regulationen, die Unterstützungen für klimazerstörende Investitionen bieten. Dies sind vor allem steuerliche und sonstige Privilegien, aber auch Genehmigungsverfahren, Forschungsunterstützung oder Bildungskonzepte.

Diskutiert werden müssen auch Regulationen, die zwar für den Klimaschutz gedacht sind, aber nur geringe oder keine Wirkung zeigen. Dazu gehört vor allem der Emissionshandel.

In den folgenden Kapiteln werden ausführlich politische Maßnahmen diskutiert, die dafür geeignet sind, private Investitionen für einen wirksamen Klimaschutz zu stimulieren. Zum besseren Überblick folgt hier zunächst eine Zusammenfassung:

Zusammenfassung: Politische Maßnahmen zur aktiven Stimulanz von Investitionen in Klimaschutztechnologien

- Gesetze für Einspeisevergütungen nach dem Vorbild des deutschen Erneuerbare-Energien-Gesetzes (EEG)
- Schaffung von steuerlichen und anderen finanziellen Vorteilen für Klimaschutztechnologien
- Direkte Subventionen aus Steuergeldern für Klimaschutztechnologien und Maßnahmen
- Schaffung von Fonds, gespeist aus öffentlichen und privaten Finanzmitteln, zur unterstützenden Finanzierung von Klimaschutzinvestitionen
- Erhöhung der Forschungsausgaben für alle Klimaschutztechnologien und Klimaschutzmaßnahmen
- Organisierung des weltweiten Wissenstransfers
- Schaffung einer Wissenschafts-, Bildungs- und Ausbildungsoffensive an allen Bildungseinrichtungen wie Schulen und Universitäten
- Klimaschutz im Grundgesetz verankern: Klimaschutz als politische Querschnittsaufgabe, Ministerien für Klimaschutz, Klimaschutzgesetze
- Vorbildfunktion im Klimaschutz durch das Beschaffungswesen der öffentlichen Hand
- Schaffung von privilegierten Genehmigungen, zum Beispiel Bauten im Außenbereich für Erneuerbare Energien oder HTC-Techniken
- Schaffung von Privilegien und Belohnungen für die Nutzung von Klimaschutztechnologien
- Durchforstung von Gesetzen und Verordnungen nach Hemmnissen für die Investitionen von Klimaschutztechnologien sowie die notwendigen Novellierungen dazu
- Ordnungspolitische Maßnahmen
- Finanzmarktregulationen, die Investitionen in Klimaschutztechnologien befördern
- Erneuerbare Energien als Bestandteil internationaler Konfliktlösungsstrategien

4.5.1 Gesetze für Einspeisevergütungen nach dem Vorbild des deutschen Erneuerbare-Energien-Gesetzes (EEG) auch für Bereiche außerhalb des Stromsektors

Das EEG mit seinen Grundprinzipien und Erfolgen wurde im Einführungsteil des Buches bereits angesprochen und im Kapitel 4.3 ausführlich beschrieben.

Gesetze mit Einspeisevergütung sind nicht nur im Stromsektor wirkungsvoll und erforderlich. Auch Biogas braucht ein Biogaseinspeisegesetz nach dem Vorbild des EEG, damit es sich im Erdgasmarkt durchsetzen kann. Erforderlich wären dafür mindestens eine Einspeisevergütung für das eingespeiste Biogas und ein privilegierter

Zugang zum Erdgasnetz. In Deutschland wird seit Jahren versucht, über unzulängliche Verbesserungen der Netzzugangsverordnung im Gassektor die Biogaseinspeisung voranzubringen. Zwar wird in Gaspipelines eingespeistes Biogas, sofern es anderer Stelle verstromt wird, auch mit einer speziellen EEG-Vergütung unterstützt. Dennoch sind die Erfolge sehr bescheiden. Der Grund ist, dass immer noch kein privilegierter Netzzugang für Biogasproduzenten existiert und auch keine Einspeisevergütung für das eingespeiste Biogas. Beides wird seit Jahren mit viel politischer Lobbyarbeit von der Erdgaswirtschaft verhindert.

Denkbar und notwendig sind auch Einspeisegesetze für Wärme aus Erneuerbaren Energien in Fern- und Nahwärmesystemen. Solche Gesetze ermöglichen auch den Investoren von Biogas oder solarer Wärme einen privilegierten Netzzugang sowie Einspeisevergütungen, die eine finanzielle Rentabilität ermöglichen. Entsprechende Gesetze müssen nicht auf der Ebene von Nationalstaaten erlassen werden. Vielmehr reicht es aus, wenn die Kommune, in der das Fernwärmenetz verlegt ist, eine entsprechende Verordnung erlassen würde. So begann auch der Siegeszug der Photovoltaik, der mit der kommunalen kostendeckenden Vergütung für Solarstrom seine Wiege in den schon erwähnten Pionierstädten Hammelburg, Freising und Aachen hatte.

Regulationen wie das Prinzip der Einspeisevergütung sind auch in anderen Klimaschutzbereichen außerhalb der Energie denkbar, aber noch nicht verwirklicht. Beispielsweise könnte auch biologisch angebauten Lebensmitteln ein Preisvorteil gegenüber Lebensmitteln aus der intensiven Landwirtschaft verschafft werden. Ein solches Bio-EEG-Gesetz würde den Zugriff auf Biolebensmittel massiv verstärken und im Prinzip eine Internalisierung der externen Kosten schaffen, die heute noch fehlt. Sicherlich ist ein solches Gesetz nicht so einfach wie im Stromsektor zu verwirklichen, da der Lebensmittelmarkt viel komplexer ist. Dennoch würde es sich lohnen, viel politisches, technisches sowie wirtschaftswissenschaftliches Knowhow in die Entwicklung eines solches Bio-EEG zu setzen. Den Klimaschutz würde es allemal befördern. Grundprinzip eines solchen Bio-EEG müsste es sein, dass der Biolandwirt für seine in den Lebensmittelmarkt eingebrachten Biolebensmittel eine finanzielle Unterstützung („Einspeisevergütung") erhält, deren Mehrkosten auf die Summe aller Verkäufe von konventionellen Lebensmitteln umgelegt wird. Damit würden sich die konventionellen Lebensmittel nur sehr geringfügig verteuern, die Biolebensmittel aber eine höhere Wettbewerbsfähigkeit erreichen. Ganz wie im Stromsektor, wo wegen des EEGs dann viele Privatleute sich eine Solaranlage leisten konnten, würde dann ein Anreiz für die Kunden im Supermarkt entstehen, die gesünderen Biolebensmittel zu kaufen, weil sie eben kostengünstiger wären als die Lebensmittel aus intensiver Landwirtschaft oder Massentierhaltung.

Auch im Chemiesektor sind EEG-ähnliche staatliche Regulationen zur Beförderung einer Chemie aus nachwachsenden Rohstoffen sinnvoll und notwendig. Von der Bundestagsfraktion der Grünen, unter Federführung der Abgeordneten Silvia Kotting-Uhl, wurde das System einer sogenannten Ressourcenabgabe entwickelt (Kotting-Uhl, Kopytziok, Weltzin 2009). Danach wird für alle chemischen Produkte am Anfang der Produktionslinie eine Ressourcenabgabe erhoben, deren Höhe sich nach der Höhe der verursachten Emissionen und dem Verbrauch von Ressourcen richtet. Der Produzent kann und wird diese Abgabe an die Konsumenten weitergeben. So erhalten diejenigen Produkte einen Wettbewerbsvorteil im Markt, die wenige Ressourcen verbrauchen und wenige Emissionen verursachen. Eine entsprechende Ressourcenabgabe würde eine enorme positive Lenkungswirkung erzielen. Es wird Zeit, dass die Diskussion über die Fachkreise hinaus in weitere politische Parteien getragen wird, damit es endlich wirksame Regulationen gibt, den Müllbergen und der gigantischen Ressourcenverschwendung im gesamten stofflichen Sektor ein Ende zu bereiten.

4.5.2 Schaffung von steuerlichen und anderen finanziellen Vorteilen für Klimaschutztechnologien

Steuerliche Maßnahmen sind allseits gängig, wenn es darum geht, bestimmte, von der herrschenden Politik für notwendig gehaltenen Unterstützungen für spezielle Wirtschaftszweige zu geben. Steuererleichterungen oder gar Steuerfreiheit beliebiger Art gibt es für Unternehmensgründungen, für Lebensmittelproduktion, für die Herstellung von Benzin und Diesel, für den Flugverkehr, für Hotels, für Bildungsaufwendungen und so weiter. Die Liste der Steuererleichterungen ist national wie weltweit völlig undurchsichtig und sehr lang. Zum Teil sind es sehr sinnvolle Erleichterungen, wie z. B. für Bildungsaufwendungen, zum Teil ist es aber auch ein reines Bedienen von Klientelinteressen, manchmal bis hin zur Belohnung von Wahlkampfunterstützung, so die jüngst in Deutschland beschlossene Steuererleichterung für Hotels.

Angesichts dieser langen Liste ist es erstaunlich, dass die Forderungen nach Steuererleichterungen oder Steuerbefreiungen für Aufwendungen, die dem Klimaschutz dienen, häufig selbst bei Umweltpolitikern auf Granit beißen, wo viele andere Politiker doch ansonsten mit Steuererleichterungen schnell bei der Hand sind.

Vor allem Befreiungen von der Mehrwertsteuer können den Produkten für den Klimaschutz wie Sonnenkollektoren, Dämmmaterialien, Biokunststoffen oder Biolebensmitteln einen großen Wettbewerbsvorteil vor klimaschädlichen Produkten schaffen. Die Nachfrage würde rasant steigen, der Klimaschutz aufleben, und dem Staat würden nicht unbedingt Steuergelder entgehen. Die dadurch angefachten unternehmerischen Tätigkeiten würden die Steuerausfälle in der Mehrwertsteuer durch überkompensierende Einnahmen aus der Einkommen- und Gewerbesteuer mehr als wettmachen. Allerdings gibt es für diese volkswirtschaftlichen Nebeneffekte keinen Automatismus, weshalb eine sogfältige Prüfung der jeweiligen steuerlichen Maßnahme vor der Einführung ratsam ist. Immer sollte der Klimaschutzgedanke im Vordergrund für die Einführung solcher steuerlichen Erleichterungen stehen und nicht die positiven Effekte an anderer Stelle der Wirtschaft.

Häufig sind Verbrauchsprodukte wie Treibstoffe oder Strom von allgemeinen Steuern wie der Mineralölsteuer oder Stromsteuer belegt. Das Problem ist, dass dies unabhängig davon ist, ob sie klimaschützende oder klimastörende Wirkungen entfalten. Alleine die Befreiung der nachhaltig angebauten Biokraftstoffe von der Mineralölsteuer, des Ökostromes von der Stromsteuer oder von anderen Energiesteuern kann die Nachfrage nach Ökostrom und Biokraftstoffen enorm beflügeln. Der Ökostrom ist in Deutschland leider nicht von der Stromsteuer befreit. Wäre er es, dann könnte der jetzt schon schnell wachsende Markt für Stromkunden, die keinen Strom aus Kohle- oder Atomkraftwerken kaufen wollen, zusätzlich ökonomisch befördert werden.

Am Beispiel der Biokraftstoffsteuerbefreiung, eingeführt 2003 in Deutschland und deren Abschaffung im Jahre 2007, kann sehr deutlich die positive Wirkung einer Steuererleichterung nachgewiesen werden. Am zweiten Beispiel der Verpackungen aus nachwachsenden Rohstoffen kann beleuchtet werden, dass auch die Befreiung von Gebühren, die über Verordnungen festgelegt werden, sehr wohl Lenkungswirkungen erzeugen können.

Exkurs: Aufbruch und Niedergang der Biokraftstoffe in Deutschland

In Deutschland wurden 2003 alle reinen Biokraftstoffe von der Mineralölsteuer befreit. Reine Biokraftstoffe sind Biokraftstoffe, die nicht mit Erdöltreibstoffen vermischt sind wie reine Pflanzenöle und Biodiesel, oder die einen überwiegenden Anteil an Biokraftstoffen besitzen, wie E85, welches zu 85 Prozent aus Bioethanol und nur zu 15 Prozent aus Benzin besteht. Der 15-prozentige Benzinanteil ist notwendig, damit das Bioethanol andere technisch notwendige Eigenschaften eines modernen Kraftstoffes erfüllen kann.

Nach harten internen politischen Kämpfen hatte sich eine Mehrheit von sozialdemokratischen und grünen Abgeordneten im Parlament sogar gegen die erbitterten Widerstände des zur eigenen Regierung gehörenden Finanzministers Hans Eichel durchgesetzt. Die Steuerbefreiung galt nun für Bioethanol E85, für Biodiesel, für Biogas als Treibstoff und für reine Pflanzenöle. Wer nun an der Zapfsäule Biokraftstoffe tankte, bekam so einen ökonomischen Vorteil, weil die Biokraftstoffe billiger waren als die fossilen Kraftstoffe Benzin und Diesel.

Binnen weniger Jahre explodierte der reine Biokraftstoffmarkt dank der Steuerbefreiung. Neue Produktionsstätten für Bioethanol und für Biodiesel entstanden. Landwirte schafften sich Pflanzenölpressen an. Viele begannen sogar mit der Direktvermarktung von Biotreibstoffen, und mittelständische Tankstellen fanden eine neue, von den Mineralölkonzernen unabhängige Geschäftstätigkeit.

Doch dieses neue mittelständische Wirtschaftswunder dauerte nur drei Jahre. Den Mineralölkonzernen ging das Licht auf, dass sie immer größere Anteile ihres vollkommen in eigener Konzernhand befindlichen Kraftstoffmarktes mehr und mehr verlieren würden. Vor allem hinter den Kulissen arbeitete der Mineralölwirtschaftsverband mit großer Lobbyintensität an der Abschaffung der Steuerbefreiung für reine Biokraftstoffe. Stattdessen empfahlen sie die Besteuerung der Biokraftstoffe, aber zu deren Markteinführung solle ein Beimischungszwang zum Benzin oder Diesel eingeführt werden, denn man sei ja auch für den Klimaschutz mit Biokraftstoffen.

Nach dem Regierungswechsel zur großen Koalition aus Konservativen und Sozialdemokraten hatten sie ihr Ziel erreicht. Der Beimischungszwang wurde 2007 eingeführt und die Steuerbefreiung reiner Biokraftstoffe abgeschafft. Viele mittelständische und Kleinstunternehmen, die gerade im Biokraftstoffmarkt aufblühten, gingen in Konkurs, der Absatz von Biokraftstoffen begann einzubrechen. Vor allem die ökologisch besonders vorteilhaften reinen Pflanzenöle verschwanden fast völlig aus dem Treibstoffmarkt.

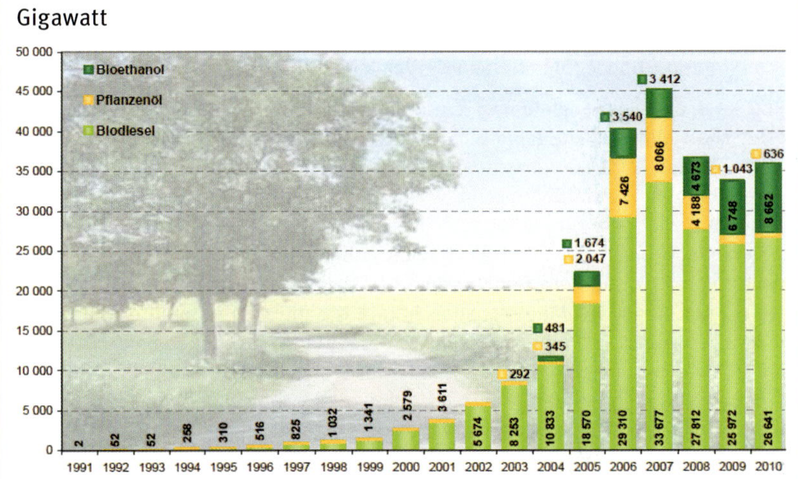

Bild 42: Beitrag EE zum Kraftstoffverbrauch in Deutschland 1991-2010 (Quelle: BMU 2011)

Da dies vor allem mit der Finanzkrise 2008 zusammenfiel, nahm die Öffentlichkeit wenig Notiz; Konkurse und Massenentlassungen gab es ja sowieso. Die mit dem Zusammenbruch der Biokraftstoffwirtschaft etwa 50 000 wegfallenden Arbeitsplätze wurden in der Öffentlichkeit kaum diskutiert, da sie ja nicht in Großkonzernen, sondern in kleinen und mittelständischen sowie landwirtschaftlichen Betrieben anfielen. Zudem ergriff die Kampagne gegen Biokraftstoffe immer weitere Kreise, sodass es kaum möglich wurde, die Verschlechterung der Rahmenbedingungen für reine Biokraftstoffe öffentlich bewusst zu machen. Der heimlich Lachende war die Mineralölwirtschaft, die nun begann, das Geschäft der Biokraftstoffe selbst in die Hand zu nehmen. Einer erstmals sich etablierenden mittelständischen Konkurrenz im Treibstoffsektor hatten sich die Konzerne elegant entledigt.

Den Nachteil hatte vor allem der Klimaschutz. Statt vom Bauern direkt zu kaufen und die nachhaltig angebauten, dezentral erzeugten reinen Biokraftstoffe beizumischen, kauften die Konzerne billiger auf dem Weltmarkt ein. Es war ihnen egal, ob für Palmöl Urwälder abgeholzt wurden oder aus den USA hochsubventionierter, industriell angebauter Biodiesel beigemischt wurde. Hauptsache der Biokraftstoff war billig. Erst mit der seit 2011 gültigen Nachhaltigkeitsverordnung müssen nun auch die Mineralölkonzerne innerhalb der EU Nachhaltigkeitskriterien einhalten und dürfen z. B. keine Pflanzenöle aus neuabgeholzten Urwaldgebieten einsetzen.

Dennoch ist der Schaden sehr groß, da die Entwicklung von Motoren, die reine Biokraftstoffe vertragen können, völlig zum Erliegen gekommen ist. Technologieentwicklung durch eine Nachfragesteigerung in den Märkten findet in Deutschland faktisch nicht mehr statt. Allerdings konnte durch Forschungsunterstützung in der Landwirtschaft dennoch eine geringfügige Technikentwicklung stattfinden. So hat der Weltmarktführer der Traktorenhersteller, John-Deere, einen Traktor entwickelt, der mit reinem Pflanzenöl betreiben werden kann.

Wenn aber eines baldigen Tages das Erdöl ersetzt sein muss, dann braucht die Gesellschaft Motoren, die reine Biokraftstoffe vertragen. Dies kann nicht gelingen, indem sukzessive die Beimischungsquote für alle im Verkehr befindlichen Autos, Busse, Bahnen, Zweiräder erhöht wird. Mit jeder höheren Beimischungsquote müssen plötzlich alle Fahrzeuge technisch diesen neuen Kraftstoff vertragen. Wie problematisch diese Strategie ist, hat im Frühjahr 2011 in Deutschland die Einführung von E10, also ein Benzin, dem 10 Prozent Bioethanol beigemischt wird, gezeigt. Aus Angst vor Motorschäden hatten die meisten Autofahrer die Nutzung von E10 verweigert. E10 musste zunächst wieder vom Markt genommen werden. Es wäre allemal besser gewesen, die Steuerbefreiung der reinen Biokraftstoffe aufrechtzuerhalten, um so den Anteil der Autos, die technisch für die Nutzung reiner Biokraftstoffe tauglich sind, Zug um Zug zu erhöhen.

Dieses Politikversagen der Regierung in Deutschland mit ihrem willfährigen Erfüllen der Wünsche der Mineralölwirtschaft zeigt auf, wie schnell wirksame Klimaschutzmaßnahmen wieder vom Tisch gefegt werden können, selbst wenn sie von der Vorgängerregierung schon beschlossen wurden. Dieses Beispiel zeigt aber auch, dass oberflächliches Betrachten von politischen Maßnahmen oftmals verheerende Wirkungen zeigen kann. Viele Abgeordneten unterstützten die Pläne der Regierung, den Beimischungszwang für Biokraftstoffe statt die Steuererleichterung einzuführen. Sie dachten, es sei egal, welches politische Modell für die Biokraftstoffe gewählt würde. Beide Modelle seien doch für die Biokraftstoffe, und das sei doch genügend. Leider liegt aber wie so oft der Teufel im Detail, und die Wirkung ist sogar kontraproduktiv.

Exkurs: Der Aufbruch bei Verpackungen aus Biokunststoffen und ihr politisches Ausbremsen

Eine ähnliche Geschichte wie bei den reinen Biokraftstoffen gibt es in Deutschland bei der Markteinführung von Verpackungen aus Biokunststoffen. Der Wechsel von politischen Rahmenbedingungen hat eine schnelle Markteinführung von Biokunststoffen ausgebremst. Biokunststoffe haben viele ökologische Vorteile, wenn ihre Rohstoffe aus nahhaltig angebauten Pflanzen kommen. Stärke aus Mais kann ebenso zu Kunstoffen verarbeitet werden wie Biokohle oder Pflanzenöle. Sie ersetzen Erdöl als Rohstoffbasis für Kunststoffe und andere chemische Produkte. In Bioraffinerien kann sogar hochbiodiverses Pflanzenmaterial, beispielsweise Gras vom Grünland, zu Biokunststoffen verarbeitet werden. Biokunststoffe werden also nicht aus fossilem Rohstoff hergestellt. In der energetischen Abfallbeseitigung dieser Biokunststoffe wird nur das CO_2 freigesetzt, das vorher von der Pflanze aus der Luft gefiltert wurde. Besser ist aber eine Kompostierung oder Vergärung in der Biogasanlage, da dann der Kohlenstoff in den Biokunststoffen im Boden deponiert werden kann.

In Deutschland werden alle Verpackungsmaterialien mit einer Abfallgebühr belegt, die alle Verpackungshersteller zu entrichten haben und auf ihre Produkte aufschlagen, um das Einsammeln und die Entsorgung der Verpackungen zu finanzieren. Vom rot-grünen Bundestag wurde dann 2003 eine Befreiung der kompostierbaren Biokunststoffe von diesen Verpackungsgebühren beschlossen. Dies gab zwar nur wenig Kostenvorteil, er war aber genug, um einen schnell wachsenden Markt für Bioverpackungen anzustoßen. Diese Dynamik ist leider stark ausgebremst worden, da die zeitlich befristete Regelung von der nachfolgenden Regierung nicht mehr verlängert wurde. Bioverpackungen haben aber dennoch dynamischen Auftrieb in anderen Ländern, beispielsweise in Großbritannien, wo die Lebensmittelindustrie selbst an der Marktdurchdringung mit Bioverpackungen interessiert ist. Eine ähnliche Entwicklung gibt es auch in Taiwan.

4.5.3 Direkte Subventionen aus Steuergeldern für Klimaschutztechnologien und Maßnahmen

Anders als im sehr erfolgreichen Stromsektor ist in Deutschland der Ausbau der Wärmegewinnung aus erneuerbaren Energien wesentlich weniger erfolgreich. Der Grund ist, dass Sonnenkollektoren, Holzpelletsöfen oder Wärmepumpen und andere Heizungen mit Erneuerbaren Energien nur mit einem steuerfinanzierten Subventionsprogramm unterstützt werden. Trotz vollmundiger Absichtserklärungen aller Politiker über alle Fraktionen hinweg ist der Ausbau der solaren Wärmegewinnung mit Sonnenkollektoren einem ständigen Auf und Ab unterworfen. Der jährliche Zubau ist mal mehr oder weniger als 1 000 Quadratmeter Kollektorfläche.

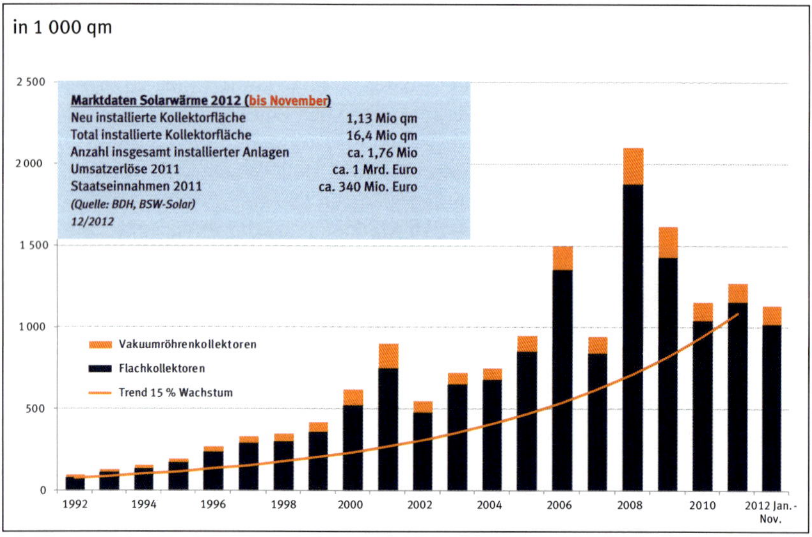

Bild 43: Neuinstallation der solarthermischen Kollektorfläche (Quelle: BSW)

Wie immer gibt es natürlich auch dafür verschiedene Gründe. Neben dem Einfluss des Auf und manchmal auch Ab des Heizölpreises, der bekanntlich mit dem Rohölpreis eng zusammenhängt, spielt vor allem die Förderpolitik des Bundes eine entscheidende Rolle. Jährlich wurden die direkten Subventionen, die als Kaufzuschüsse oder als zinsverbilligte Darlehen für den Kauf von Sonnenkollektoren gewährt wurden, geändert. Die Rotstifte der Finanzminister haben eben auch die ökologisch sinnvollen Subventionen getroffen. Je nachdem, ob die Bedingungen verbessert oder verschlechtert wurden, und ob das zur Verfügung gestellte Haushaltsvolumen groß oder klein war, reagierte der Markt sehr schnell mit dem in der Grafik zu sehenden Auf und Ab. Vor allem, wenn die bereitgestellten Steuermittel so gering bemessen sind, dass sie infolge der Nachfrage beispielsweise Mitte des Jahres ausschöpft sind, dann gibt es eben in der zweiten Jahreshälfte fast keine Investitionen mehr, weil die meisten Kollektorkäufer auf die staatlichen Fördermittel des kommenden Jahres warten. Der Effekt ist, dass es in Deutschland im letzten Jahrzehnt nur sehr wenige Neuinvestitionen in Fabriken mit Sonnenkollektoren gibt. Die Investoren sind verunsichert, da sie nicht wissen, wie hoch das Gesamtvolumen der staatlichen Subventionen nach den nächsten Haushaltsberatungen sein wird.

Das Beispiel der Solarkollektoren zeigt auf, dass steuerliche Subventionen keine wirksame Unterstützung für den beschleunigten Ausbau von Erneuerbaren Energien und anderen Klimaschutzmaßnahmen sind. Es sei denn, die politischen Beschlüsse würden über Jahre hinweg verlässlich das Gesamtvolumen der Unterstützung steigern, so wie sich ein dynamisch wachsender Markt steigert. Doch dies ist Utopie, da aufgrund der hohen Verschuldung der Staatshaushalte Finanzpolitiker jeden Einzelposten suchen, der die Ausgaben des Staates reduzieren kann, unabhängig davon, ob es sich um ökologisch sinnvolle oder kontraproduktive Maßnahmen handelt.

Diese negativen Erkenntnisse von staatlichen Subventionen gelten vor allem für die Entwicklung von Massenmärkten, wie sie Sonnenkollektoren sind.

Es gibt aber durchaus Bereiche, in denen staatliche Subventionen sinnvoll sind und es wenig andere Maßnahmen gibt. Dazu gehören zum Beispiel Förderprogramme für Demonstrationsprojekte und die Unterstützung von ersten kleinen Serien innovativer Produkte. Oftmals können sie noch mit einem Forschungsprogramm verbunden werden.

So wurde in Deutschland beispielsweise ein Programm für die Förderung von 100 Pflanzenöltraktoren aufgelegt. Dieses Subventionsprogramm hatte großen Erfolg und zeigte auf, dass über die Hälfte der Traktoren, die extra für die Nutzung von reinen Pflanzenölen umgerüstet wurden, technisch einwandfrei arbeiteten. Diese Ergebnisse waren besonders bedeutsam, da ja reine naturbelassene Pflanzenöle im Traktor viele verschiedene Vorteile haben: Bei Leckagen des Kraftstoffsystems im Traktor verschmutzen sie nicht den wertvollen Ackerboden mit Erdöl; der Landwirt kann seinen Treibstoff selbst auf dem eigenen Acker gewinnen, auf seinem Hof auspressen und filtern und selbst wieder als Treibstoff verwenden; mit nachhaltigen Anbaumethoden der Pflanzenöle wird ein aktiver Beitrag zum Klimaschutz geleistet; der Landwirt wird unabhängig von steigenden Treibstoffkosten infolge der Erdölverknappung.

Leider gab es kein Nachfolgeprogramm, das die Markteinführung dieser tauglichen Traktoren unterstützt hätte. Vielmehr hat der Deutsche Bauernverband politisch durchgesetzt, dass der fossile Diesel in der Landwirtschaft mit Steuererleichterungen hoch subventioniert wird, sodass die Landwirte selbst kein Interesse an der Nutzung eines auf dem eigenen Acker gewinnbaren Kraftstoffes haben. So hat die Steuererleichterung von fossilem Diesel die Nachfrage nach pflanzenöltauglichen Traktoren verhindert.

Dennoch wird dieses Programm langfristig Erfolg haben, da der Weltmarktführer der Traktorhersteller, John Deer, mit den Erkenntnissen dieses 100-Traktorprogrammes jetzt einen pflanzenöltauglichen Traktor serienreif entwickelt hat, wie oben bereits erwähnt. Auch andere deutsche Traktorhersteller kommen nun mit pflanzenöltauglichen Traktoren auf den Markt. Mit weiteren Erdölpreissteigerungen werden diese Traktoren sicherlich einen Weg in den Markt finden und ihre Klimaschutzwirkung entfalten. Um Forschungs- und Demonstrationsvorhaben zu befördern, sind also staatliche Förderprogramme, finanziert aus Steuergeldern, durchaus sinnvoll. Um Massenmärkte mit diesen so entwickelten Produkten anzustoßen, braucht es aber meist andere Unterstützungen.

Subventionsprogramme können auch übergangsmäßig, in Ergänzung zu anderen Markteinführungsmaßnahmen, durchaus positive Wirkungen entfalten. Im Jahre 1999 wurde im Deutschen Bundestag das vor allem von Hermann Scheer propagierte 100 000-Dächerprogramm für Photovoltaik beschlossen. Dieses steuerfinanzierte Subventionsprogramm begann zwar erst ab dem Jahre 2000 zusammen mit der von mir vorgeschlagenen Einführung der Einspeisevergütung von 99 Pfennigen (etwa 50 Eurocent) pro Kilowattstunde Solarstrom zu wirken. Dennoch war es sinnvoll, weil ansonsten eine Einspeisevergütung von fast einem Euro oder zwei deutsche Mark notwendig gewesen wären, um eine wirtschaftlich rentable Investition in der Photovoltaik zu schaffen. Mit rascher Senkung der Produktionskosten konnte ab 2004 dann eine Vergütung von 50 Cent ohne die Notwendigkeit einer zusätzlichen direkten Subvention gewährt werden. Das 100 000-Dächerprogramm war vor allem deshalb sinnvoll, weil es die politische Akzeptanz für die 99 Pfennige Solarstromvergütung erst möglich machte – für die doppelte Vergütung hätte es kaum eine Mehrheit im Bundestag gegeben. 2004 konnte dann die politische Akzeptanz der erhöhten Solarstromvergütung leichter erreicht werden, da nun die Einsparung von Steuergeldern im Vordergrund standen. Sinnvoll war damals, im Jahre 2000, die Kombination aus Vergütung und Subvention auch deshalb, weil mit dem Subventionsprogramm zinsgünstige Finanzierungen für die damals noch sehr hohen Kosten der Photovoltaikanlagen möglich wurden.

Auch wenn Subventionsprogramme für die Unterstützung schnell wachsender Massenmärkte von Klimaschutztechnologien kaum tauglich sind, so können sie durchaus in ihren Anfangsphasen eine positive Wirkung entfalten.

Denkbar sind also zum Beispiel Kaufzuschüsse aus Steuergeldern oder mit Steuermitteln verbilligte Zinsen für Darlehen. Beispiele sind folgende Klimaschutztechnologien und Maßnahmen: energetische Haussanierungen, Kauf von Nullemissionsautos, Solarkollektoren und Dämmmaterialien, Umstellungshilfen für Biolandwirte oder Investitionshilfen für den Aufbau von Bioraffinerien. Die Palette der möglichen und sinnvollen Subventionen ist groß.

Im Prinzip erscheint es sinnvoll, alle Produktgruppen zu subventionieren, wenn sie denn dem Klimaschutz dienen. Daher ist die direkte Subvention immer gleich der erste Gedanke von Politikern, die sich ernsthaft für den Klimaschutz einsetzen. Allerdings ist es unmöglich, nur über Subventionen alle notwendigen Klimaschutzaktivitäten zu finanzieren. Die Gesamtsumme der Differenzkosten, die zwischen den klimaschädlichen bzw. klimafreundlich Produkten liegen, sind, solange die externen Kosten nicht umgelegt sind, zu hoch, als dass sie durch steuerliche Subventionen ausgeglichen werden könnten. Dies gilt umso mehr angesichts der Verschuldungskrise der öffentlichen Haushalte. Viel erfolgversprechender sind politische Maßnahmen, die keine Steuergelder kosten und dennoch einen Wettbewerbsvorteil der klimafreundlichen Produkte für den Kunden schaffen. Dazu gehören auf jeden Fall die Abschaffung von steuerlichen Subventionen für klimaschädliche Produkte, sowie staatliche Regulationen wie Einspeisevergütungen, die für den Kauf von klimafreundlichen Produkten eine ökonomisch tragfähige Basis schaffen.

4.5.4 Schaffung von Fonds, gespeist aus öffentlichen Finanzmitteln, zur unterstützenden Finanzierung von Klimaschutzinvestitionen

Ein wichtiges politisches Instrument für die Finanzierung von Klimaschutzmaßnahmen sind öffentliche Fonds, meist aus Steuergeldern finanziert, die für die Unterstützung von zweckgebundenen Programmen zur Verfügung stehen.

Mit dem verfehlten Beschluss der deutschen Regierung im Oktober 2010 zur Laufzeitverlängerung der deutschen Atomkraftwerke wurde gleichzeitig beschlossen, einen solchen öffentlich verwalteten Finanzfonds einzurichten, den Energie- und Klimafonds (EKF). Er soll Klimaschutz und Energiemaßnahmen, insbesondere für Erneuerbare Energien, finanzieren. Da die Laufzeitverlängerung den Atomkraftwerksbetreibern zusätzliche Einnahmen bescherten, sollten diese teilweise über eine neu eingerichtete Brennelementesteuer abgeschöpft und daraus öffentliche Ausgaben für Klimaschutzmaßnahmen finanziert werden. Schon vom Ansatz war dieser Denkansatz verfehlt. Der starke Ausbau der Erneuerbaren Energien benötigt keine Gelder aus Gewinnen der Atomindustrie, sondern das Abschalten der AKW, damit neue Ökostromvolumina den Weg in das ansonsten übervolle Stromnetz finden. Aber auch aus anderen Gründen ist ein solcher Fond verfehlt.

Die Finanzierung stand von vornherein auf tönernen Füssen, weil Kritiker sagten, was sei denn, wenn plötzlich neue Ereignisse wie ein schwerwiegender Unfall in einem Kernkraftwerk die ökonomische Basis der Atomkraft entzogen würde. Genau dies ist wenige Monate später mit dem Unfall in Fukushima passiert. Die deutsche Regierung korrigierte die Fehlentscheidung der Laufzeitverlängerung, und das Parlament beschloss ein Gesetz, wonach alle AKW bis spätestens 2022 abzuschalten sind. Damit kommen nun die deutschen Atomkonzerne wie erwartet unter ökonomischen Druck. Sie beklagen nun sogar vor Gericht die Brennelementesteuer, die den Klimafonds finanzieren sollte. Nun wird das Finanzvolumen für den Klimafonds viel kleiner als ursprünglich geplant.

Zusätzlich wird der EKF aus den Erlösen des Emissionshandels gespeist. Wie hoch diese Einnahmen sein werden, kann niemand vorhersehen, da auch die Einnahmen aus dem Emissionshandel mit großen Unsicherheiten behaftet sind. Alleine ein sehr starker Ausbau der Erneuerbaren Energien aus Gründen der Energieversorgungssicherheit würde schon das im Emissionshandel festgelegte Cap schnell erreichen lassen, womit die Erlöse aus dem Emissionshandel zusammenbrechen würden. Genau dieser Effekt hat die Emissionshandelserlöse in Deutschland in den Jahren 2011 und 2012 einbrechen lassen, da die Zertifikatspreise mit unter 7 Euro pro Tonne CO_2 weit unter das angepeilte Niveau von 30 Euro gefallen sind. Mit dem weitgehenden Wegbrechen der beiden angepeilten Einnahmequellen – Brennelementesteuer und Emissionshandelserlöse – ist die Einnahmeseite des Klimaschutzfonds zusammengebrochen, womit der Klimaschutzfond unwirksam wird.

An diesem Beispiel der deutschen Regierung ist schnell erkennbar: Die Unsicherheiten der Finanzierungsquellen sind eine große Gefahr für wirksame Fonds, die Klimaschutzmaßnahmen finanzieren sollen.

Aber auch die Ausgabenseite eines solchen Klimafonds kann sehr schnell missbraucht werden. Exakt dies lässt sich ebenso an dem EKF der Bundesregierung erkennen. Neben den ursprünglich alleine vorgesehenen Unterstützungen für den Ausbau und die Forschung der Erneuerbaren Energien gesellt sich plötzlich die Absicht, auch den Bau neuer Kohlekraftwerke zu unterstützen. Nicht etwa die von der Kohlelobby so sehr propagierte CCS-Technologie, nein, einfach neue Kohlekraftwerke. Angeblich seien sie notwendig, um die durch die Abschaltung der Atomkraftwerke zu füllende Stromlücke aufzufüllen.

Absurd, denn der Ausbau der Erneuerbaren Energien kann dies in den nächsten Jahren leisten. Dabei sind die aus dem Klimafonds nun plötzlich subventionierten neuen Kohlekraftwerke alles andere als Klimaschutzmaßnahmen. So zeigt sich, wie ein mit guter Absicht zum Klimaschutz eingerichteter Fonds sogar ins Gegenteil verkehrt werden kann.

Eine solche Entwicklung muss aber nicht zwangsläufig sein. Ein mit öffentlichem Kaptal eingerichteter Finanzfonds kann durchaus eine positive Klimaschutzwirkung entfalten, wenn die Einnahmeseite stabil und umfangreich ist sowie die Ausgaben ausschließlich für wirksame Klimaschutzmaßnahmen getätigt werden.

Auch im internationalen Diskurs werden Fondlösungen diskutiert, angeboten oder gefordert, die auf den ersten Blick Klimaschutz befördern könnten, tatsächlich aber kaum Realisierungschancen haben und deshalb eben keinen Beitrag zum Klimaschutz liefern können. Zwei Paradebeispiele mögen dies beleuchten.

Eingangs schon erwähnt wurde der auf den Klimaschutzkonferenzen geforderte internationale Fonds, gespeist aus Steuergeldern von 100 Milliarden US-Dollar, die den Entwicklungs- und Schwellenländern von den Industrienationen gegeben werden sollen, damit diese Klimaschutzmaßnahmen und Investitionen in Klimafolgenschutz bezahlen können. Dies ist aus zwei Gründen chancenlos. Zum einen ist das Geldvolumen viel zu hoch, als dass es aus den hochverschuldeten Haushalten der Industrieländer bereitgestellt werden würde; zum anderen sind die jährlichen Investitionen der fossilen Energiewirtschaft für die Gewinnung neuer fossiler Ressourcen um ein Vielfaches höher. Damit würde ein solcher Fonds wirkungslos sein, weil die finanziellen Aufwendungen dafür nicht viel mehr als ein Tropfen auf den heißen Stein sind angesichts der weltweiten Investitionen, die die Erderwärmung befördern.

Ein zweites Beispiel ist der Vorschlag der Regierung von Ecuador, den Regenwald des Yasuninationalparkes im Amazonasbecken nicht abzuholzen, um an die darunter liegenden Erdölressourcen zu kommen. Natürlich wäre dieses Anliegen zweifach zentral für den Klimaschutz. Zum einen würden die großen, in den Erdölfeldern gespeicherten Kohlenstoffmengen nicht erschlossen und in die Atmosphäre entlassen; zum anderen würden auch die großen, in der Biodiversität des Regenwaldes gespeicherten Kohlenstoffmengen nicht durch Abholzungen freigesetzt. Schon alleine um den Erhalt einer der artenreichsten Naturräume der Welt zu sichern, ist die Erdölgewinnung aus dem Yasunipark unverantwortlich. Der große Haken ist aber die Frage, ob die Industrieländer willens sind, die von Ecuador geforderten ca. 630 Millionen Euro über 13 Jahre aufzubringen, wobei Deutschland alleine ca. 50 Millionen Euro ebenfalls über 13 Jahre beitragen sollte.

Bis heute gibt es dazu keine Bereitschaft. Im Prinzip scheitert es daran, dass die Geldgeber „nur" eine Gegenleistung in Form des Erhaltes des Yasuninationalparkes bekommen, aber keine Waren oder Produkte, die sie benötigen würden. Dabei könnte dies in Einklang gebracht werden. Würde der internationale Fond in Projekte investieren, die nachhaltige Aufforstungen, z. B. mit Ölbäumen und Ölsträuchern auf degradierten ecuadorianischen Flächen befördern, dann könnten dort Pflanzenöle erwirtschaftet werden. Diese könnten zum teilweisen Stillen des Treibstoff- und Eiweißbedarfs der Geberländer beitragen. Damit würden Erdölersatz organisiert, Kohlenstoffspeicherung in Böden und Pflanzen und Armutsbekämpfung angegangen werden und gleichzeitig die herrliche Natur und Artenvielfalt des Yasuninationalparkes geschützt. Bis heute haben sich weder Geberseite noch Nehmerseite ernsthaft mit diesem von mir dem ecuadorianischen Botschafter bereits vor Jahren vorgetragenen Vorschlag auseinandergesetzt.

Dabei gibt es auf den ecuadorianischen Galapagosinseln bereits ein erfolgreiches Projekt.

Das Weltnaturerbe Galápagos-Archipel soll nach dem Willen der Regierung von Ecuador im Rahmen des Erlasses „Cero Combustibles Fósiles en Galápagos" bis zum Jahre 2020 vollständig auf Erneuerbare Energien umgestellt werden.

Der Grund hierzu lag in einer Reihe schwerer Schiffsunglücke bei der Versorgung der Inseln mit Dieselöl und schweren Schäden für die einzigartige Flora-, Fauna- und Wasserwelt.

Seit Februar 2011 ist Floreana die erste Insel im Galápagos-Archipel, die elektrisch vollständig mit Erneuerbaren Energien versorgt wird (ERGAL 2011). Zu einer bereits bestehenden Photovoltaikanlage von 22,5 kW peak mit Batterieanlage lieferten die Vereinigten Werkstätten für Pflanzenöltechnologie Dr. Gruber/Gruber GbR zwei Pflanzenölgeneratoren von jeweils 69 $kW_{el.}$. Diese wurden auf den Betrieb von Jatrophaöl umgerüstet. Das Jatrophaöl stammt von bereits existierenden Jatropha-Hecken vom ecuadorianischen Festland. Es wird von Kleinbauern geerntet und in dezentralen Ölmühlen hergestellt. Wegen seiner geringen Abdampfrate kann Jatrophaöl nicht explodieren. Es verbrennt im geschlossenen Energie- und Stoffkreislauf und stellt als Naturprodukt keine Boden- und Wassergefährdung dar.

Floreana ist somit weltweit die erste Insel, auf der dies als besonders nachhaltig eingestufte Jatrophaöl in einer energietechnischen Synthese von Photovoltaik und Photosynthese zum Dauereinsatz kommt.

Dem technischen Muster von Floreana mit ca. 300 Bewohnern folgend, soll in 2012 die nächste große Insel Isabela umgestellt werden (GIZ 2009). Eine Hybridanlage mit ca. 1-MW-Jatropha-Generatoren, 700 kW_p Photovoltaik und ein ca. 1-MW-Batteriespeicher wird dann die Stromversorgung für ca. 4 000 Einwohner und ca. 45 000 Touristen jährlich übernehmen.

Derzeit laufen auch Aktivitäten auf Galápagos, den mobilen Transportbereich und Schiffsverkehr auf Erneuerbare Energien umzustellen.

Als Fazit gilt festzuhalten: Öffentlich finanzierte Fonds können durchaus einen wichtigen Beitrag zum Klimaschutz liefern. Sie müssen aber inhaltlich und in den Zielvorstellungen tragfähig und realisierbar sein. Fonds dürfen aber nicht als Ersatz für politische Rahmensetzungen zu privaten Klimaschutzinvestitionen geschaffen werden, da sie niemals solch große Finanzvolumina wie die Bereitstellung von privaten Finanzmitteln ermöglichen können. Sie können aber bei funktionierendem politischen Rahmen sehr wohl unterstützend und beschleunigend wirken.

4.5.5 Erhöhung und Neuorientierung der Forschungsausgaben für alle Klimaschutztechnologien und Klimaschutzmaßnahmen

Viele Ideen für Klimaschutztechnologien oder Maßnahmen stecken noch in den Köpfen vieler Menschen oder befinden sich erst in Ideenskizzen. Andere, bereits in der Anwendung befindliche Technologien haben noch ein hohes Potenzial an technologischer Verbesserung und Kostensenkung. Der Umbau des Energiesystems auf Erneuerbare Energien und wirksamer Klimaschutz benötigen eben weiterhin beides: Markteinführung und Forschung.

Die Bedeutung der Energieforschung ist sehr hoch. Immer noch gehen weltweit die weitaus meisten Energieforschungsmittel in die atomaren und fossilen Technologien. Besonders gravierend sind die internationalen Aufwendungen für die Atomtechnologien. Mehr als 80 Prozent der gesamten öffentlichen Energieforschungsmittel der OECD gingen in den letzten 60 Jahren in die nuklearen Technologien Atomspaltung und Kernfusion.

Ergebnis: Lediglich 2 Prozent der Weltenergienachfrage werden heute mit Kernspaltung gedeckt. Die Kernfusion hat sogar bis heute, nach 60-jähriger massiver Forschungsunterstützung, keinerlei Energieversorgunsgbeitrag geleistet. Sie wird auch in den nächsten 50 Jahren nichts zur Energieversorgung beitragen können.

Die einseitige Fixierung von Energieforschungsmittel auf nukleare Technologien ist offensichtlich der größte Forschungsflop der Weltgeschichte. Wohl in keinem anderen großen Forschungsbereich gibt es ein solch krasses Missverhältnis zwischen aufgewandten Forschungsmitteln und Ergebnis.

Auch in Deutschland und der EU ist trotz einiger wichtiger und erfolgreicher Korrekturen unter der rot-grünen Regierung weder die Mittelausstattung noch die heutige Struktur der Energieforschung auf die Aufgaben der Umstellung der Energieversorgung und des Klimaschutzes genügend ausgerichtet. Die Dominanz der Atomenergieforschung ist weltweit vorhanden. Besonders gravierend ist dies auch in Indien, den USA, Japan und China. Es besteht weltweit großer Korrekturbedarf.

Die logische Folge aus den Notwendigkeiten des Klimaschutzes und der Abwendung der Gefahren der fossilen und atomaren Energieversorgung ist klar:

Staatliche Forschungsmittel in den Sektoren Energie, Chemie, Landwirtschaft, Verkehr und Bauen dürfen nur noch für Technikentwicklungen ausgegeben werden, die dem Klimaschutz dienen oder anderen Zielen, die einen echten Mehrwert für das Wohl der Gesellschaft schaffen. Also für Erneuerbare Energien und effiziente Energieanwendungen, für biologische Landwirtschaft statt für Gentechnik und intensiver Landwirtschaft, für eine Chemie, die im Wesentlichen auf erneuerbare Grundstoffe setzt und Verkehrssysteme und Antriebstechnologien, die auf Verkehrsvermeidung und Nutzung von erneuerbaren Treibstoffen setzen. Das solare Bauen ist in der Bauforschung in den Mittelpunkt zu rücken. Für alle genannten Bereiche sind auch wesentlich höhere öffentliche Forschungsmittel als heute erforderlich. Teilweise kann dieser erhöhte Forschungsaufwand finanziert werden durch die Beendigung und Umschichtung der Forschungsunterstützung für fossile und atomare Energietechnologien oder die Beendigung der Forschung für Genpflanzen.

Dabei darf nicht verkannt werden, dass in der Forschung auch langfristige Strukturen zu beachten sind. Häufig verhindern z. B. langjährige Verpflichtungen für einzelne Forschungsprojekte den notwendigen Schwerpunktwechsel. Natürlich gilt es, internationale Verträge zu beachten. Allerdings müssen neue Forschungsprogramme Wege aufzeigen, wie die langfristig festgelegten vertraglichen Bedingungen gelöst und entsprechend der neuen Schwerpunktsetzung umgewidmet werden können. Es ist unbegreiflich, aber dennoch war, dass Deutschland zwar beschließt, aus der Atomenergie auszusteigen, aber über den EURATOM-Vertrag auf EU-Ebene unbegrenzt weiter verpflichtet ist, die Forschung für neue Atomreaktoren auch noch finanziell zu unterstützen.

Die grundgesetzlich garantierte Freiheit der Forschung darf hiervon nicht berührt werden. Allerdings darf die Freiheit der Forschung nicht verwechselt werden mit der Forderung nach öffentlichen Forschungsgeldern für Forschungszweige, die die Gesellschaft nicht mehr will und die z. B. dem Klimaschutz zuwiderlaufen.

Die Probleme der Atomkraft stellen den Rahmen für die weiterhin noch notwendigen Forschungsbereiche in der Nukleartechnik. Unterstützungen für neue energietechnische Anwendungen im nuklearen Bereich sollten aber zügig beendet werden. Die Forschungsförderung ist zu beschränken auf Fragen der atomaren Sicherheit bestehender Reaktorlinien, solange diese noch am Netz sind, der Atommüllentsorgung, des Rückbaus von Atomanlagen, des Nukleartransportes, der gesundheitlichen Auswirkungen und der Nonproliferation.

Sowohl die Projektforschungs- als auch die institutionellen Mittel für die Atomenergieforschung sollten entsprechend weiter reduziert werden. Als Entscheidungsgrundlage für die zukünftige Ausrichtung der nuklearen Energieforschung ist eine jeweilige nationale Evaluation der Nuklearforschung vor dem Hintergrund der Notwendigkeiten eines weltweiten Atomausstiegs erforderlich. Dabei muss vor dem Hintergrund des Atomausstiegs herausgearbeitet werden, auf welche Forschungsprojekte verzichtet werden sollte und welche im Rahmen einer Neuausrichtung weiterbetrieben werden. Natürlich ist für solche nationalen Veränderungen in der Forschungspolitik zunächst auch ein nationaler Atomausstiegsbeschluss erforderlich. Folgende nukleare Forschungsbereiche sind sodann zu überprüfen: Energieerzeugung, Reaktorsicherheit, Transporte, Zwischenlagerung, Abfallbehandlung, Stilllegung und Endlagerung. Der Erhalt einer Mindestkompetenz in den jeweiligen Sachgebieten ist zu berücksichtigen. Die Bedingungen für eine Mitarbeit in internationalen Forschungsprojekten sollten erhaltenbleiben. Zu beenden ist die Forschung für neue Atomreaktoren, z. B. für den neuen Europäischen Druckwasserreaktor.

Auch Forschungsinstitute sind in die Ziele einer neuen Energiepolitik einzubeziehen. Die nationalen Regierungen sollten daher im Rahmen ihrer Möglichkeiten und unter Beachtung der Freiheit von Forschung und Lehre auf die Forschungsinstitute einwirken, sich neu auszurichten.

Auf Grund der Aussichtslosigkeit der Energieerzeugung aus Kernfusion und seiner ungeheuerlichen Kosten sollten alle beteiligten Regierungen des ITER-Projektes eine Konferenz einberufen und eine einvernehmliche Lösung zur Beendigung des ITER-Projektes und anderer Experimente der Kernfusion anstreben. Die Fusionsforschungsinstitute werden aufgefordert, aktiv an der Konversion zu Forschungsinstituten für Erneuerbare Energien und Energieeffizienz Vorschläge zu machen, damit die Konversion möglichst rasch und sozialverträglich vonstattengehen kann.

Ebenfalls eingestellt werden muss die öffentliche Forschungsförderung zum weiteren Ausbau der fossilen Energienutzung. Dies betrifft insbesondere die Exploration von neuen Erdöl- und Erdgasfeldern, die Erschließung von Methanhydraten und neuen Kohletechniken wie z. B. CCS. Freiwerdende Forschungsmittel sollten für Erneuerbare Energien eingesetzt werden. Zum Beispiel sollte die Forschungsförderung der Erdgas- und Kohleverflüssigung umgewidmet werden auf Biogas und feste Biomasse. Hocheffiziente Energieerzeugungstechniken wie Microturbinen oder Brennstoffzellen müssen in ihrer Systemintegration auf Brennstoffe aus Bioenergien oder solar erzeugten Wasserstoff ausgerichtet werden.

Die zukünftigen Säulen der Energiewirtschaft werden auf Erneuerbaren Energien und Energieeffizienztechnologien stehen. Die Energieforschung sollte daher neu orientiert und vor allem in folgenden Bereichen verstärkt werden (die Aufzählung ist natürlich nicht vollständig; sie muss vielmehr mit neuen Erkenntnissen immer wieder erweitert werden):

- Erneuerbare Energien: Sonne (Photovoltaik und Solarthermie, auch für die solarthermische Stromerzeugung), Wind, Kleinwasserkraft (auch Flussströmungskraftwerke), Bioenergien, Geothermie (insbesondere petrotherm) und Meeresenergien (z. B. Wellen-, Strömungs- und Gezeitenkraftwerke).
- Ein neu zu gestaltender Schwerpunkt: Lernen von der Natur: Energiegewinnungs- und Energieumsetzungsprozesse in der Natur: z. B. Fotoelektrochemie, Photokatalyseforschung oder Bionik.
- Anwendungsorientierung auf Erneuerbare Energien und Energieeffizienz auch in anderen Forschungszweigen, z. B. Nanotechnologien, Materialforschung, Verkehrsforschung, Bauforschung, optische Technologien (u. a. Laser) u. a.
- Speichertechnologien, z. B. Batterien, solare Langzeitwärmespeicher, Wasserstoffspeicher, Druckluftspeicher, Schwungradspeicher, Wasserspeicher.
- Vernetzung der variierenden solaren Energieangebote mit Speichertechnologien und Lastmanagement im Strombereich; Smart Grid Systeme
- Neue Technologien, z. B. Biokohleerzeugung und Nutzung; Brennstoffzellen (mit den Schwerpunkten erneuerbare Antriebsmittel sowie Kraftwärmekopplung); Stirlingmotor und Thermovoltaik; Gewinnung von Wasserstoff, Biokohle, Biokraftstoffen aus Algen.
- Steigerung der Effizienz in der Energieerzeugung von Erneuerbare-Energien-Technologien (Strom, Wärme und Mobilität)
- Steigerung der Effizienz in der Energienutzung bzw. Einsparungsmöglichkeiten (Strom, Wärme, Mobilität), integrale Systemansätze für Gebäude (Wärme, Kälte, Licht, Kraft) und Mobilität.
- Erforschung der Möglichkeiten, das Verbraucherverhalten in Wirtschaft, Verkehr und privatem Verbrauch hinzulenken auf sparsamen Verbrauch und Nutzung der Erneuerbaren Energien.

Aufgrund der globalen Dimension der Energieprobleme sollten auch Lösungsansätze gefördert werden, die über die nationalen Grenzen hinaus von Bedeutung sind und die internationale Zusammenarbeit stärken.

Auf EU-Ebene wurden in allen zurückliegenden Forschungsrahmenprogrammen für Kernfusion und Atomenergie zusammen mehr Geld veranschlagt als für alle anderen Energien zusammen. In den neuen Forschungsrahmenprogrammen sollten endlich Erneuerbare Energien und Energieeinsparung die entscheidenden Schwerpunkte bilden. Zusätzlich ist in Europa eine Umwidmung der EURATOM-Forschungsmittel in Mittel für Erneuerbare Energien erforderlich. Hierzu müsste der EURATOM-Vertrag beendet werden. Stattdessen sollte es einen neuen Vertrag für Erneuerbare Energien (EURENEW) geben oder die Aufnahme des Vorrangs der Forschungsförderung für Erneuerbare Energien und Klimaschutztechnologien in die europäische Verfassung.

Die Internationale Agentur für Erneuerbare Energien (IRENA) muss einen Schwerpunkt auf die internationale Vernetzung der Forschungsunterstützung und der Forschungskooperation legen. Die Mitgliedsnationen müssen IRENA finanziell wesentlich besser ausstatten, damit IRENA die dringend erforderliche Koordination der globalen Forschungszusammenarbeit organisieren kann.

Auch in allen anderen Klimaschutzbereichen sollte sowohl auf nationaler Ebene als auch in der internationalen Forschungszusammenarbeit die finanzielle öffentliche Forschungsförderung sowie die Struktur der nationalen wie internationalen Zusammenarbeit auf die Belange des Klimaschutzes ausgerichtet werden. Ähnlich wie in der ausführlicher beschriebenen Energieforschung sind die entsprechenden politischen Leitlinien schnell zu schaffen und umzusetzen. Andernfalls werden aus den Labors für neue Genpflanzen, neue Düngemittel und Pestizide, Automobile mit Erdölverbrennungsmotoren oder Erdölchemie immer neue Forschungsergebnisse produziert, die zwar an irgendeiner Stelle einen neuen Nutzen bringen können, aber eben auch die Erderwärmung anheizen, statt Klimaschutz zu betreiben. Wenn Forschungsergebnisse einmal in der Welt sind, finden sich oft auch Firmen, die sie anwenden. Daher ist die Umstrukturierung der weltweiten Forschungslandschaft konsequent auf Klimaschutz unerlässlich.

Dabei geht es hier nicht ausschließlich um Technologien, die direkt oder indirekt Klimaschutz befördern bzw. stören. Auch in den Geisteswissenschaften ist eine Umorientierung zwingend erforderlich. So sollten Ökonomen beispielsweise ihr Augenmerk viel mehr auch darauf richten, die Wirtschaftswissenschaften auf eine Ökonomie des Klimaschutzes umzuorientieren. Wie eine klimaschützende neue Weltwirtschaft und auch nationale Klimaschutzwirtschaften aussehen, ist bisher nur wenig beschrieben worden. Der Mainstream der ökonomischen Forschung in der Welt hat den Klimaschutz oft nicht im Blick oder kommt gar zu der falschen Bewertung, dass Klimaschutz eine Last für die Ökonomie sei. Genau hier gilt es, die Forschung der Wirtschaftwissenschaften neu zu orientieren. Ähnliches gilt für Finanzwissenschaft, aber auch für Politikwissenschaft, Sozialwissenschaft und viele andere Wissenschaftszweige.

4.5.6 Organisierung des weltweiten Wissenstransfers; internationale Institutionen

Der Wissensstand in den Weltregionen über die Notwendigkeit und die Möglichkeiten des Klimaschutzes und der Erneuerbaren Energien ist in der Welt sehr unterschiedlich. Schon alleine Sprachbarrieren behindern den schnellen und umfassenden Transfer dieses Wissens. Neue Forschungsergebnisse und neuste ökonomische Entwicklungen setzen sich nur allmählich durch. Vor allem das Wissen, das frei ist von den Interessen der Energie-, Chemie- und Agrarkonzerne, setzt sich nur sehr schwer in den Köpfen der Menschen durch. Zu groß ist die Markt- und Medienmacht, die von den Konzernen ausgeht.

Dennoch gibt es diesen Wissenstransfer, organisiert meist von Nichtregierungsorganisationen. Allen voran haben hier Eurosolar mit seinen vielen Konferenzen und den weltweiten Reden von Hermann Scheer sowie den anderen Vorstandmitgliedern von Eurosolar oder die Mitglieder des Weltrates für Erneuerbare Energien (WCRE) erfolgreich gegen den Mainstream der Konzernmeinungen angekämpft. Dennoch verbreiten die meisten Massenmedien immer noch das Wissen, welches auf den Interessen der Konzerne aufbaut. Wohl einfach auch deshalb, weil die Konzerne, ob Energie, Chemie, Agrar oder Automobil, die größten Anzeigenkunden der Medien sind und darüber eben auch Einfluss auf die Redaktionen ausüben. Frei nach dem Motto: Wer zahlt, gibt an.

Neue Aktionen und Organisationsformen für den weltweiten Wissenstransfer über den Klimaschutz sind erforderlich und bilden eine wesentliche Maßnahme für aktive Klimaschutzpolitik.

Dieser Wissenstransfer im Energiesektor sollte exakt von der Internationalen Agentur für Erneuerbare Energien (IRENA) kommen. Diese von Eurosolar vorgeschlagene Institution wurde als Regierungsorganisation vorgeschlagen, um den Wissenstransfer für Erneuerbare Energien global zu organisieren. Leider dauerte die Institutionalisierung, wie bereits dargestellt, viel zu lange. Obwohl sich bei der Gründung weit über 100 Regierungen bereit erklärten, der IRENA beizutreten – was übrigens ein von vielen nicht für möglich gehaltener Erfolg ist –, stockt der Aufbauprozess, weil viele Regierungen nicht umfassend bereit sind, die zugesagten Mitgliedsbeiträge zu zahlen. Möglicherweise sind einige Regierungen der IRENA weniger beigetreten, um Erneuerbare Energien zu befördern, was ja der Satzungszweck ist, sondern um bremsenden Einfluss auszuüben. Das Geschäft mit den fossilen und atomaren Energien solle ja durch Erneuerbare Energien nicht wirksam gestört werden.

Es gehört gerade deshalb zu den wichtigsten internationalen Aufgaben aller Regierungen, falls noch nicht geschehen, Mitglied von IRENA zu werden und dann auch aktiv über Zahlungen sowie mitgestaltenden Einfluss die IRENA schnell zu einem starken Akteur für den Wissenstransfer der Erneuerbaren Energien zu machen.

Was es mit der IRENA für Erneuerbare Energien – wenn auch noch völlig unzulänglich – aber immerhin schon gibt, fehlt völlig für die restlichen Klimaschutzmaßnahmen. Eine oder mehrere thematisch geordnete internationale Regierungsorganisationen, die den Wissenstransfer, die Forschungskoordination, die Maßnahmenentwicklung für wirksame Klimaschutzmaßnahmen koordinieren, ist zwingend erforderlich. Solche Organisationen können ggf. auch an bereits bestehende Weltorganisationen angegliedert werden. So könnte beispielsweise die Welternährungsorganisation (FAO) in Rom mit der Aufgabe beauftragt werden, die weltweiten Agrarstrukturen auf biologische Landwirtschaft umzuorientieren und eine aktive Bodenschutzpolitik als Kohlenstoffsenke zu organisieren. Maßnahmenentwicklung, Wissenstransfer und Forschung könnten von der FAO bestens organisiert werden. Zum Teil hat die FAO bereits große Erfahrungen auf diesem Sektor.

Fehlanzeige gibt es für eine politische Strategie, wie die Probleme im Verkehrssektor und in der Erdölchemie in großen Regierungsorganisationen in Richtung Klimaschutz gelöst werden können. Ähnlich der IRENA für Erneuerbare Energien braucht es globale Regierungsorganisationen, die den Verkehrssektor und den Chemiesektor einer klimaschützenden Politik zuführen. Es braucht also eine IZETO (International Zero Emission Traffic Organisation) und eine IRECO (International Renewable Chemical Organisation).

Für den Wissenstransfer im Klimaschutz braucht es aber nicht nur globale Regierungsorganisationen; auch auf den Feldern der klassischen Strukturen kann und soll wirkungsvoll der Wissenstransfer für wirksamen Klimaschutz befördert werden. Universitäten und Forschungseinrichtungen stellen sich immer mehr auch international auf und vernetzen sich. Solange es an entsprechenden Regierungsorganisationen fehlt, oder solange diese noch so unwirksam sind wie die IRENA, bekommen die Nichtregierungsorganisationen besondere Bedeutung. Gut organisiert können sie entsprechende Aufgaben wahrnehmen.

Eines der Ergebnisse der Bonner Weltkonferenz für Erneuerbare Energien 2004 war die Forderung nach einer internationalen Universität für Erneuerbare Energien (OPURE). Die von mir mit Unterstützung von EUROSOLAR vorgeschlagene Initiative OPURE wurde als Aktion im sogenannten Call for Actions der Bonner Regierungskonferenz aufgenommen.

Der Name OPURE steht für Open University for Renewable Energy. In diesem Namen wird signalisiert, dass diese Universität zunächst als Internetplattform organisiert wird. Ziel ist es, diese Internetuniversität später auch in eine reale Universität zu überführen. Wichtigste Aufgaben der Universität sollten sein: Austausch von Knowhow, Bildung und Ausbildung sowie Forschung in Erneuerbaren Energien. Teilnehmende Akteure können alle nationalen und internationalen Institutionen sein, vor allem Universitäten, Forschungszentren und auf Erneuerbare Energien spezialisierte Institutionen.

Als wichtigste Inhalte sollte OPURE den Austausch von Informationen sowie die Kommunikation und Kooperation in Wissenschaft und Forschung für Erneuerbare Energien organisieren. Ausbildungsprogramme für alle Bildungsebenen, übersetzt in möglichst viele Sprachen, Programme für Forschung und Entwicklung, Austausch von Forschungsergebnissen sollten genauso im Mittelpunkt stehen wie die Entwicklung von nationalen Strategien und Politikinstrumenten für Erneuerbare Energien. Von vornherein sollte der Aktionsradius global angesetzt werden.

Von der Bonner Konferenz ging damit auch ein Signal an andere Regierungen, die Wirtschaft sowie an Verbände und Organisationen, aus sich an der Finanzierung von OPURE zu beteiligen. Die tatkräftige Unterstützung der UNESCO gab Hoffnung, dass so ein wesentliches Dach für eine schnelle weltweite Akzeptanz für Erneuerbare Energien und Klimaschutz geschaffen würde.

Obwohl es große Nachfragen aus Wissenschaft, Universitäten und von Regierungsseite nach der Bonner Konferenz bezüglich OPURE gab, ist die Initiative leider nicht weitergeführt worden. Neue Aktivitäten von Regierungs- und Wissenschaftsseite sollten diese Idee der internationalen Universität wieder aufgreifen und aktiv fortführen. Am besten nicht alleine für Erneuerbare Energien, sondern für alle notwendigen Klimaschutzmaßnahmen.

Es gibt auch den Vorschlag, die neuen Aufgaben des Wissenstransfers und der Erstellung neuer politischer Maßnahmen an bestehende Organisationen aus dem Bereich der atomaren und fossilen Organisationen anzubinden, ihnen zum Beispiel den Ausbau der Erneuerbaren Energien zusätzlich als neue Aufgabe zu geben. Davor sei eindringlich gewarnt.

So wird bisweilen die Internationale Energie Agentur in Paris (IEA) genannt, der man doch mehr Kompetenzen für den Klimaschutz und für den Ausbau der Erneuerbaren Energien sowie von Effizienzmaßnahmen übertragen solle. Immerhin warnt ja inzwischen die IEA vor der rasant zunehmenden Klimagasemission und vor der Verknappung der Ölressourcen. Wer dies vorschlägt, mag blind sein vor dem Phänomen, dass die Verursacher eines Problems nicht in der Lage sind, die Problemlösung zu organisieren. Dass die IEA ein Teil des Klimaproblems ist, kann man schnell erkennen, wenn man ihre dramatischen Fehlprognosen der letzten Jahre unter die Lupe nimmt. Diese Fehlprognosen sind nicht etwa durch einen Mangel an wissenschaftlich klaren Analysen zustande gekommen, sondern durch klare politische Parteiergreifung für die Interessen der fossilen Wirtschaft. Die hohe Bedeutung für die Energiepolitik kann man leicht daran ablesen, dass die IEA als OECD-Regierungsorganisation den entscheidenden Einfluss auf fast alle Regierungen in Punkto Energiepolitik hat.

So ist schnell zu sehen, dass die Fehlprognosen der IEA fundamental sind für die weltweit verfehlte Energiepolitik der letzten Jahre und Jahrzehnte. Es ist offensichtlich, dass es zu den interessensgeleiteten Methoden gehört, die Probleme der konventionellen Energiewirtschaft zu beschönigen und im World Energy Outlook (WEO) – der wichtigsten Publikation der IEA – den Eindruck zu erwecken, dass man im fossilen Sektor alles im Griff habe. Andererseits werden aber die Möglichkeiten der Erneuerbaren Energien äußerst pessimistisch dargestellt, damit aus den geringen prognostizierten Wachstumsgeschwindigkeiten eine Legitimation für aktuelle Investitionen in die alten Energiestrukturen abgeleitet werden kann.

Die Prognosen aus dem Jahre 2004 der IEA sind dafür besonders bedeutsam. In dem World Energy Outlook 2004 prognostizierte die IEA einen langfristigen Ölpreis von unter 30 Dollar pro Barrel, der sogar weit über das Jahr 2020 hinaus stabil bleiben solle. Für 2010 wurde gar ein Ölpreis von nur 22 Dollar angegeben. Eine unglaubliche Fehlprognose, lag doch der Ölpreis nur vier Jahre später schon bei über 100 Dollar und im Jahre 2010 auch durchgehend mehr als viermal so hoch. Schon alleine bei dem für die Weltwirtschaft so fundamental wichtigen Ölpreis hat die IEA versagt und trägt damit eine erhebliche Mitschuld an den weltweiten Wirtschaftsproblemen.

Genauso gravierend sind die Fehlprognosen der IEA für den Ausbau der Erneuerbaren Energien. 2004 prognostizierte die IEA für 2010 eine kumulierte globale Windkraftleistung von 97 Gigawatt. Tatsächlich standen 2010 aber bereits 197 GW an Windturbinen. Genauso völlig verfehlt waren die Prognosen der IEA in der Photovoltaik. Die Prognose der IEA aus dem Jahre 2004 für 2010 waren 8 Gigawatt. Tatsächlich waren aber weltweit mit knapp 40 Gigawatt PV fünfmal mehr installiert.

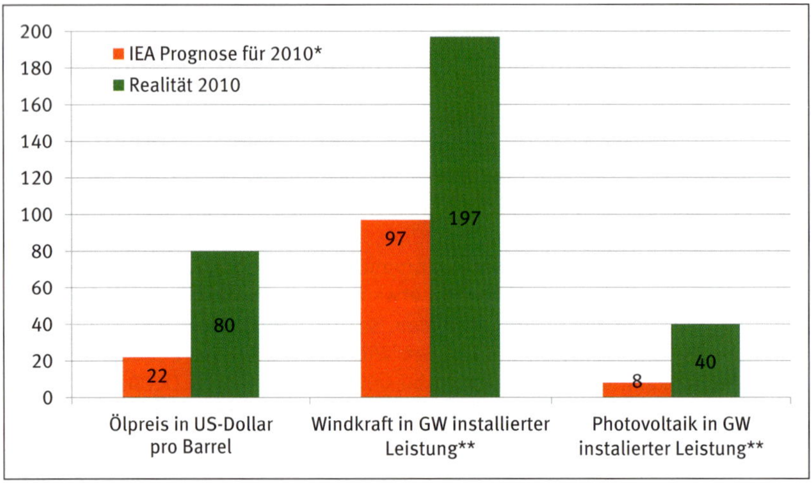

Bild 44: Die Fehlprognosen der IEA von 2004
(Quelle: IEA, MWV, GWEC, EPIA)

Wer wie die IEA solche gravierenden Fehlprognosen produziert und dies im klaren Bewusstsein, dass es damals schon völlig andere Prognosen gab, muss die Kritik aushalten, dass diese Prognosen nur manipuliert wurden, um die Interessen der konventionellen Energiewirtschaft zu unterstützen. Optimistischere Prognosen für den Ausbau der Erneuerbaren Energien und pessimistischere Prognosen für die Ölpreisentwicklung wurden aber vielfach als unrealistisch diffamiert, statt sich inhaltlich mit ihnen auseinanderzusetzen. Diese Diffamierung der Optimisten für Erneuerbare Energien hält bis heute an und bringt die entscheidende Legitimation für die Investitionen in die alten Energiestrukturen.

An diesem Beispiel der Fehlprognosen der IEA mag ersichtlich werden, dass es wenig Sinn macht, die Institutionen, die jahrelang die Erneuerbaren Energien und andere Klimaschutzmaßnahmen bekämpft haben, mit neuen Aufgaben pro Klimaschutz zu betrauen.

4.5.7 Schaffung einer Wissenschafts-, Bildungs- und Ausbildungsoffensive an allen Bildungseinrichtungen wie Schulen und Universitäten

Schulen und Universitäten sind Orte, wo junge Leute für neue Ideen begeistert werden. Erfolgreiche Pädagogik und Wissensvermittlung lenkt und leitet die zukünftigen Handlungsweisen von Jugendlichen und jungen Erwachsenen. Wer die Köpfe und Herzen von Jugendlichen erreicht, schafft eine wesentliche Grundlage für eine jahrelange Unterstützung – mental oder sogar aktiv.

So ist es kein Wunder, dass es zu den wichtigen sogenannten „Sponsoring"-Maßnahmen von Konzernen gehört, Schulen und Universitäten mit sogenannten Bildungsmaterialien auszustatten. Als es noch keine Computer mit Powerpoint-Präsentationen gab, wurden vielen Schulen großzügig teure und aufwändige Folienordner, Filme und Hochglanzbroschüren gespendet. Bildungsmaterialien für jeden Schüler finden sich in faktisch allen Schulen. Die Vorzüge und Funktionsweisen von Atomkraftwerken, Kohlekraftwerken, Autos mit Verbrennungsmotoren, gentechnisch veränderten Pflanzen, dem angeblichen Nutzen von Pestiziden und Düngemittel, Chemieprodukte aus Erdöl sind darin bestens pädagogisch aufbereitet. Einladungen von Schülergruppen in Atomkraftwerke, Pestizidfabriken mit gesponserten Fahrtkosten gehören ebenfalls in das Programm. Heute gesellen sich DVDs, Powerpoint-Präsentationen und weitere moderne Materialien dazu.

Die Übergabe dieser „großzügigen Spenden" durch örtliche Vertreter des Atomkonzernes oder der Pestizidfirma wird oftmals sogar in der örtlichen Presse gewürdigt, vor allem vom Direktor der Schule. Er bedankt sich angesichts der Haushaltsnot im Schuletat für die Unterstützung durch dringend benötigte Bildungsmaterialien. Natürlich geht es in diesen von den Verursachern der Klimaerwärmung gespendeten Bildungsmaterialien auch um den Klimaschutz. Aber es ist kein Wunder, dass moderne Kohle und Gaskraftwerke dann plötzlich als Schutz des Klimas angepriesen werden, statt als Verursacher der Erderwärmung. Pestizide und Düngemittel werden als Mittel zur Bekämpfung des Welthungers gepriesen und ihre wahre Dimension der Zerstörung der Böden und der großen Klimagasemissionen verschwiegen.

Die positiven Effekte der Erneuerbaren Energien oder einer biologischen Landwirtschaft finden zwar auch Eingang in Schulen. Doch meist nur durch engagierte Lehrerinnen und Lehrer, die verstanden haben, dass die Lösungen dieser Weltprobleme eben andere sind, als die von den Konzernen vorgegebenen. Die von ihnen mit persönlich hohem Engagement zusammengestellten Bildungsmaterialien können zwar oft nicht die Qualität haben, wie die mit hohem Finanzaufwand erstellten Bildungsmaterialien der Konzerne. Dennoch hat der Einsatz vieler fortschrittlicher und engagierter Pädagogen seine Wirkung nicht verfehlt und enorm viele Schüler und Schülerinnen für den Umweltschutz begeistern können. Viele Projektgruppen haben die Energieeffizienz ganzer Schulen verbessert oder Pionierarbeit für die Installation von schulischen Photovoltaikanlagen geleistet. Viele junge Menschen aus diesen Schülergruppen sind später zu treibenden Kräften für den Aufbau der Erneuerbaren Energien und des Umweltschutzes geworden.

Doch für die Mehrheit der Schulen und anderen Bildungseinrichtungen gilt, dass ein Großteil der Lehrkräfte den veralteten Weltbildern der Energiewirtschaft, Landwirtschaft und Chemiewirtschaft anhängt. Sie benutzen noch immer die zum Teil veralteten Bildungsmaterialien der Konzerne und verbreiten so die scheinbar eingängigen Argumente der Unternehmen, die die Erderwärmung befördern, statt sie pädagogisch aufbereitet zu widerlegen.

Bildungseinrichtungen der beruflichen Ausbildung sind oft eng an den Interessen von Unternehmen ausgerichtet. Eine junge Branche, wie die der Erneuerbaren Energien, braucht aber gut ausgebildete Facharbeiter, die auch die spezifischen Arbeiten beherrschen. Ein Elektrohandwerker muss also heute auch die Technik der Photovoltaik beherrschen, ein Heizungsinstallateur auch die der solaren Warmwasseranlagen oder der Pelletskessel und Wärmepumpen; ein Landwirt auch die Methoden der Biolandwirtschaft. Facharbeitermangel ist in Deutschland und anderen Ländern schon eine der Bremsen für ein noch schnelleres Wachstum der Erneuerbaren Energien und anderer Klimaschutzmaßnahmen. Manche Bildungsstätten für die berufliche Bildung haben vorbildlich, vor allem auf Grund des Engagements einzelner Lehrer und Direktoren, diese neuen Inhalte in den Schulen integriert. Doch die meisten hinken immer noch der Entwicklung hinterher. Es ist also gerade auch eine Aufgabe der Bildungspolitik, die Berufsausbildung auf die Erfordernisse des Klimaschutzes neu und konsequent auszurichten.

In vielen Hochschulen sieht dies nicht anders aus. Viele Professoren in der Architektur kennen die Grundprinzipien einer solaren Architektur nicht. Energieeffizienz ist für manche immer noch ein Fremdwort. Chemieprofessoren preisen die Vorzüge und konstatieren die Alternativlosigkeit der Erdölchemie, und die Lehrstuhlinhaber von Motorentechnologie kennen meist nur Nachteile der Elektromobilität. Professoren der Ökonomie können zwar beschreiben, welches Fundament das Erdöl für die Weltwirtschaft bedeutet, kennen aber keine Auswege.

Angesichts eines Bildungssystems, das weitgehend immer noch ein Abbild der fossilen und atomaren Wirtschaftweise ist, ist es zwingend erforderlich, eine Umorganisierung zu schaffen. Es ist eine wichtige bildungspolitische Aufgabe, die Lehrpläne und Bildungsmaterialien an Schulen und Hochschulen auf Klimaschutzmaßnahmen umzuschreiben. Dazu gehört die schonungslose, aber wissenschaftlich korrekte Beschreibung der klimazerstörenden Wirkung der konventionellen Wirtschaft genauso wie die wirksamen Klimaschutzmaßnahmen und Technologien. Dies kann nicht alleine engagierten Pädagogen überlassen werden. Es muss vielmehr eine klare politische Aufgabe in der Bildungspolitik werden. Problematisch in der curricularen Umsetzung wird dies dort, wo die herrschende politische Meinung den Klimaschutz als Irrlehre ansieht, wie in Teilen der USA. In den Schulen könnten so leicht die vielfach widerlegten Thesen der Klimawandelleugner gelehrt werden. Eine

Entwicklung, wie sie in anderen Bereichen bereits vorgegeben wird. In manchen US-Schulen wird ja die Evolutionslehre als Irrlehre angesehen und an den Schulen verboten, sie zu lehren. Im Iran wird der Holocaust an den Juden geleugnet und an Schulen Entsprechendes gelehrt. Da die Aufhaltung der Erderwärmung zu den langfristigen Überlebensstrategien der Menschheit gehört, sind entsprechende Klimaschutzirrlehren besonders problematisch, vor allem, wenn sie sogar in die schulische Unterrichtung Eingang finden.

Echte Klimaschutzerziehung beginnt im spielerischen Erleben von Klimaschutztechnologien und Maßnahmen im Kindesalter; im Kindergarten und der Grundschule. Alle weiterführenden Schulen müssen konsequent die notwendigen Klimaschutzmaßnahmen als Querschnittsaufgabe in die unterschiedlichen Unterrichtsfächer integrieren. Firmen, die Klimaschutztechnologien produzieren, können ermuntert werden, Schulen mit Bildungsmaterialien zum Klimaschutz zu unterstützen, die natürlich nicht spezifische Firmeninteressen berühren dürfen.

Auch die vielen Bildungseinrichtungen der Erwachsenenbildung sollten sich klar mit dem Klimaschutz beschäftigen. Allerdings muss auch gewährleistet sein, dass solche von Firmen gesponserten Unterrichtsmaterialien nicht die Eigeninteressen einzelner Firmen beinhalten. Dies würde eine ähnliche schiefe Lage bekommen, wie sie bereits im konventionellen Energiesektor mit den von Atomkonzernen gesponserten Materialien beschrieben wurde. Solche Bildungsmaterialien dürfen daher nur übergeordnet die Notwendigkeiten und Vorteile des Klimaschutzes darstellen. Also z. B. die Vorteile eines wärmegedämmten Hauses. Nicht beinhalten dürfen solche Materialen, dass die Dämmstoffe einer Firma XY besser seien, als die von anderen Firmen. Ähnlich geht es mit Solarkollektoren oder Biolebensmitteln. Eine staatliche Schulbehörde sollte am besten darüber wachen, dass spezifische Firmenwerbung auch im Klimaschutzsektor nicht stattfindet.

Auch an den Hochschulen müssen die alten beschönigenden und interessensgeleiteten Darstellungen für die fossile, atomare Wirtschaft ausgemustert werden, was natürlich nicht heißt, dass das Wissen über die Nukleartechnik an sich eliminiert werden sollte. Dies wäre auch fatal, weil dann sehr wichtiges gesellschaftliches Wissen verloren ginge. Auch wiederspräche es dem wichtigen Grundsatz der Freiheit von Forschung und Lehre. Allerdings geht es auch hier darum, das Wissen über die Probleme von Atomkraft oder klimabelastenden Technologien in das richtige Licht zu rücken. Ausgemustert werden sollen also vor allem die Materialien, die aus dem Blickwinkel von z. B. Atomkonzernen eine beschönigende Darstellung in deren Verkaufsinteressen vermitteln. Neue Lehrstühle für Erneuerbare Energien, biologische Landwirtschaft, eine Chemie aus nachwachsenden Rohstoffen, eine Wirtschaftswissenschaft auf der Grundlage von regenerativen Rohstoffen und solares Bauen befördern den Klimaschutz, indem viele kluge Köpfe die notwendigen Inhalte für den Klimaschutz erfahren.

Politiker, die sich gerade mit Gesetzesnovellen beschäftigen, brauchen juristisch fundierten Rat. Bisher kommt er meist von Rechtsabteilungen der Energiewirtschaft oder anderer Konzerne, die in ihren Beratungen eben auch ihre Interessen geschickt verpacken. Es ist bezeichnend, dass keine Rechtsabteilung der Regierungen, keine rechtswissenschaftliche Fakultät jemals einen Entwurf für ein Gesetz für Erneuerbare Energien mit Einspeisetarifen entworfen und vorgeschlagen hat. Dieser Entwurf kam aus der Mitte des deutschen Parlamentes. Es ist offensichtlich, dass es noch hohen Handlungsbedarf gibt, auch die Rechtswissenschaften auf den Klimaschutz umzuorientieren. Daher brauchen auch die Rechtswissenschaften eine starke Umorientierung, um ein neues innovatives Rechtssystem zu schaffen, welches den Klimaschutz befördert. Heute haben wir weitgehend ein Rechtssystem, welches von den Interessen der alten Energiekonzerne geprägt ist. Es braucht neue Lehrstühle auch in den rechtswissenschaftlichen Fakultäten der Universitäten, die sich mit den neuen Erfordernissen des Umweltrechtes auseinandersetzen.

Die Ausrichtung des weltweiten Bildungs- und Wissenschaftssystems auf Klimaschutzmaßnahmen ist eine der wichtigsten und effektivsten Maßnahmen für den Klimaschutz. Wer glaubt, dass über Bildungseinrichtungen nur die junge Generation motiviert und die große Erwachsenenwelt davon nicht beeinflusst würde, irrt. Unterschätzt wird häufig die Katalysatorwirkung, die von jungen Leuten im Kindes- und Studentenalter in der Beeinflussung ihrer Eltern und Großeltern ausgeht. Der große Umweltschutzerfolg der Mülltrennung in Deutschland wurde vor allem über beispielhafte Erziehung in Kindergärten und Schulen gelegt. Kinder und engagierte Jugendliche kritisierten ihre Eltern, wenn sie Fehler und Nachlässigkeiten in der Mülltrennung zeigten. So durchdrang die kindliche Erziehung binnen eines Jahrzehnts weite Teile der deutschen Bevölkerung.

4.5.8 Schaffung einer Aufklärungskampagne für Klimaschutzmaßnahmen für die breite Bevölkerung und Unternehmen

In Deutschland ist das Bewusstsein großer Teile der Bevölkerung für den Nutzen und die Notwendigkeit Erneuerbarer Energien weit verbreitet. Im Kapitel 4.3.1 wurde bereits beschreiben, dass Ende 2012 etwa 93 Prozent der Bevölkerung den weiteren schnellen Ausbau der Erneuerbaren Energien für wichtig halten. Erstaunlich ist dieses Umfrageergebnis vor allem deshalb, weil es immer noch umfangreiche Desinformationskampagnen der fossilen Wirtschaft gibt. Vor allem werden die angeblichen Mehrkosten der Erneuerbaren Energien als nicht tragfähige Belastung für die Stromkunden problematisiert. Dennoch hat die jahrzehntelange Aufklärungsarbeit von engagierten Politikern, Umweltschützern und den Unternehmen aus der Branche der Erneuerbaren Energien gefruchtet, so dass die Akzeptanz der Erneuerbaren Energien sehr hoch ist und sogar Mehrkosten auf den Strompreis von breiten Bevölkerungsschichten mitgetragen werden. Beigetragen hat auch, dass vor allem das Umweltministerium in Deutschland die positiven Aspekte immer wieder beleuchtet hat.

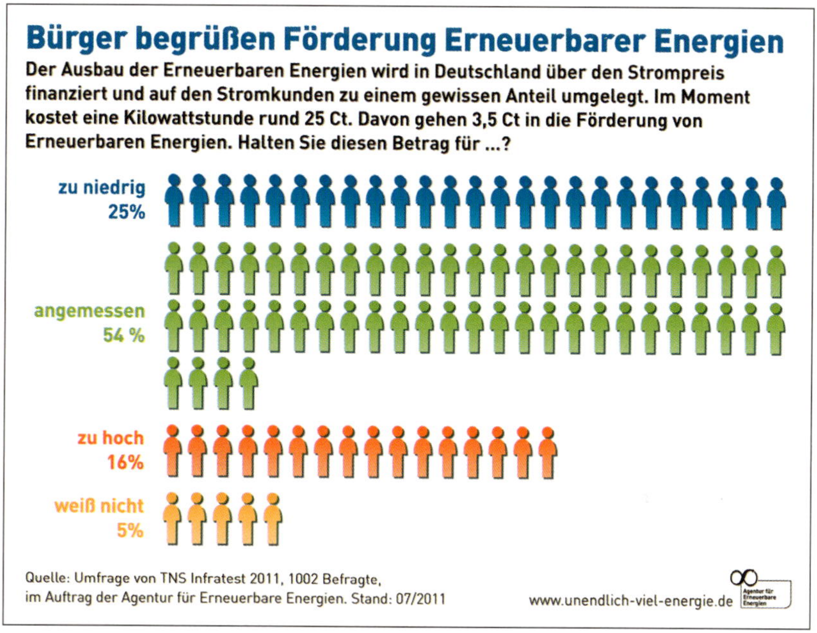

Bild 45: Bürger begrüßen Förderung der Erneuerbaren Energien (Quelle: Agentur für Erneuerbare Energien, TNS Infratest, 2011)

Ein solch hohes Bewusstsein für die Notwendigkeit Erneuerbarer Energien oder andere Klimaschutzmaßnahmen gibt es in kaum einem anderen Land. Dort fehlt häufig ein engagierter Einsatz entsprechender Akteure, weil beispielsweise Firmen der Erneuerbare-Energien-Branche oder Umweltschutzverbände in vielen Ländern nur schwach repräsentiert sind. Trotz deren oftmals hohen persönlichen Einsatzes können sie aber den Desinformationskampagnen aus der fossilen und atomaren Wirtschaft wenig entgegensetzen.

Um einen Gegenpol zur Interessenslage dieser konventionellen Unternehmen zu schaffen, sind organisierte Aufklärungskampagnen für Klimaschutzmaßnahmen und -technologien von Regierungsseite unerlässlich. Ähnlich wie der Kampf gegen Aids nur Erfolg hat, wenn die Regierungen der betroffenen Ländern aktiv Aufklärungskampagnen über die Ursachen von Aids und die notwendigen Maßnahmen dagegen starten, muss es auch für Regierungen selbstverständlich werden, über die Klimagefahren und deren Lösungsansätze aufzuklären. Regierungsamtliche Aufklärungskampagnen gibt es auch für das richtige Verhalten im Straßenverkehr, damit die Verkehrstoten weniger werden. Immerhin ist Klimaschutz eine der wichtigsten globalen Maßnahmen, um den Fortbestand der Menschheit zu sichern. Auch hier gilt natürlich, wie in der Bildungspolitik, dass solche Aufklärungskampagnen nicht vermischt werden dürfen mit den Interessen einzelner Firmen, auch wenn sie aus dem Sektor der Klimaschutzbranche kommen. Verantwortungsvolle Aids-Kampagnen werben auch nicht mit den Aids-Medikamenten oder Kondomen einzelner Firmen.

Auf großflächigen Plakaten, in Werbespots und -broschüren, in klaren Aussagen und Statements von Politikern, vor allem der Regierungschefs, müssen die Regierungen der Welt Klimaschutzmaßnahmen und Technologien begründen und fordern. Je umfangreicher und geschickter diese angelegt sind, umso mehr können sie die Desinformationskampagnen der Erdölkonzerne ausgleichen. Genau diese Kampagnen der klimazerstörenden Industrie laufen dann ins Leere, wenn sie von regierungsamtlichen Aufklärungskampagnen widerlegt werden.

Offensive Aufklärungskampagnen für den Klimaschutz sind also eine wichtige politische Maßnahme.

4.5.9 Klimaschutz im Grundgesetz verankern: Klimaschutz als politische Querschnittsaufgabe, Ministerien für Klimaschutz, Klimaschutzgesetze

Eine verantwortungsvolle Politik, die mit Klimaschutzmaßnahmen gleichzeitig die vielfältigen anderen Bedrohungen der Weltwirtschaft durch das fossile und atomare Wirtschaftssystem ablösen will, darf den Klimaschutz nicht als politische Sektormaßnahme betrachten, die man in ein Umweltschutz- oder Klimaschutzministerium abschiebt. Vielmehr muss Klimaschutz als Querschnittsaufgabe quer über alle Ministerien als Leitlinie vorhanden sein. Organisiert werden kann das natürlich über ein Klimaschutzministerium, welches aber Richtlinienkompetenz für die anderen Ministerien haben muss.

Verankert wird diese Querschnittsaufgabe am besten in einem Klimaschutzgesetz, welches die notwendigen Klimaschutzmaßnahmen und Organisationsstrukturen gesetzlich festlegt. Solange ein solches Klimaschutzgesetz fehlt, werden andere Interessen Vorrang haben, und wirksamer Klimaschutz kann sich nicht entfalten. Ein Klimaschutzgesetz darf aber nicht auf der Grundlage von defizitären und unwirksamen Klimaschutzmaßnahmen begründet werden. Vielmehr sollten in einem wirklich wirksamen Klimaschutzgesetz Nullemissionen und Kohlenstoffreinigung der Atmosphäre als entscheidende Zielvorstellungen zusammen mit den zugehörigen Maßnahmen verankert werden.

Ein wirksames Klimaschutzgesetz wird in die gesamte Organisationsstruktur des gesellschaftlichen und politischen Handelns den notwendigen Einfluss bringen. Ein Beispiel aus den Genehmigungsprozessen von Baumaßnahmen mag dies beleuchten. In vielen Ländern der Erde sind Baugenehmigung gebunden an die Prüfung, ob nicht andere Belange des öffentlichen Lebens negativ berührt seien. So werden richtigerweise Belange von Wasserversorgung, Müllentsorgung, Energieversorgung, Naturschutz, Flugsicherung, Verkehrsanbindung, Feuerschutz, Telekommunikation und vieles andere mehr geprüft. Erstaunlicherweise findet die Daseinsvorsorge in der Prüfung des Klimaschutzes faktisch nicht statt. Ein Klimaschutzgesetz kann diesen Prüfungstatbestand verbindlich vorschreiben und damit den Klimaschutz in jedem Bauvorhaben verbindlich verankern.

Da wirksamer Klimaschutz unverzichtbar ist für die langfristige Daseinsvorsorge der Menschheit, gehört Klimaschutz auch in die Verfassungen aller Nationen. Zu Recht sind die Unantastbarkeit der Menschenwürde und das Recht auf Leben in vielen Verfassungen, so auch in Deutschland, verankert. Nur, wie soll das Recht auf Leben verwirklicht werden, wenn steigende Meeresspiegel, verheerende Überschwemmungen und Schlammlawinen, immer schlimmer wütende Hurrikans und Taifune, Wald- und Buschbrände, Dürren und Hungersnöte immer größeren Teilen der Menschheit die Lebensgrundlagen berauben? Wirksamer Klimaschutz ist eine der wichtigsten Maßnahmen, um das Recht auf Leben verwirklichen zu können. Klimaschutz ist so fundamental, dass er in alle Verfassungen der Welt gehört.

Ein erster Versuch, den Klimaschutz in eine Verfassung aufzunehmen, wurde bisher, noch ohne Verwirklichung, in Bayern, einem Bundesland in Deutschland mit eigener Verfassung, unternommen. Da es ein erster Versuch ist, kann dieser Vorschlag prinzipiell auch als Grundlage für ähnliche Verfassungsänderungen in vielen anderen Ländern der Welt dienen.

Der Verein „Klimaschutz – Bayerns Zukunft“ hatte 2008 eine Machbarkeitsstudie für die Aufnahme des Klimaschutzes in die bayerische Verfassung in Auftrag gegeben. Prof. Dr. jur. Wolfgang Kahl von der Universität Bayreuth hatte in einem bemerkenswerten Gutachten die Möglichkeiten, Notwendigkeiten und juristischen Formulierungen für die Aufnahme des Klimaschutzes in die bayerische Verfassung dargelegt (Kahl 2008). Bereits in diesem Gutachten wurde die prinzipielle juristische Vereinbarkeit mit anderen Gesetzen auf nationaler und EU-Ebene nachgewiesen, genauso wie die politische Umsetzbarkeit. Das Gutachten beschreibt Klimaschutz sogar mit den Zielen Nullemission und Kohlenstoffreinigung der Atmosphäre.

Aufhänger war eine Initiative, die ein Volksbegehren zur Aufnahme des Klimaschutzes in die Verfassung Bayerns vorschlug. Bis heute mündete diese Initiative zwar noch nicht in ein entsprechendes Volksbegehren, dennoch wurde damit die prinzipielle Machbarkeit aufgezeigt. Mit großer Wahrscheinlichkeit werden bei zunehmender Verschärfung der Problemlage der Erderwärmung solche Volksinitiativen zur Aufnahme des Klimaschutzes in die Verfassungen auch in vielen anderen Ländern der Erde Auftrieb bekommen. Das erwähnte Rechtsgutachten kann damit als historisch bisher einmaliges Dokument noch viele wertvolle Unterstützung leisten.

Eine Aufnahme in die Verfassung ist anders als vielfach geäußert sehr wohl in der Lage, eine bindende Wirkung für Klimaschutzmaßnahmen zu erreichen. Neue Gesetzgebungen werden sich am Klimaschutz orientieren müssen ebenso wie bestehende Gesetze bei Novellierungen. Die entsprechenden Formulierungen können auch über Verfassungsklagen eingefordert werden. Zuwiderhandlungen in der täglichen Praxis bekommen eine Beklagungsgrundlage und können somit zunehmenden Einfluss auf Baugenehmigungen und staatliches wie privates Handeln entfachen.

Klimaschutz als Verfassungsgrundsatz ist somit eine der wirksamsten politischen Maßnahmen für aktiven Klimaschutz. Ist er einmal in der Verfassung verankert, dann werden auch zunehmend Investitionen in Klimaschutzmaßnahmen befördert und zum Klimaschutz kontraproduktive Investitionen kontinuierlich abnehmen.

4.5.10 Vorbildfunktion im Klimaschutz durch das Beschaffungswesen der öffentlichen Hand

Der Material und Energieverbrauch in den staatlichen Ämtern und Liegenschaften ist enorm. Man denke nur an die vielen Rathäuser, die Bauten für Ministerien und Parlamente, die Einrichtung für das Militär, Schulen und Hochschulen, die kommunalen Schwimmbäder, Turnhallen, Bibliotheken, Museen die vielen vom öffentlichen Dienst genutzten Fahrzeuge und die vielfach in kommunalem Besitz befindlichen öffentlichen Transportfahrzeuge wie Busse, Bahnen, Autos.

Ein dem Klimaschutz dienendes Beschaffungswesen ist nicht nur eine Vorbildfunktion, die andere zu ähnlichem Handeln anleiten könnte; vielmehr hat das öffentliche Beschaffungswesen ein solch großes Volumen, dass mit ihm großflächig aktiver und wirksamer Klimaschutz betrieben werden könnte. Ja, mehr noch, würde die öffentliche Hand konsequent auf Klimaschutzprodukte setzen, dann könnte sie oftmals der entscheidende Katalysator für die Markteinführung spielen und damit eine wichtige Initialzündung für Kostensenkungen entsprechender Produkte leisten.

Aber statt den politischen Sonntagsreden für den Klimaschutz Taten folgen zu lassen, kümmern sich viele Bürgermeister, Landräte, Minister und Regierungschefs nicht um die ökologische Ausrichtung ihrer Etatausgaben in ihren Liegenschaften. Somit befördern sie in ihrem ureigenen Entscheidungsbereich sogar weiter die Erderwärmung.

Dabei sind die Möglichkeiten unglaublich vielfältig. Viele der unter Klimaschutzgesichtspunkten angeschafften Produkte und Maßnahmen entlasten sogar den Etat der entsprechenden Behörde. Nur einige wenige Beispiele lassen erahnen, wie unglaublich vielfältig das Handlungsspektrum im öffentlichen Beschaffungswesen ist.

Schon die Büroausstattung der vielen Beamten und Angestellten muss im Blickpunkt stehen. Die Schreibtischlampen sollten auf LEDs umgerüstet werden, die Kühlschränke und Computer auf den neuesten Energiespartyp, und die Botengänge können oftmals mit dem Fahrrad statt mit dem Auto absolviert werden. Recyclingpapier hilft Wälder zu schonen. Möbel aus Holz speichern dauerhaft Kohlendioxid, statt mit schnell verschlissenen Plastikmöbeln die Nutzung von Erdöl zu verstärken. Wichtig ist dabei, dass der Bezug von Holzprodukten nur aus zertifiziertem Holzeinschlag erfolgen darf. Möbel und Papier aus Urwaldabholzungen sind Klimakiller. Die Aktionsgruppen, die gegen die Verwendung von Tropenholz agieren, müssen aber darauf achten, nicht zu kurzsichtig zu sein. Ihre Forderungen müssen differenziert und umfassend sein. Natürlich ist Tropenholz aus frischen Urwaldabholzungen zu verhindern. Anders sieht es mit Tropenholz aus zertifizierten nachhaltigen Tropenholzplantagen aus. Und Möbel aus Erdölkunststoffen sind sicherlich nicht akzeptabel als Ersatz für Tropenholz, denn weltweit werden Urwälder auch für Erdölförderungen abgeholzt.

In vielen Behörden, Schulen, Hochschulen, Krankenhäusern und beim Militär gibt es Großküchen, die zum Teil für Tausende von Menschen Essen kochen. Es ist wichtig, diese Kochenergie mit Erneuerbaren Energien bereitzustellen. In solarstrahlungsreichen Gegenden Indiens wurden Großküchen gebaut, die die Energie von der Sonne beziehen. Erfolgreich vermeiden diese solaren Großküchen nun sehr viel Erdöl, welches früher zum Erwärmen der Speisen verbrannt wurde. In vielen afrikanischen Hütten stehen inzwischen Solarkocher, die so den Raubbau an den kargen Wäldern und Sträuchern der Umgebung eindämmen helfen. Zudem emittieren die Solarkocher keine rußigen Rauchwolken, die Millionen Frauen Afrikas erkranken lassen. Aber nicht überall gibt es die Möglichkeit, mit Solarenergie zu kochen. Biogas kann das Essen in privaten wie öffentlichen Küchen genauso erwärmen wie Erdgas, ist aber aktiver Klimaschutz.

Biologische Lebensmittel, großflächig im öffentlichen Beschaffungswesen genutzt, wären ein wesentlicher Punkt für den Klimaschutz. Dabei fördern biologische Lebensmittel auch die Gesundheit der Bevölkerung und sind deswegen besonders in Schulen, Krankenhäusern und Altenheimen besonders wichtig. Gesund ernährte Beamte sind leistungsstärker als solche, die jahrelang krankmachende Lebensmittel verzehren. Pestizidbehaftete Gemüse und Salate, mit Tiermedizin behaftetes Fleisch aus Massentierhaltungen und eine Kost, der weitgehend wichtige Vitalstoffe entzogen sind, gehören nicht in die Mensen der öffentlichen Hand – und natürlich auch nicht in die private Ernährung.

Die Beschaffung von Gütern sollte sich aber nicht nur an der ökologischen Qualität richten, sondern auch sozial gerechte Strukturen befördern. Eine gute Gelegenheit dazu bietet der Handel mit fairen Produkten. Fair Trade organisiert die meist in Genossenschaften produzierten Produkte, von Lebensmitteln über Waschmittel, bis hin zu Büroprodukten und andere Güter. Faire Löhne werden bezahlt und der Umweltschutz beachtet. Ein öffentliches Beschaffungswesen, das bei Fair Trade einkauft, befördert Armutsbekämpfung und Klimaschutz gleichermaßen und sollte daher zu jeder politisch korrekten Ausgestaltung des Beschaffungswesens gehören.

Alle öffentlichen Gebäude, zumindest in den kalten nördlichen Breiten der Erde, müssen spätestens bei Renovierungen mit dicker Wärmedämmung, am besten aus nachwachsenden Rohstoffen, ausgestattet werden. Heizungssanierung ist die beste Gelegenheit, auf erneuerbare Wärme und Kraft-Wärme-Kopplung umzustellen. Dämmungen, richtig eingesetzt, können selbst in tropischen Breiten die Kühlenergie deutlich senken. Jede Behörde mit umfangreichen Liegenschaften sollte sich einen Masterplan geben, wonach die Gebäude Zug um Zug ökologisch zu sanieren sind.

Wer dies nicht tut, wird immer mehr in der Kostenfalle steigender Erdöl- und Strompreise verstrickt und damit den Etat für die eigentlich notwendigen Maßnahmen der öffentlichen Hand immer mehr einschränken müssen.

In öffentlich verwalteten Nationalparks und anderen Touristikgebieten ist die Umstellung auf ökologische Produkte besonders einleuchtend. Insbesondere die Transporte, sei es mit Bussen durch Biotope oder mit Booten über Seen, stören mit Abgasen und Lärm empfindlich die Pflanzen und Tierwelt und natürlich auch die Menschen selbst. Ein Beschaffungswesen, das auf elektrische Antriebe mit Solarbooten oder Elektrobussen setzt, leistet einen erheblichen Beitrag für die Markteinführung der Nullemissionstechnologien im Transportsektor. China hat hier bereits eine Vorbildrolle eingenommen. In vielen Touristikbereichen, beispielsweise im Pandapark in Chengdu, Sichuan, fahren seit Jahren ausschließlich Elektroantriebe.

Viele Einrichtungen der öffentlichen Hand sind besonders wichtig für das Funktionieren der Gesellschaft. Kommunale Krankenhäuser, öffentliche Banken, Feuerwehren und Katastrophenschutz, sie alle müssen sicher funktionieren, um einen reibungslosen Ablauf vieler gesellschaftlicher Prozesse gewährleisten zu können. Ein langandauernder flächendeckender Stromausfall kann diese öffentlichen Einrichtungen genauso wie private sicherheitsrelevante Einrichtungen wie Banken, Tankstellen, Lebensmittelversorgung u. a. zum schnellen Erliegen ihrer Funktion zwingen und damit zu katastrophalen Auswirkungen in der Gesellschaft führen (TAB 2011). Die beste Vorsorge, um den reibungslosen Ablauf dieser sicherheitsrelevanten öffentlichen wie privaten Einrichtungen zu ermöglichen, ist eine inselfähige Stromversorgung, die mit Erneuerbaren Energien betrieben wird. Notstromaggregate mit Diesel reichen hier nicht aus, da Tankstellen bei Stromausfall sehr schnell keinen Dieselnachschub mehr liefern können. Eine Umrüstung zumindest der sicherheitsrelevanten öffentlichen Liegenschaften auf inselfähige Erneuerbare Energien dient also nicht nur dem Klimaschutz, sondern ist gleichzeitig eine Vorsorge vor den Katastrophen, die durch einen langandauernden flächendeckenden Stromausfall schnell kommen können.

Natürlich gelten alle oben genannten Maßnahmen auch für militärische Einrichtungen. Das Militär hat aber zusätzliche Aufgaben, die vor allem auch im Transport von Soldaten und Maschinen liegen. Die Treibstoffversorgung gilt als Achillesferse eines funktionierenden Einsatzes. Besonders deutlich wird dies bei den Peacekeeping-Einsätzen der Vereinten Nationen. In den letzten Jahren häufen sich die Terrorattacken auf Tanklastzüge der UN-Truppen in Pakistan und Afghanistan. Terroristen wissen genau, dass sie damit die Friedenseinsätze der UN empfindlich stören können. Dabei gäbe es die Möglichkeit, die vielen Dieselmotoren in den Fahrzeugen und die Dieselgeneratoren mit Pflanzenölen zu betreiben. Die Pflanzenöle können in den zu sichernden Regionen angebaut werden, womit gleichzeitig die Wirtschaftskraft der örtlichen Bevölkerung gestärkt wird. Die Akzeptanz für die friedenssichernden Einsätze würde gesteigert und der Nährboden für neue Terroristen geschwächt. Ein gezieltes Programm, das den afghanischen Bauern nicht nur, wie meist bisher getan, den Drogenanbau verbietet oder die Drogenfelder einfach abbrennt, sondern ihnen mit nachhaltiger Pflanzenölproduktion gleichzeitig eine neue Wirtschaftsgrundlage schafft, könnte sogar die wichtigste Finanzquelle von Warlords und Terroristen austrocknen. Nachhaltige Pflanzenöle in den Dieselmotoren des Militärs und natürlich auch in den Fahrzeugen der örtlichen Bevölkerung kann also weitaus mehr sein als Klimaschutz. Gefährdete Transporte von Treibstoffen können reduziert und die Wirtschaftskraft der regionalen Bevölkerung gestärkt werden.

An den oben genannten Beispielen kann man unschwer erkennen, dass ein Beschaffungswesen der öffentlichen Hand, das konsequent auf Klimaschutz setzt, auch an anderer Stelle nicht nur für die Kämmerer viele positive Synergien erzielt.

4.5.11 Schaffung von privilegierten Genehmigungen, zum Beispiel Bauten im Außenbereich für Erneuerbare Energien oder HTC-Techniken

In vielen Ländern der Erde, auch in manchen Regionen Deutschlands, kämpfen Windkraftinvestoren oftmals jahrelang, bis sie eine Baugenehmigung bekommen. Genauso geht es oft den Herstellern von Biogasanlagen, Wasserkraftanlagen und anderen Erneuerbaren Energien. Enorme Auflagen müssen erfüllt werden, vom Vogelschutzgutachten bis hin zum Lärmschutz. Natürlich ist es wichtig, Artenschutz und Umweltschutz optimal abzuprüfen und auch einzuhalten. Dennoch drängt sich in manchen Regionen der Verdacht auf, dass Umweltschutzauflagen bei Erneuerbaren Energien weniger zum Schutze der Umwelt als mehr zum Verhindern und Verteuern der Anlagen bis zur Zermürbung der Antragsteller angewandt werden, statt in einem zügigen und vernünftigen Verfahren die durchaus notwendigen Aspekte zu beleuchten und die Auflagen entsprechend zu stellen.

Wer andererseits die halbherzigen Umweltauflagen bei der Genehmigung konventioneller Energieanlagen sieht, erkennt erst recht die Diskrepanz und manchmal Willkür der Genehmigungsbehörden. So wurden unter der Regierung des US-Präsidenten Georg Bush die Umweltauflagen zur Gewinnung von Shalegas drastisch erleichtert. Dies beförderte den plötzlichen Anstieg der Erdgasgewinnung aus Schiefergas in den USA der letzten Jahre. Da bei der Gewinnung von Shalegas aber zum Aufbrechen des Gesteins giftige Materialien zum Einsatz kommen, hat sich bereits Umweltvergiftung in den Shalegas-Gebieten ausgebreitet, und teilweise wurde Trinkwasser verseucht. Würden für die Shalegas-Gewinnung ähnlich hohe Standards wie für die Windkraftgenehmigung angesetzt, so gäbe es kein Shalegas. Vielfach wurde in der Presse auch darüber berichtet, wie Ölbohrtürme in der Tiefsee-Erdölförderung schludrig und sogar mit geringen gesetzlichen Auflagen genehmigt werden. Bei der Explosion der Deepwater Horizon im Golf von Mexiko sind viele Vorwürfe an die Genehmigungsbehörden gerichtet worden.

Damit sollen schlechte Umweltschutzauflagen bei der Genehmigung von Anlagen der Erneuerbaren Energien nicht vertreten werden. Jedoch sollten die Anlagengenehmigungen für konventionelle Energien mindestens dem Standard im Bereich der Erneuerbaren Energien entsprechen. Schon alleine damit würde die Wettbewerbsfähigkeit von Erneuerbaren Energie deutlich erhöht werden.

Dennoch benötigen die Investoren für Erneuerbare Energien Unterstützung auch gesetzlicher Art in der Genehmigungspraxis. Einem großen Schub im Ausbau der deutschen Windkraft brachte in den neunziger Jahren in Deutschland ein Gesetz, wonach der Bau von Windkraft- und Biogasanlagen im Außenbereich privilegiert wurde. Der Außenbereich ist der Raum außerhalb von geschlossenen Ortschaften und Industrieansiedlungen. Dies war notwendig, da große Windkraftanlagen ja nicht in geschlossene Ortschaften gestellt werden können. Aber auf Feldern und Bergeshöhen sind normalerweise Bauten in Deutschland verboten, es sei denn sie dienen einem privilegierten Vorhaben mit gesellschaftlichem Nutzen. Genau dies hat der Gesetzgeber für Anlagen mit Erneuerbaren Energien anerkannt und somit den Weg freigemacht für die großflächige Nutzung und schnelle Genehmigung von Erneuerbare-Energien-Anlagen.

Nationen, in denen es ähnliche Hemmnisse immer noch gibt, sollten sehr schnell Gesetzgebungsverfahren zur Privilegierung von Erneuerbare-Energien-Anlagen auf den Weg bringen. Dies kann auch mit Flächennutzungsplänen geschehen, wo die Gebiete für die Nutzung Erneuerbarer Energien ausgewiesen werden. Wichtig ist natürlich, dass die Größe dieser Gebiete prinzipiell dafür geeignet ist, eine Vollversorgung des gesamten Staates mit 100 Prozent Erneuerbaren Energien zu gewährleisten. Zudem müssen diese Pläne zügig erstellt werden. Solange sie im Aufstellungsverfahren sind, können keine Baugenehmigungen erteilt werden. Ein besonders krasses Beispiel ist Griechenland, wo jahrelang ein fertiger Flächennutzungsplan nicht veröffentlicht wurde, womit Baugenehmigungen für Windkraft und Solaranlagen in Griechenland nur sehr schwer zu bekommen waren. In Griechenland, wo bekanntlich die Korruption besonders stark grassiert, hatte offensichtlich der monopolistische Stromversorger, der hauptsächlich mit umweltschädlicher Braunkohle den griechischen Strom produziert, genügend Einfluss auf die griechischen Ministerien, um jahrelang die Veröffentlichung des dringend erforderlichen Flächennutzungsplans zu verhindern. So kam es, dass trotz eines gut ausgestatteten griechischen EEGs dennoch keine nennenswerte Dynamik im Ausbau der Erneuerbaren Energien in den letzten Jahren möglich wurde.

Dass Erleichterungen in der Baugenehmigung zur Durchsetzung von Energieanlagen notwendig sind, hatten die Gesetzgeber in den fünfziger Jahren des letzten Jahrhunderts bei der nuklearen Energie längst erkannt und durchgesetzt. So gibt es im EURATOM-Vertrag eine Rechtsgrundlage, die unter bestimmten Umständen den Bau von Nuklearanlagen sogar über Enteignungen auf privatem Grund durchsetzen kann, genau dann, wenn der Grundbesitzer sein Eigentum nicht hergeben möchte. Nun sollten nicht Windkraft-, Photovoltaik- und Biogasanlagenbesitzer in die Lage versetzt werden, Enteignungsansprüche auszulösen. Beleuchtet werden soll damit nur die Privilegierung der konventionellen Energiewirtschaft gegenüber der Branche der Erneuerbaren Energien auch in Genehmigungsprozessen.

Genehmigungsfragen gibt es aber nicht nur im Bereich der Energiewirtschaft. Auch in der Landwirtschaft sind Genehmigungserleichterungen zur Durchsetzung einer Landwirtschaft, die als Kohlenstoffsenke funktionieren soll, zwingend erforderlich. So werden in Deutschland beispielsweise Agroforstkulturen dadurch erschwert, dass die Durchmischung von Ackerflächen mit Bäumen plötzlich unter die Gesetzgebung von Forstgesetzen fällt, die aber nicht auf landwirtschaftliche Produktion ausgerichtet sind.

Damit sich die Techniken für die Erzeugung von Biokohle, z. B. die hydrothermale Carbonisierung (HTC), zu Massenanwendungen entwickeln können, sind dafür auch neue Genehmigungsgrundlagen für den Außenbereich erforderlich. Ein klarstellender Grundsatz wäre, dass HTC-Anlagen dorthin gehören, wo die Pflanzen wachsen und die Böden verbessert werden müssen. Zudem muss die Biokohle als Reststoff aus der Landwirtschaft leicht in die Böden einzubringen sein und darf nicht über unsinnige Vorschriften als Abfallstoff behandelt werden, der die Ausbringung verhindert. Die Gesetze für Düngemittel sind entsprechend anzupassen. Möglicherweise sind dafür erneut Privilegierungstatbestände erforderlich. Biokohle braucht übrigens auch die Anerkennung als Regelbrennstoff, damit sie in der energetischen Verwertung genutzt werden kann. Klimaschädliche Stein- und Braunkohlekohlen werden massenhaft in der Stromerzeugung genutzt; die klimaschützende Biokohle dagegen ist in Deutschland noch nicht einmal als Brennstoff für die Stromerzeugung zugelassen. Hier ist für den Gesetzgeber sofortiger Handlungsbedarf.

Genehmigungsfragen sind aber auch berührt in der sogenannten Koexistenz von landwirtschaftlichen Methoden. So kann die Zulassung von Gentechnikanbau die biologische Landwirtschaft massiv behindern. Schon die kleinsten Verschmutzungen sind nach einem jüngsten Gerichtsurteil des Europäischen Gerichtshofes in als gentechnikfrei gekennzeichneten Produkten nicht zulässig. Ein Honig, der mit winzigen Spuren von Gentechnikpollen durchsetzt ist, darf nach dem Urteil des EUGH nicht als gentechnikfrei bezeichnet werden (EuGH 2011). Alle gekennzeichneten biologischen Lebensmittel müssen aber gentechnikfrei sein. Gesetzgebungen, wie sie vielfältig in der Welt existieren, wonach ein Biobauer auf seinem Nachbaracker Gentechnikanbau erdulden muss, behindern so die Vermarktung der biologischen Produkte und entziehen den Biobauern bisweilen sogar die Existenzgrundlage. Denn wenn auf dem Nachbarfeld Gentechnikprodukte angebaut werden, finden sich meist auch beim Biobauern geringfügige Spuren dieser Genpflanzen. Gesetze, die eine Genehmigung von Gentechnikanbau zulassen, behindern also massiv die Ausweitung des biologischen Landbaus und damit eine der wichtigsten Klimaschutzmaßnahmen. Schon alleine deswegen ist eine Zulassung des Gentechnikanbaus eine Maßnahme gegen den Klimaschutz und sollte schleunigst gesetzgeberisch korrigiert werden.

4.5.12 Schaffung von Privilegien und Belohnungen für die Nutzung von Klimaschutztechnologien

Es müssen nicht immer finanzielle Anreize sein, die Menschen für den Klimaschutz motivieren oder gar begeistern können. Belohnungen können auch ganz anderer Art sein. Eine einfache Möglichkeit ist es, Preise und Ehrungen auszuschreiben, um besonders engagierte Menschen auszuzeichnen. Viele solcher Ehrungen werden von Nichtregierungsorganisationen schon seit Jahren vergeben und haben zum Teil eine hohe motivierende Wirkung.

Stolz sind viele Preisträger auf die Auszeichnungen des europäischen und deutschen Solarpreis von EUROSOLAR. Gewürdigt werden dabei im Wesentlichen persönliches Engagement, sei es in der Politik, als Architekt, Unternehmer oder einfach als Häuslebauer. Die Vorbildfunktion und die Berichterstattung über diese Preise haben viele weitere Menschen motiviert, den Preisträgern nachzueifern.

Die Fachzeitschrift „Solarthemen" hat gar eine Solarbundesliga in Anlehnung an die Fußballbundesliga in Deutschland ausgerufen, in welcher jährlich die Kommunen geehrt werden, die die meisten Solaranlagen installiert haben. Dieser Wettbewerb besonderer Art hat viele Bürgermeister, Gemeinderäte und Bürgerinnen wie Bürger angespornt, in diesem Wettbewerb ganz vorne mit dabei zu sein.

Preise und Ehrungen gibt es vielfältige, zum Teil auch von öffentlichen Stellen, wie von Umweltministerien. Sie sind eine sehr gute Methode und sollten in allen Ländern der Erde vor allem über die öffentliche Hand Anreize setzen. Würdigungen durch Minister oder gar Staatschefs, durch Bürgermeister und Landräte, schaffen eine hohe Aufmerksamkeit. Medien berichten meist ausführlich. So können die positiven Gedanken und Wirkungen von Klimaschutzmaßnahmen in breite Teile der Bevölkerung eindringen. Nachahmer werden motiviert, es ähnlich zu tun, womit sich Klimaschutzaktivitäten immer weiter ausbreiten können.

Belohnungen können aber auch ganz andere Muster beinhalten. Beispielsweise können Gesetzgeber Anreize schaffen für klimaschützendes Verhalten im täglichen Leben. Gezielt sind solche Anreize möglich, um auch den Kauf von Klimaschutztechnologien zu befördern, ohne dass Steuergelder involviert sein müssen.

Besonders der Straßenverkehr bietet sich hier an. Wegeführungen in Städten, die den Radfahrern kurze schnelle Wege ermöglichen, unbehindert und ungefährdet von dichtem Autoverkehr zu fahren, wird viele Verkehrsteilnehmer motivieren, vom Auto auf das Fahrrad umzusteigen. Dieser Anreiz wirkt umso mehr, wenn gleichzeitig der Autoverkehr unattraktiver gemacht wird, also wenn Autofahrer auf längere Umwege gezwungen werden. Lärmschutz und saubere Luft für die Anwohner betroffener Straßen rechtfertigen schon alleine, dass manche Straßen für Autofahrer tabu sein sollen. Mutige Verkehrsplaner und Stadtverordnete können auf diesem Wege viel für die Gesundheit der Bevölkerung und gleichzeitig für den Klimaschutz tun.

Allerdings muss der Autoverkehr nicht vollständig aus solchen Straßen verbannt werden. Ein besonderes Privileg wäre es, auch Nullemissionsautos zuzulassen. Wenn gleichzeitig für diese Elektroautos privilegierte Parkplätze in den Innenstädten, am besten mit Ladeinfrastruktur, zur Verfügung gestellt werden, dann werden viele Menschen sich ein Nullemissionsauto zulegen. Denn ein immer verfügbarer Parkplatz in Innenstädten mit Parkraumnot wäre ein hoher Anreiz für den Kauf eines Nullemissionsautos. Man kann auch Busspuren für Nullemissionsautos freigeben oder auf großen mehrspurigen Verkehrsachsen eine Spur für Nullemissionsfahrzeuge reservieren. Schon die Hoffnung, immer am Stau vorbeifahren zu können, wird dann viele Autofahrer zum Kauf eines Nullemissionsfahrzeuges motivieren. Eine Markteinführungsstrategie, die gänzlich ohne direkte Subventionen für den Käufer eines Elektroautos auskommt. Lärmschutz und saubere Atemluft sind allemal genug Gründe für solche Privilegien; der Klimaschutz profitiert dabei ganz nebenbei.

Um den Absatz von biologischen Lebensmitteln zu befördern, können auch einfache Maßnahmen unterstützend wirken. In vielen Städten gibt es Märkte, wo die Landwirte aus der Umgebung ihre Produkte verkaufen. Eine gemeindlich geschaffene Marktordnung, die den Verkäufern von biologischen Lebensmitteln die Standorte zuweist, wo die besten Verkaufsbedingungen herrschen, schafft ihnen Wettbewerbsvorteile vor den Verkäufern konventioneller Lebensmitteln. Solche Privilegien für die Erzeuger von biologischen Lebensmitteln sind wirksam für den Klimaschutz, ohne die Gemeinden finanziell zu belasten.

4.5.13 Durchforstung von Gesetzen und Verordnungen nach Hemmnissen für die Investitionen in Klimaschutztechnologien sowie die notwendigen Novellierungen dazu

Da weltweit viele Gesetzgebungen, Normen, Vorordnungen auf die Nutzung fossiler und atomarer Ressourcen ausgerichtet sind, gibt es eine Vielzahl von Hemmnissen, die die Markteinführung und Durchdringung Erneuerbarer Energien erschweren.

Oft ungewollt und manchmal absurd sind viele Vorschriften. Da sie nicht auf das Ziel Klimaschutz ausgerichtet wurden, entpuppen sie sich im Nachhinein als Hemmnisse für Klimaschutz.

Es gibt gemeindliche Bauordnungen, die aus ästhetischen Gründen rote Ziegeln als Dacheindeckung vorschreiben. Da solare Dächer aber aus Gründen der solaren Effizienz blau oder schwarz sind, wird bisweilen eine Baugenehmigung für Solaranlagen abgelehnt, weil sie angeblich das ästhetische Bild der roten Ziegeldächer stören würden. Als Effekt dieser gemeindlichen Vorschrift bleiben viele Dächer frei von Solaranlagen, womit wirksamer Klimaschutz verhindert wird. In Deutschland ist deshalb per Bundesbaugesetz der Bau von Solaranlagen auf allen Dächern prinzipiell erlaubt. Dennoch gibt es immer noch entsprechende Hemmnisse, beispielsweise im Denkmalschutzbereich.

In Deutschland wird zur Kennzeichnung von umweltfreundlichen Produkten, sozusagen als Hilfestellung für den umweltorientierten Käufer, der sogenannte Blaue Engel vergeben. Er wird beispielsweise für Verkehrsmittel herausgegeben, die einen besonders niedrigen Energieverbrauch und Schadstoffausstoß haben. Verkehrsmittel wie Fahrräder, die überhaupt keinen Energieverbrauch oder Schadstoffausstoß haben, bekommen aber keinen blauen Engel. Somit entsteht die absurde Situation, dass ein Fahrrad als Nullemissionstechnologie keinen verkaufsfördernden blauen Engel bekommt, sparsame Zweiräder mit lauten und stinkenden Verbrennungsmotoren aber schon. Schmieröle, wie sie beispielsweise für Kettensägen benötigt werden, bekommen keinen blauen Engel, wenn sie vollkommen naturbelassen aus reinem Pflanzenöl hergestellt sind. Begründung: Naturprodukte sind ja sowieso sauber. Kettensägenöle, deren Basis Erdöl ist, welchen aber Pflanzenöle beigemischt oder die sehr sparsam mit beigemischten Giftstoffen zur technischen Verbesserung umgehen, bekommen den blauen Engel, weil sie nur geringe Schadstoffmengen haben. Die schadstofffreien Naturprodukte können sich somit kaum im Markt etablieren, weil viele Verwaltungen angewiesen sind, nur umweltfreundliche Produkte, also solche mit blauem Engel, zu kaufen.

Es gibt eine unglaubliche Vielzahl von Verordnungen in der Landwirtschaft, die die sogenannte ordnungsgemäße Landwirtschaft festlegen. Dabei werden Düngemitteleinsatz, Pestizideinsatz und Anderes geregelt. Ausgegangen wird hier im Allgemeinen schlicht davon, dass auf den Äckern immer nur eine Pflanzenart steht. Anbaumethoden, die auf einem Acker gleichzeitig eine Vielzahl von verschiedenen Pflanzen im sogenannten Mischfruchtanbau anbauen, können somit gar nicht von diesen Verordnungen erfasst werden. Als Folge haben es manche Landwirte einfach schwer, solche Anbaumethoden anzuwenden. Auch in der Ausbildung für junge Landwirte finden sich solche klimaschützende Anbaumethoden schlicht überhaupt nicht, da sie eben nicht in den Verordnungen auftauchen.

Zu Tausenden finden sich in allen Staaten in Gesetzen und Verordnungen, in Normen und Genehmigungsvorschriften Hemmnisse, die den Ausbau von Klimaschutzmaßnahmen und Technologien behindern. Eine der wichtigsten staatlichen Aufgaben wäre es, eine staatliche Behörde einzurichten, die diese Hemmnisse identifiziert und Vorschläge für die Novellierungen der entsprechenden Gesetze und Verordnungen macht, damit sie zügig den Klimaschutz befördern können. Ein Masterplan zum Abbau administrativer Hemmnisse gehört somit als wichtiger Baustein in jede Klimaschutzpolitik.

4.5.14 Ordnungspolitische Maßnahmen

Der Staat kann auch eingreifen, indem er gesetzlich klimapolitische Fehlsteuerungen verhindert bzw. gar verbietet oder gewünschte Entwicklungen anstößt. Manchmal wirkt beides gleichzeitig.

Paradebeispiel ist das etwa um das Jahre 2005 in den großen Städten Chinas ausgesprochene Verbot von Verbrennungsmotoren an Zweirädern. In wenigen Jahren hat sich in China ein völlig neuer Produktionszweig für elektrische Zweiräder aufgebaut. Inzwischen werden in China jährlich einige Zehnmillionen elektrischer Zweiräder produziert. Chinesische Hersteller haben so einen Anreiz zum Entwickeln von Batterien für die Mobilität bekommen, was sie nun zum weltweit führenden Produzenten von Lithium-Ion-Batterien machte. Nun schicken sie sich an, diese auch in Elektroautos einzubauen. In vielen großen Städten, von Peking bis nach Shanghai oder Chengdu, habe ich nur noch elektrische Zweiräder gesehen. Die lauten, luftverpestenden Mofas, Motorroller oder Motoräder, wie sie immer noch vor allem in den südlichen europäischen und südostasiatischen Metropolen eine massenhafte Plage sind, gibt es dort nicht mehr. So hat eine ordnungspolitische Verbotsmaßnahme zu technologischer Vorreiterrolle geführt. Gleichzeitig wurden Lärmschutz, Gesundheitsschutz und Klimaschutz verbessert. Zudem haben die Menschen keine Einbuße an Mobilität erhalten, dafür aber eine deutliche Reduktion ihrer Ausgaben für den Sprit, denn die Elektrozweiräder verbrauchen wesentlich weniger Energie als vergleichbare Zweiräder mit Verbrennungsmotoren. Investoren für Fabriken zum Bau von Elektrozweiräder hatten sichere Renditeerwartungen, weil sie ja wussten, dass die Chinesen gerne Krafträder kaufen, aber Verbrennungsmotoren verboten sind. Somit entpuppt sich auch das Ordnungsrecht als wirkungsvolle Maßnahme für die Lenkung von Investmentkapital in Klimaschutzinvestitionen.

Ordnungspolitische Maßnahmen gibt es für den Klimaschutz bereits in vielen anderen Ländern. Manchmal, wie das Beispiel in China zeigte, mit hoher Wirksamkeit, manchmal mit geringer Wirkung. So werden zwar in Europa Höchstgrenzen für die Emissionen aus Autos vorgeschrieben. Mit 120 Gramm pro gefahrenem Kilometer sind sie aber viel zu hoch, sodass keine nennenswerte Klimaschutzwirkung hervorgerufen wird. Auch die deutsche Energiesparverordnung orientiert sich nicht am Stand der Technik. Obwohl heute bereits vielfach Häuser gebaut werden, die faktisch keine Emissionen mehr verursachen, lässt die Energiesparverordnung wesentlich höhere Emissionen für neugebaute Häuser zu. Damit werden auch die Bewohner nicht vor steigenden Heizkosten in den kommenden Jahren geschützt, was bei einem verpflichtenden Bau von Nullemissionshäusern heute schon möglich wäre. Ein Verbot von Ölheizungen in Neubauten und bei Renovierungen würde nicht nur das Klima schützen, sondern auch die Hausbewohner vor steigenden Heizölpreisen. Für den Klimaschutz wäre somit vieles möglich, was heute noch nicht umgesetzt ist.

Im Ordnungsrecht hat die spanische Stadt Barcelona Geschichte geschrieben, weil sie eine Baupflicht für Solarkollektoren vorgeschrieben hat. Es gibt zwar in Deutschland auch eine Baupflicht für die Installation von Heizungen mit Erneuerbaren Energien. Doch führt diese Baupflicht weitgehend ins Leere, da sie nicht für den Altbausektor gilt, sondern nur für den Neubausektor. Dieser ist aber in Deutschland wegen der demografischen Entwicklung mit einer immer älter werdenden Bevölkerung nur noch sehr klein. Eine Baupflicht für Erneuerbare-Energien-Heizungsanlagen bei jeder Renovierung im Altbausektor würde aber eine sprunghafte Investitionstätigkeit schaffen und damit auch Anreize für die Finanzwirtschaft in neue Fertigungsstätten für Solarkollektoren, saisonale Wärmespeicher, für Wärmepumpen, Holzpelletsöfen und für Kleinwindanlagen, deren Strom für die Heizungen verwendet wird.

Auch im Energieeffizienzsektor kann das Ordnungsrecht viel bewirken. Das Glühbirnenverbot der EU wurde bereits an anderer Stelle erwähnt. Es wird mithelfen, den sehr energiesparsamen LEDs den Weg zu bahnen. Für Elektrogräte wie Kühlschränke oder Waschmaschinen könnte ein wie in Japan bereits teilweise verwirklichtes Topp-Runner-Gesetz die Effizienz der Geräte wesentlich verbessern. In dem Gesetz wird verordnet, dass alle Firmen in fünf Jahren nur noch solche Geräte verkaufen dürfen, die dem heute besten Effizienzstandart genügen.

In der Landwirtschaft ist Ordnungsrecht völlig verbreitet. Vor allem mit dem Gewähren der landwirtschaftlichen Beihilfen werden ordnungsrechtliche Auflagen verbunden, beispielsweise Obergrenzen für Düngemitteleinsatz und Pestizide. Allerdings dienen diese Auflagen bei weitem nicht dem Klimaschutz. Im Gegenteil, sie verfestigen geradezu die negativen Auswirkungen der intensiven Landwirtschaft und Massentierhaltung und dies auch noch weltweit. Eine der wichtigsten ordnungsrechtlichen Maßnahmen ist es also, die landwirtschaftlichen Vorschriften auf biologische Landwirtschaft, artgerechte Tierhaltung und auf eine Bodenbewirtschaftung, die den Boden als Kohlenstoffsenke nutzt, umzuschreiben. Mehrfach hat die EU-Kommission entsprechende Vorschläge für eine Agrarreform innerhalb der EU gemacht, die in diese Richtung gehen. Dieser Agrarreformvorschläge sind aber immer am Widerstand der europäischen Agrarindustrie gescheitert.

Dennoch bleibt festzuhalten, dass das Ordnungsrecht in Energie-, Verkehrs-, Land- und Chemiewirtschaft eines der wirkungsvollsten Klimaschutzinstrumente ist. Eine wirksame Klimaschutzagenda sollte sich also vielfache ordnungsrechtliche Vorschriften und Gesetze geben, die eine Klimaschutzwirtschaft befördert. Finanzinvestitionen werden dann sehr schnell in die entsprechenden Klimaschutzbereiche fließen. Sobald sie in einzelnen Staaten beispielhaft und erfolgreich umgesetzt sind, werden sie ihre positiven Wirkungen schnell entfalten. Die Elektrozweiräder in China mögen hierbei beispielgebend sein und Mut machen.

4.5.15 Finanzmarktregulationen, die Investitionen in Klimaschutztechnologien befördern

Finanzmarktregulationen, die den Klimaschutz befördern sollen, sind praktisch in allen Investitionsbereichen notwendig. Dies gilt für Forschungsinvestition, Investitionen für Pilotanlagen, in Venture Capital oder auch Private Equity.

Um den weltweiten Klimaschutz zu verwirklichen, sind enorme Investitionen erforderlich. Im Energiesektor sind dies nicht nur die Investitionen für den Aufbau von Strom und Wärmeerzeugungsanlagen oder die Anschaffung von Nullemissionsautos. Vor allem werden große Kapitalsummen benötigt, um neue Fabriken zur Produktion der entsprechenden Klimaschutztechnologien aufzubauen. Der Bau neuer Fabriken benötigt mutige Finanzinvestoren, die auch große Millionen- oder Milliardensummen investieren können und wollen. Insbesondere wenn es um neue Märkte geht, wo Innovationen aus den Bereichen Energie, Chemie, Landwirtschaft oder Verkehrssektor Fuß fassen sollen, sind die Unsicherheiten für die Kapitalinvestitionen besonders groß. Allerdings stehen den hohen Investitionsrisiken oftmals auch hohe Erfolgschancen mit besonderen Renditeerwartungen gegenüber.

Wie hoch die Kapitalsummen für einen weltweit wirksamen Klimaschutz sein werden, weiß niemand genau. Aus der Studie der Universitäten von Stanford und Davis ist die schon erwähnte Abschätzung bekannt, die das Investitionsvolumen für eine globale Umstellung auf 100 Prozent Erneuerbare Energien für die nächsten 20 Jahre beziffert. Die Größenordnung von 100 000 Milliarden US-Dollar ist dafür erforderlich. Ähnliche Größenordnungen sind sicherlich auch für das Transportwesen, die Landwirtschaft und die Chemiewirtschaft erforderlich. Es ist offensichtlich, dass diese Summen niemals der öffentliche Sektor wird stemmen können. Allerdings sind zur Aufrechterhaltung der jetzigen Versorgung mit Energie, Chemieprodukten, Lebensmitteln und Transportleistungen ebenfalls hohe Investitionen notwendig. Im Energiesektor übersteigen sie die Investitionen in Erneuerbare Energie um das Doppelte, was aus den konventionellen Energiekosten leicht ablesbar ist. Sie betragen ja, wie bereits erwähnt, ca. das Doppelte der Kosten für die Investitionen in Erneuerbare Energien. Damit diese Investitionen von der Kapitalwirtschaft zügig angegangen werden, sind verschiedenste neue gesetzliche Rahmenbedingungen notwendig.

Allerdings dürfen hier nicht einfach die Investitionskosten für Erneuerbare-Energien-Anlagen mit den Investitionskosten in konventionelle Energien verglichen werden. Aufgrund der zunehmenden Verknappung der konventionellen Energierohstoffe werden auf dem Energiemarkt nicht nur die Preise verlangt, die sich aus der Refinanzierung der Investitionen ergeben, sondern sie liegen je nachdem, wie knapp die Verfügbarkeit der Rohstoffe ist, eben um diese Knappheitspreise höher. Bei Erneuerbaren Energien gibt es diese Knappheitspreise im Allgemeinen nicht. Ausnahme sind vor allem die Bioenergien, bei denen es auch Verknappungen der Brennstoffe geben kann und in manchen Gegenden der Welt auch die Wasserkraft. Daher sind bei Energiekostenvergleichen immer die Investitionskosten plus die jeweils vorhandenen und mehr und mehr steigenden Knappheitspreise zu beachten. Da vor allem Solarenergie, Windkraft, Wellenkraft aber keine Knappheiten kennen, schneiden bei solch korrekten Vergleichen die Erneuerbaren Energien im Allgemeinen wesentlich besser ab als die konventionellen Energien.

Wirksam sind die vielfältigen, in diesem Buch beschriebenen staatlichen Regulationen, die den Konsumenten einen finanziellen oder sonstigen Anreiz schaffen, Klimaschutzprodukte zu kaufen. Über die gesteigerte Nachfrage sehen Investoren in Fabriken eine gute Grundlage, die finanziellen Sicherheiten als tragfähig zu bewerten.

Doch dies alleine genügt nicht. Privates Kapital ist scheu und sucht sich die Anlageoptionen, die das beste Verhältnis zwischen Sicherheit und Renditeerwartungen bieten.

Staatliche Regulationen im Finanzsektor können und müssen daher die Umlenkung der privaten Investitionen in Klimaschutzmaßnahmen befördern. Dafür ist auch eine Durchforstung der heutigen Kapitalmarktregulationen notwendig. Identifiziert und beseitigt werden müssen Hemmnisse, die Investitionen in Klimaschutztechnologien im Kapitalmarkt erschweren. Gesucht und umgesetzt werden müssen Finanzregulationen, die sich positiv auf Investitionen privaten Kapitals in Klimaschutztechnologien auswirken. Dies gilt für Regulationen für Banken genauso wie für Fondsgesellschaften oder Personengesellschaften; steuerliche Maßnahmen stehen ebenso im Mittelpunkt wie Regulationen, die in die Fragen von Sicherheiten, von Rating oder Eigenkapitalbereitstellung eingreifen.

Gerade die Lehren aus der Finanzkrise 2008 und die Eurokrise zwingen dazu, mit Gesetzen und Verordnungen die gesamte Gesellschaft vor ähnlich neuen Wirtschaftscrashs zu bewahren.

Finanzinvestoren und Banken sind natürlich selbst gefordert, Finanzierungen möglichst zu vermeiden, die nicht mehr beherrschbar sind. Leerverkäufe von Finanzpapieren gehören ebenso dazu wie Investitionen, die absehbar in Refinanzierungsschwierigkeiten kommen werden. Dazu gehören nicht nur die Fragen der Eigenkapitalquote und der verlässlichen Renditeerwartungen. Vielmehr müssen auch andere Randbedingungen, wie sie sich vor allem im ökologisch sozialen Sektor befinden, beachtet werden.

Wer heute beispielsweise Investitionen in Kohlekraftwerke tätigt, ohne die enorm und ständig steigenden zusätzlichen Kosten für den Klimaschutz einzukalkulieren, geht die große Gefahr eines „Stranded Investments" ein. Gleiches gilt für Investitionen mit Energiebedarf, die steigende Erdöl- oder Erdgaspreise nicht beachten, die die Verknappung der Ressourcen nicht im Blick haben. Dies gilt vor allem in der Automobilwirtschaft, die immer noch auf Erdölverbrennungsmotoren setzt oder eine Chemiewirtschaft, die den Rohstoff Erdöl als unbegrenzt verfügbar betrachtet. Wie schnell dies selbst große Konzerne in die Knie zwingen kann, wurde an anderer Stelle im Buch bereits am Beispiel von General Motors beschrieben.

Umgekehrt kann man sehen, wie sicher wenige Banken sogar als Gewinner aus der Finanzkrise hervorgehen konnten, die auf ökologische und soziale Kriterien in den Finanzierungen achteten. So explodierte regelrecht das Geschäftsvolumen von Ökobanken in Deutschland, wie das der Umweltbank in Nürnberg oder der GLS Bank Bochum während der Finanzkrise von 2008, wo das Geschäftsvolumen vieler anderer Banken regelrecht zusammenbrach oder gar bis zum Zusammenbruch der Banken führte. Beide deutsche Ökobanken haben intensiv in Klimaschutzmaßnahmen investiert, vor allem in Erneuerbare Energien und Biolandwirtschaft. Daraus kann der Schluss gezogen werden, dass Investitionen in Klimaschutz sehr wohl dem

Grundsatz von sicheren Investitionen genügen. Leider sind keine der bisher staatlicherseits vorgeschlagenen Finanzregulationen so weitgehend, dass sie nach der Wirkung für den Klimaschutz überprüft werden. Genau dies wäre neben anderen Maßnahmen aber eine der wichtigsten Maßnahmen, um sichere Geldinvestitionen zu ermöglichen. Geleichzeitig würde auch der Klimaschutz befördert.

Zu den wichtigen Finanzregulationen gehören beispielsweise im Europäischen Raum die Bankenvorschriften nach Basel II oder Basel III. Die EU-Richtlinie, die die Finanzen der Rohstoffmärkte reguliert (MIFID, Markets in Financial Instruments Directives) oder die Verordnung, die die Integrität und Transparenz der Energiemärkte (REMIT) reguliert.

In diesen Verordnungen oder Vorschriften werden Regulationen angesprochen und neu geregelt, um die Ursachen, die in der Vergangenheit zu großen Finanzproblemen führten, zukünftig zu vermeiden. So wird beispielsweise Insiderhandel stärker als bisher geahndet. Der Hochfrequenzhandel, also der superschnelle Wertpapierhandel, müsste eingeschränkt werden, damit Computer, die eine Kursentwicklung selbst provozieren, diese nicht auch noch selbst ausnützen können. Exzessive Spekulationen, die häufig zu einem drastischen Preisanstieg bei Agrargütern wie Getreide oder metallischen wie energetischen Rohstoffen geführt haben, sollten ebenfalls reguliert werden, damit die hohen Volatilitäten in den Märkten abnehmen und überzogene Spekulationsgewinne abgeschöpft werden können. Forderungen nach Preistransparenz und Sanktionen sind ebenfalls zu unterstützen.

Finanzregulationen, die zur Zeit wegen den weltweiten Verschuldungskrisen diskutiert werden, sind dann zielführend, wenn damit zum einen die Verschuldung der öffentlichen Kassen entlastet wird und zum anderen ökologische und soziale Maßnahmen befördert werden können. Eine Finanztransaktionssteuer ist überfällig, damit eben auch die hohen Gewinne bei Finanztransaktionen zur Finanzierung der öffentlichen Aufgaben beitragen können. Zudem verhindert eine Finanztransaktionssteuer Auswüchse des Hochfrequenzhandels.

Eine Vermögenssteuer dagegen, vor allem wenn sie die Substanz, also das Betriebsvermögen besteuert, ist mit Vorsicht zu genießen. Ein Unternehmen, welches finanziell unter Druck ist, kann leicht in Konkursnöte kommen, wenn auch noch das Betriebsvermögen, z. B. die Fabrikhallen und die Produktionsmaschinen, besteuert werden sollen. Nicht die Maschinen und Fabrikhallen werfen schon an sich Gewinn ab, sondern erst, wenn die Produktion in ihnen auch läuft. Eine solche Vermögenssteuer schwächt vor allem die Investitionsfähigkeiten von Unternehmen. Ein Solarzellenfabrikant, der infolge der Nachfragesteigerung in Erweiterungen investieren will und muss, wird durch eine solche Vermögenssteuer in seiner Investitionsfähigkeit zumindest geschwächt. Wer also aus sozialen Gründen eine Vermögenssteuer einführen will, muss sehr darauf achten, dass sie nicht die Produktionsfähigkeit von Betrieben stranguliert.

4.5.16 Forschungsfinanzierung

Gerade in der Innnovationsentwicklung von Unternehmen, wie sie für den Klimaschutz notwendig sind, sind alle Stufen der Innovationsentwicklung staatlicherseits mit dem optimalen unterstützenden Rahmen zu versehen, weil ansonsten die unternehmerische Entwicklung von Klimaschutztechnologien geschwächt werden. Wer sonst als Unternehmen sollen die Klimaschutztechnologien entwickeln, Fabriken bauen und neue Märkte schaffen?

Am Anfang der Innovation steht die Forschung. Forschungsergebnisse sollten dann häufig in Start Ups, also die Neugründung oder Ausgründungen eines Unternehmens, münden, wenn das Unternehmen nicht selbst in der Lage ist die Forschungsergebnisse in Produkte umzusetzen. Ist das Start-up erfolgreich, fällt schnell ein hoher Kapitalbedarf an, um das Wachstum des Unternehmens zu finanzieren. In allen Stufen sind optimale Rahmenbedingungen für die Kapitalinvestitionen erforderlich, damit die Klimaschutztechnologien ermöglicht werden.

Forschungsförderung für Klimaschutztechnologien in Unternehmen sollten großzügig aus öffentlichen Haushalten bereitgestellt werden, damit Unternehmen diese leichter finanzieren können. Damit die staatlichen Haushalte damit nicht überfordert werden, sollten Umschichtungen innerhalb des Forschungshaushaltes, weg von klimaschutzkontraproduktiven Unternehmungen hin zum Klimaschutz, vorgenommen werden. Zusätzlich können die von den Unternehmen selbst aufgebrachten Forschungsaufwendungen für den Klimaschutz steuerfrei gestellt werden.

4.5.17 Wagniskapital

Erfolgversprechende Forschungsergebnisse aus Unternehmen, Hochschulen und Forschungseinrichtungen benötigen große Kapitalaufwendungen, damit die Umsetzung der Forschungsergebnisse in verkaufsfähige Produkte gelingen kann. Spezialmaschinen müssen entwickelt und gebaut werden, Fabrikhallen neu errichtet und geschultes Personal eingestellt werden. Dies alles erfordert einen hohen Kapitalbedarf, bevor die ersten Gewinne erzielt werden können. In vielen Fällen muss das investierte Kapital über Jahre hinweg auf die ersten Gewinne warten. Solches von Finanzinvestoren als Eigenkapital bereitgestellte Kapital nennt man Wagniskapital (Venture Capital, VC). Da Wagniskapital meist sehr große Volumina erfordert und gleichzeitig mit hohen und langjährigen Risiken verbunden ist, gibt es leider viel zu wenig Kapitalinvestoren, die bereit sind, auch Wagniskapital zur Verfügung zu stellen. Zudem sind in vielen Ländern die steuerlichen Rahmenbedingungen für Wagniskapital gleichgesetzt mit dem Investitionskapital für gängige Investitionen, deren Finanzrisiko leicht abschätzbar ist. Eine der wichtigsten Maßnahmen für Wagniskapital im Klimaschutzsektor ist also eine steuerliche Besserstellung dieser Investitionen.

Gleichzeitig kann eine Schwäche des privaten Wagniskapitals durch staatliche Unterstützung teilweise ausgeglichen werden. Der Bundestag hatte 2005 mit dem Europäischen Investitionsfonds (EIF) eine Vereinbarung getroffen, dass jede Investition von privater Hand in Wagniskapital mit öffentlichem Kapital zusätzlich aufgefüllt wird. Damit konnte das Volumen der Wagniskapitalinvestitionen deutlich erhöht und mehr Innovationen einer unternehmerischen Tätigkeit zugeführt werden. Diese Fonds wurden gezielt auch für Innovationen im Sektor Erneuerbare Energien bereitgestellt. Vorteil für die öffentliche Hand ist, dass sie auch an den Gewinnen aus diesem Wagniskapitalfonds beteiligt wird.

Staatliche Unterstützungen sollten auch sogenannte Business Angels erhalten. Dies sind Personen, die nicht nur ihr eigenes Kapital in junge innovative Firmen investieren, sondern ihnen zusätzlich mit ihrem eigenen Erfahrungsschatz aus zurückliegender unternehmerischer Tätigkeit beratend zur Verfügung stehen. Diese gewinnbringende Allianz aus Know-how-Transfer und Kapitalbereitstellung sollte im Klimaschutzsektor besonders hohe Aufmerksamkeit erlangen. Unterstützungen können steuerliche Besserstellung sein genauso wie staatlich organisierte Kongresse und Datenbanken, die die Vermittlung von Business Angels für junge Firmen organisieren.

4.5.18 Unternehmerische Wachstumsfinanzierung, Förderbanken

In diesem Bereich spielt sich das größte Volumen der privaten unternehmerischen Investitionen ab. Banken, private Fondsgesellschaften und andere Kapitalunternehmen stellen Kredite zur Verfügung, damit Unternehmen wachsen können. Eigenkapital und Fremdkapital sind beide wichtig. Konzerne schaffen Investitionen für Forschung, Innovationsentwicklung und Wachstum häufig aus eigener Kraft. Besonders für den Mittelstand sind aber staatlicherseits organisierte Unterstützungen notwendig.

Staatliche Förderbanken, wie in Deutschland die Kreditanstalt für Wiederaufbau (KFW), spielen hier eine besondere Rolle. Meist werden zinsgünstigen Darlehen gewährt, wobei die Zinsverbilligungen aus öffentlichen Haushaltsmitteln bereitgestellt werden. Die Umweltprogramme der KFW haben in Deutschland wesentlich dazu beigetragen, nach der deutschen Wiedervereinigung 1990 die maroden ostdeutschen Unternehmen auch ökologisch zu sanieren. Abwasserreinigung, Luftreinigung, energetische Sanierungen, Müllentsorgung, meist wurde mit zinsgünstigen Darlehen für die betreffenden Unternehmen vor- und zwischenfinanziert. Im letzten Jahrzehnt kamen zunehmend viele zinsgünstige Finanzierungen für Projekte mit Erneuerbaren Energien hinzu. Diese Kredite standen und stehen sowohl Hausbesitzern, wie beispielsweise für die Solaranlage auf dem Hausdach, oder für Unternehmen, wie Windstromerzeugung, Biogasanlagen oder gar für Fabrikfinanzierungen zur Verfügung. Damit hat die KFW erheblich zum Erfolg der deutschen Entwicklung der Erneuerbare Energien beigetragen. Inzwischen rühmt sich die KFW zu Recht, weltweit die Bank mit dem größten Finanzvolumen für Erneuerbare Energien zu sein.

Staatlich unterstützte Banken können also mit zinsverbilligten Krediten erheblich zur Finanzierung und damit zur Stimulans von privaten Investitionen in den Klimaschutz beitragen.

In allen Teilen der Welt gibt es solche Förderbanken. Ob Weltbank, Ostasienbank oder Europäische Investitionsbank (EIB). Gerade die EIB hat in den letzten Jahren das Klimaschutzengagement erheblich erhöht, in dem sie bereits 80 Prozent der Mittel für Energieinvestitionen für Erneuerbare Energien bereitstellt.

Es gibt aber auch negative Beispiele. So wird zwar in der Weltbank viel von Klimaschutzinvestitionen gesprochen, gehandelt wird aber gegenteilig. Im Jahre 2004 hatte der Indonesier Salim einen von der Weltbank beauftragten Bericht gefertigt. In diesem Bericht empfahl er, konsequent innerhalb von fünf Jahren alle Investitionen der Weltbank im Energiesektor auf Erneuerbare Energien umzuwidmen (World Bank 2004). Der Bericht wurde von den staatlichen Eignern, die vor allem von der US-Erdölwirtschaft beeinflusst sind, allen voran die USA, zurückgewiesen. Die Investitionen in Erneuerbare Energien wurden damals lediglich marginal von sechs auf 15 Prozent der gesamten Energieinvestitionen erhöht. Dies bedeutet, dass die Weltbank zwar viel vom Klimaschutz redet, aber selbst heute noch 56 Prozent ihrer Energiefinanzierungen für klimazerstörenden Maßnahmen einsetzt: neue Erdölfelder, Gaspipelines und Kohlegruben (Meinhard-Gibbs 2011).

4.5.19 Transaktionskosten für Direktinvestment verbessern

An den Kapitalmärkten sind die Transaktionskosten in den letzten Jahren deutlich gesunken. Vor allem durch die Automatisierung des Handels über Computer ist heute der Handel von Wertpapieren fast völlig frei von Transaktionskosten. Während noch in den achtziger Jahren der Verkauf und Kauf von Aktien nennenswerte Kosten verursachte, sind diese Kosten heute bei fast null angekommen.

Dagegen sind die Transaktionskosten für Direktinvestment in den letzten Jahren eher noch gestiegen. Für Bautätigkeiten beispielsweise fallen ggf. Grunderwerbsteuer, Notarkosten, Maklergebühren, Vertragsentwürfe, Verhandlungen usw. an. Dies gilt natürlich nicht nur für Klimaschutzinvestitionen wie den Bau von Windkraftanlagen, sondern insgesamt in der Realwirtschaft. Diese Transaktionskosten erschweren und benachteiligen Direktinvestitionen enorm gegenüber Anlageninvestitionen im reinen Kapitalsektor.

Die einfachen Handlungs- und Entscheidungsmodalitäten im reinen Kapitaltransfer führen auch zu kurzfristigem Denken in der Kapitalanlage. Ist mal eine Fehlentscheidung gemacht, kann mit wenigen Mausklicken, ohne Transaktionskosten, die Anlageentscheidung korrigiert werden. Dies geht überhaupt nicht bei Direktinvestitionen. Ein Rückgängigmachen der Anlageentscheidung ist vielmehr erneut mit hohen Transaktionskosten verbunden, mit Stornogebühren, Strafzahlungen für Vertragsaustritte oder bereits aufgelaufene Verluste, die niemand mehr ausgleicht. Somit werden Anlageentscheidungen in Direktinvestment, wie in den Bau von Solarfabriken oder Vermarktungsinfrastruktur für Biolebensmittel, wesentlich genauer überprüft und häufiger zurückgestellt. Von der Tendenz her wird also weniger direkt investiert – ein großes Hemmnis nicht nur, aber auch für den Klimaschutz.

Diese Ungleichgewichte gilt es auszugleichen. Allen voran ist dafür die bereits erwähnte Finanztransaktionssteuer geeignet. Sie schafft, bei entsprechender Höhe, nicht nur einen Ausgleich der bei fast null liegende Transaktionskosten für den Kapitaltransfer, sondern hilft auch, die öffentlichen Kassen wieder zu füllen. Dies ist mehr als berechtigt, da es ja der Finanzsektor war, der mit fast transaktionskostenfreiem Kapitaltransfer von wertlosen Wertpapieren die Lehmanpleite verursachte, die 2008 die Weltwirtschaft in eine tiefe Krise stürzte, und die gleichzeitig die Staatsverschuldungen über Bankenrettungspakete nach oben trieb. Eine Kapitaltransfersteuer ist genauso wie eine Kapitalertragssteuer unverzichtbar, um Direktinvestitionen zu befördern. Dies wird auch viele Investitionen in den Klimaschutz positiv befördern.

Aber nicht nur staatliches Handeln mit solchen steuerlichen Maßnahmen ist erforderlich. Auch die persönliche Verantwortung der Finanzwelt ist zu stärken. Vielfach haben Spekulanten Finanztransaktionen von Finanzpapieren getätigt, angetrieben von hohen persönlichen Provisionen, deren gesellschaftliche Auswirkungen sie nicht überblicken konnten und wollten. Selbst die finanzielle Sicherheit der Finanzpapiere war ihnen oft gänzlich unbekannt und hat sie vielfach nicht interessiert. Die Auswirkungen solch unverantwortlichen Handelns hat die Weltwirtschaft in die erwähnte Finanzkrise gestürzt. Millionen von Menschen, die nichts mit der Ursache zu tun hatten, mussten z. B. über Massenarbeitslosigkeit die Zeche zahlen. Es ist daher nur mehr als berechtigt, die Finanzwirtschaft auch in die Pflicht zu nehmen für ihr Handeln. Eine moderate persönliche Haftung für Finanztransfers wird die unverantwortlichen Spekulationen riskanter Finanztransfers eindämmen. Gleichzeitig würden sich viele Investments in tendenziell sichere und verantwortbare Geldanlagen wie Klimaschutztechnologien vermehren.

4.5.20 Ökologische Geldanlagen

Viele Geldanleger sind heute mehr denn je bereit, ihr Geld nicht nur nach maximaler Rendite oder Sicherheit anzulegen; vielmehr wollen sie, dass ihr Geld auch in ökologischen und sozialen Projekten zu einer Verbesserung von Umwelt und Lebenssituation der Menschen beiträgt. Sogenannte Ökofonds erfreuen sich zunehmender Beliebtheit. Eine sehr positive Entwicklung, die bereits vielfach auch dem Klimaschutz gedient hatte. Viele solcher Ökofonds, aufgelegt z. B. von den erwähnten Ökobanken oder anderen Banken, wirken bereits enorm und haben viel privates Kapital in den Klimaschutz gelenkt.

Allerdings gibt es auch eine ganze Reihe von sogenannten Ökofonds, die gutgläubige Anleger anlocken, deren Investment dann aber ganz andere Projekte befördert. So wird beispielsweise unter dem Deckmantel von Kohlendioxidverminderung das Investment in Atomkraft oder in Urwaldabholzung für Biokraftstoffe gelenkt.

Manchmal werden gar andere rentable Projekte untergemischt, die gar nichts mit Ökologie zu tun haben, wie beispielsweise Rüstungsprojekte. Es ist daher erforderlich, dass alle Fonds staatlicherseits verpflichtet werden, ihre Investments offenzulegen und die Nachweise für ökologisch-soziale Projektfinanzierung zu erbringen. Dafür braucht es ein staatliches Gütesiegel, welches für die entsprechenden Fonds, bei Einhaltung der Kriterien, vergeben wird. Nur so kann der Anleger, der sein Geld in Ökofonds gibt, vor Betrug und Missbrauch geschützt werden. Nur so kann privates Investment, das eigentlich in Klimaschutzprojekte fließen soll, auch tatsächlich der Finanzierung von Klimaschutzprojekten gerecht werden.

Gesetzlich geregelt werden müssen also Mindestkriterien für nachhaltige Finanzprodukte. Dabei geht es vor allem um die Einhaltung internationaler Normen wie die Kernnormen der International Labor Organisation (ILO) oder das Verbot von Kinderarbeit. Auch der Ausschluss bestimmter Investitionsziele wie Atomkraft oder Rüstung müssen Inhalt sein sowie Mindeststandards der Transparenz. Zusätzlich können und sollten per Gesetz Investitionen, die internationalen Konventionen widersprechen, z. B. in die Produktion von Streumunition, untersagt werden.

Der Gesetzgeber kann und sollte auch die Vertriebsvorschriften für alle Finanzdienstleistungsprodukte im Banken-, Wertpapier- und Versicherungsbereich dahingehend ändern, dass im Beratungsgespräch nicht nur schriftlich auf die ethische Dimension der Kapitalanlage hingewiesen werden muss. Der Kunde sollte vielmehr im Beratungsgespräch gefragt werden, welche Rolle sozial-ökologische und ethische Aspekte bei der Auswahl des Finanzprodukts spielen sollen.

Bei allen Versicherungen mit dem Aufbau eines Kapitalstocks (Lebens-, Renten-, Berufsunfähigkeits-, private Kranken- und Pflegeversicherung) sollten die Versicherungsgeber gesetzlich verpflichtet werden, die Versicherungsnehmer jährlich und schriftlich darüber zu unterrichten, ob und wie ökologische, soziale und ethische Belange bei der Verwendung der eingezahlten Versicherungsbeiträge berücksichtigt wurden.

4.5.21 Öffentlich kontrollierter Fonds für die Rückstellungen der Atomwirtschaft

In Deutschland und der Schweiz sind die Betreiber von Atomanlagen gesetzlich verpflichtet, Geld für die Entsorgung der Atomabfälle und den Rückbau der Atomanlagen zurückzulegen. In vielen Ländern, wo Atomanlagen betrieben werden, ist das gesetzlich nur unzulänglich oder gar nicht geregelt. In Deutschland haben sich inzwischen hohe Milliardenbeträge angesammelt. Da diese steuerfrei sind, entgingen und entgehen dem Staat Milliardenbeträge an Steuereinnahmen, was den Atomstrom künstlich billig macht. Zudem können die Atomkonzerne, solange über das Geld nicht wegen Stilllegungen verfügt werden muss, dieses für ihre Geschäftstätigkeiten nutzen. Die deutschen Atomkonzerne haben dies weidlich ausgenutzt und darüber beispielsweise internationale Aufkäufe finanziert.

Da aber viele Staaten nicht einmal die Rückstellungsverpflichtungen den Atomkraftwerksbetreibern auferlegt haben, sind die Produktionskosten von Atomstrom dort nochmal deutlich billiger. Das dicke Ende kommt dann am Ende der Nutzungsdauer, wo meist die öffentliche Hand die erheblichen Entsorgungs- und Stilllegungskosten zu zahlen hat. Daher gehört es zu den wichtigsten staatlichen Aufgaben, die Atomkraftwerksbetreiber für die Bildung von Rückstellungen zu verpflichten.

Das Problem von Rückstellungen, die von den Kraftwerksbetreibern selbst verwaltet werden ist, dass damit zum einen die Atomkonzerne ihre unökologischen Geschäftstätigkeiten sogar steuerfrei ausweiten konnten. Zum anderen ist nicht sicher, dass die hohen Summen bei Bedarf auch zur Verfügung stehen, wenn sie benötigt werden. Sollte ein Konzern in Konkurs gehen, so ist mehr als fraglich, ob die öffentliche Hand die benötigten Gelder aus der Konkursmasse erhalten kann. In diesem Falle müsste der Steuerzahler für das Missmanagement der Konzerne gerade stehen, was sicherlich Milliardensummen kosten würde.

Damit dieses Risiko minimiert wird, sollte ein öffentlich kontrollierter Fonds aus den Rückstellungen der Atomkraftwerksbetreiber für Kraftwerksstillegung und Entsorgung gebildet werden, dessen Vermögen nach ökologischen, sozialen und ethischen Kriterien angelegt wird, und der dadurch als Benchmark für nachhaltiges Investment dienen kann.

Der Kapitalbedarf für den Klimaschutz der kommenden Jahre kann natürlich nicht ausschließlich über Förderbanken oder öffentlich finanzierte Fonds bereitgestellt werden. Vielmehr müssen alle Finanzierer Zug um Zug ihre Finanzierungen auf die Wirksamkeit bezüglich Klimaschutz überprüfen und entsprechend umstellen. Im Prinzip darf es keine Finanzierungen mehr geben, die die Erderwärmung befördern. Davon ist die heutige Finanzwelt weit entfernt. Damit dies gelingt, müssen all die politischen Rahmenbedingungen geschaffen werden, die in diesem Kapitel beschrieben sind. Werden so allmählich die Investments in Klimaschutz bevorzugt und rentabel, dann fließt automatisch das private Kapital in die richtigen Projekte. Mit zunehmender Dynamik entstehen mehr und mehr Selbstläufereffekte, sodass sich diese Entwicklung selbst beschleunigt. Der hauptsächliche Treiber sind die Kosten für die Klimaschutzmaßnahmen. Sind die Investitions- und Betriebskosten für bestimmte Anwendungen, wie beispielsweise für ein solares Haus, höher als für konventionelle Häuser, dann kann das Kapital nur mit öffentlicher Unterstützung in den Bau von Klimaschutzhäusern fließen. Fallen aber die Kosten für den Bau eines solaren Hauses unter die der konventionellen Bauweise, werden faktisch alle neuen Häuser unter Klimaschutzaspekten gebaut. Einen solchen Punkt der ökonomischen Schnittstellen gilt es, in allen Klimaschutzmaßnahmen schnell anzustreben, und dafür braucht es eben in einer Übergangszeit die entsprechenden staatlichen Regulationen.

4.5.22 Erneuerbare Energien als Bestandteil internationaler Konfliktlösungsstrategien

Viele Konflikte in der Welt sind eng verbunden mit Energiefragen. Erneuerbare Energien können viel mehr als von den weitaus meisten Politikern gesehen wird, einen wichtigen Beitrag zur Konfliktlösung schaffen. Dabei sind nicht nur die großen Konflikte bis hin zu Kriegen um Erdöl gemeint, die es nicht mehr geben wird, wenn eine Vollversorgung der Erde mit Erneuerbaren Energien kein Erdöl mehr benötigt. Auch viele andere Konflikte, wo Energiefragen eine Rolle spielen, ließen sich mit intelligentem strategischen Einbinden von Erneuerbaren Energien möglicherweise leichter einer Lösung zuführen. An den beiden Konflikten um die Atombombenwünsche in Nordkorea und Iran soll dies im Folgenden näher beleuchtet werden.

Zu Recht fordert die internationale Gemeinschaft die Schließung der Nuklearanlagen in Nordkorea, um die Bedrohung mit Atomwaffen aus Nordkorea zu beenden. Bereits 2007 habe ich für die „Sechser-Gespräche" zur Verhinderung der Nordkoreanischen Atombombe einen Vorschlag erarbeitet, in welchem Erneuerbare Energien statt Schweröllieferungen und des Baus des Atomreaktors zur Lösung der nordkoreanischen Energieprobleme im Mittelpunkt stehen (Fell 2007).

Auf der Basis der Investitionskosten für Erneuerbare Energien aus dem Jahre 2007 konnte in diesem Vorschlag nachgewiesen werden, dass eine Energieversorgung mit Erneuerbaren Energien in Nordkorea günstiger ist als eine gleich große Elektrizitätsmenge aus dem Atomreaktor. Auch ein Ersatz der von der internationalen Gemeinschaft erbrachten Schweröllieferungen nach Nordkorea, falls Nordkorea auf den Weiterbau der Nuklearreaktoren verzichtet, ist kostengünstiger und eben nachhaltiger zu schaffen, wenn dafür Windräder, Solaranlagen, Wasserkraft, Geothermie, Biogas und Pflanzenölblockheizkraftwerke zum Einsatz kommen. Heute sind auf Grund der inzwischen deutlichen Kostensenkung vieler Erneuerbare-Energien-Technologien die finanziellen Vorteil sogar noch erheblich größer.

Die Vorteile der Investitionen für Erneuerbare Energien statt Erdöllieferungen in Nordkorea liegen auf der Hand:

- Nordkorea würde auf die Atomanlagen verzichten und dennoch Energien bekommen.
- Die Probleme der knapper und teurer werdenden Erdöllieferungen würden umgangen. Schon heute ist Erdöl sehr knapp, und die Preise steigen kontinuierlich.
- Nordkorea bekäme den Startschuss für eine klimaverträgliche und selbstversorgende Energieversorgung. Einmal aufgebaut, liefern die Anlagen jahrzehntelang Energien, ohne dass Brennstoffe – außer bei Bioenergien – zugeführt werden müssten
- Nordkorea könnte neue Arbeit schaffen und somit zur Armutsbekämpfung beitragen, was dringend erforderlich ist, wie die Hungersnöte in Nordkorea aufzeigen.

- Der Aufbau der Erneuerbare-Energien-Infrastruktur würde überschaubare einmalige Kosten verursachen und nicht Dauerzahlungen über jahrzehntelange Erdöllieferungen.
- Der Aufbau einer Versorgung mit Erneuerbaren Energien ist ein sehr großer Beitrag zum Klimaschutz, wogegen die Verbrennung von Schweröl extrem klimaschädlich ist.
- Auch klassische Umweltprobleme werden in hohem Maße reduziert, sodass direkte Kostenvorteile durch Vermeidung von Kosten für die Reparatur von Umweltschäden zu erzielen sind.

Diese durchgerechneten Vorschläge habe ich in verschiedenen Gesprächen mit dem nordkoreanischen Botschafter in Berlin, mit politischen Vertretern in Südkorea, mit dem Außenministerium in Peking besprochen. Südkoreanische Medien haben drüber berichtet. Leider sind bis heute diese Vorschläge nicht aufgegriffen worden. Dabei hätten sie in idealer Weise Klimaschutz, Armutsbekämpfung und kostengünstige Finanzierung der Hilfen für Nordkorea mit dem Atombombenverzicht verbunden.

Auch im Iran gibt es die allseits bekannten Pläne der iranischen Regierung, Atomkraftwerke zu bauen. Weite Teile der Weltgemeinschaft fürchten, dass der Iran in Wirklichkeit damit den Bau einer Atombombe vorantreibt. Der Iran begründet aber den Bau der Atomreaktoren mit der Notwendigkeit, den steigenden Strombedarf des Landes zu decken. In einem Solarprogramm für den Iran habe ich vorgeschlagen, dass die internationale Gemeinschaft dem Iran ein Angebot machen solle für den Aufbau einer Stromversorgung mit Erneuerbaren Energien (Fell 2006). Know-how-Lieferungen und finanzielle Unterstützung könnten angeboten werden, und als Gegenleistung müsse der Iran auf die Nutzung der Atomenergie verzichten.

Ein Solarprogramm für den Iran könnte prinzipiell zwei Reaktionen des Irans hervorrufen:

- Ablehnung durch den Iran. Konsequenz: Der Iran ist klar überführt, dass es ihm primär um den Bau der Atombombe geht. Die Weltgemeinschaft könnte leichter mit dem Problem umgehen, da die entscheidende Begründung des Iran, den Ausbau der Atomenergie nur zur weiteren Entwicklung zu benötigen, weggefallen ist.
- Annahme durch den Iran. Diese – weniger wahrscheinliche – Reaktion wäre die friedliche Lösung des Problems. Der Iran würde keine Atomreaktoren mehr anstreben; die Weltgemeinschaft oder einzelne Nationen würden dem Iran mit einem Solarprogramm aktiv helfen, seine Energieprobleme zu lösen.

Niemand hat von höchster Ebene bisher diesen Vorschlag aufgegriffen, sondern stattdessen will die internationale Gemeinschaft das Nuklearprogramm akzeptieren, wenn nur die Uranbrennstoffver- und Entsorgung in internationaler Hand kontrolliert würde, damit der Iran keinen Bombenstoff aus der Nutzung der Atomreaktoren abzweigen könne. Ein wenig aussichtsreiches Unterfangen, da ja offensichtlich in der Welt auch bisher schon die Proliferation, also die Weiterverbreitung von waffentauglichem Nuklearmaterial, nicht verhindert werden konnte. Die sogenannte friedliche Nutzung der Atomenergie gibt es in der Realität ja gar nicht. Im Hintergrund dieser Verhandlungsstrategie steht wohl das Begehren von einigen Verhandlungsländern im Sicherheitsrat der VN, den Bau der iranischen Reaktoren mit eigenen Geschäften für den heimischen Nuklearsektor zu nutzen.

Dabei könnte mit einem Solarprogramm für den Iran nicht nur die politische Agenda für die Verhinderung des Baus einer iranischen Atombombe verbessert werden, es wäre auch ein aktiver Beitrag zur Entwicklung des Irans, der Armutsbekämpfung und zum Klimaschutz.

Statt eines Gegeneinanders der Regierungen brauchen wir ein Miteinander der Völker. Die Erneuerbaren Energien sind dabei eine verbindende Friedenstechnologie. Atomenergie und knapper werdende fossile Rohstoffe spalten hingegen und bringen unnötige Risiken, Konflikte und Kriege in die Weltgemeinschaft.

4.5.23 Politische Maßnahmen zur Abschaffung der Privilegien klimaschädlicher Investitionen

Um den Klimaschutztechnologien zum Durchbruch zu verhelfen, sind nicht nur Maßnahmen zur Beförderung der Klimaschutzmaßnahmen und Technologien notwendig. Vielmehr müssen die Unterstützungen und Privilegien für Technologien, die die Erderwärmung befördern, abgeschafft werden. Dazu gehören vor allem folgende Bereiche:

- Beendigung von direkten Subventionen und Steuererleichterungen sowie Beendigung der öffentlichen Forschungsunterstützung für klimaschädliche Aktivitäten
- Beendigung von Privilegien und Unterstützungen in der Genehmigungspraxis
- Beendigung der staatlichen Unterstützung für den Wissenstransfer in der fossilen und atomaren Wirtschaft

Es ist unglaublich, aber dennoch wahr: Trotz hoher Staatsverschuldung in fast allen Nationen dieser Erde werden hunderte Milliarden Steuergelder jährlich ausgegeben, um klimazerstörende Maßnahmen und Technologien zu unterstützen. Die Palette dieser Staatsausgaben ist schier unendlich: Direkte Subventionen werden in vielen Nationen ausgereicht für die Verbilligung von Benzin und Diesel. Vor allem in der Landwirtschaft, der Fischerei, der Bauwirtschaft, im Flugverkehr oder bei Bussen und Bahnen werden Steuergelder ausgegeben, um diese Kunden mit billigen Treibstoffen zu versorgen.

Für Sozialwohnungen gibt es Heizkostenunterstützung, statt dieses Geld für Investitionsunterstützung in Hausdämmungen und in Erneuerbare Wärme einzusetzen. In den Bergbau von fossilen Rohstoffen, vor allem Kohle, fließen massiv steuerliche Gelder. Die Agrarsubventionen, vor allem in Europa und Nordamerika, stützen die intensive, industrielle, klimaschädliche Landwirtschaft und geben so der biologischen Landwirtschaft oder kleinbäuerlichen Strukturen kaum Entfaltungschancen.

Direkte staatliche Unterstützungen gibt es auch vielfach für den Aufbau von unternehmerischen Tätigkeiten, wie die Produktion von klimaschädlichen Produkten. Dies sind z. B. der Bergbau fossiler oder atomarer Rohstoffe oder der Bau von Fertigungsstätten wie atomare Brennelementefabriken, Ölraffinerien, Erdgaspipelines oder Kohleverflüssigungsanlagen. Der Fabrikneubau für Automobile, die fossile Treibstoffe nutzen, wird genauso staatlicherseits subventioniert wie Fabrikationsanlagen für Erdöl- oder Erdgasheizungsanlagen oder sogar von Kohleöfen. Neue Produktionsstätten für Kunstoffe aus Erdöl erhalten staatliche Subventionen genauso wie neue Düngemittelfabriken oder Pestizidhersteller.

Steuerbefreiungen und Steuererleichterungen sind ebenfalls eine massive Stütze der fossilen und atomaren Wirtschaft. Seit Beginn der Fliegerei ist fast überall in der Welt das Flugbenzin steuerbefreit. Mit zu den absurdesten Steuerbefreiungen gehören die der Mineralölwirtschaft für ihren Einsatz von Mineralöl in eigenen Produktionsprozessen, z. B. in den Erdölraffinerien. Häufig werden Brennstoffe für die Stromerzeugung besteuert, die Brennelemente der Atomkraftwerke meistens nicht.

Noch immer wird weltweit die unternehmerische Forschung für klimaschädliche Aktivitäten massiv unterstützt. Viele Forschungsgelder fließen immer noch in die Optimierung von Erdölverbrennungsmotoren, in die nukleare Forschung, in die Kohleverflüssigung und CCS, in die Exploration von neuen Erdöl- und Erdgaslagerstätten, vor allem auch in ökologisch hochsensible Gebiete wie die Arktis oder die Tiefsee. Neue Produkte der Kohlenstoffchemie erhalten Forschungsgelder; den Löwenanteil erhält immer noch die Erdölchemie, wobei aber erfreulicherweise die Forschung für Chemie aus nachwachsenden Rohstoffen mehr und mehr gefördert wird. Die landwirtschaftlichen Forschungsmittel fließen fast ausschließlich in die Gentechnik und in die weitere Intensivierung der industriellen Landwirtschaft. Für Forschungsunterstützung für biologische Landwirtschaft oder für landwirtschaftliche Methoden, die als Kohlenstoffsenke wirken, gibt es nur sehr wenige staatliche Forschungsgelder. Agroforstsysteme und Mischfruchtanbau sind in der Forschungsförderung fast unbekannt.

Eine Forschungsoffensive, staatlich finanziert, die immer neue Maßnahmen für wirksamen Klimaschutz erforschen und entwickeln sollen, gibt es nicht.

Natürlich gibt es hervorragende Forschungseinrichtungen weltweit, die sich mit Klimaschutztechnologien sehr erfolgreich befassen, wie die beiden deutschen Fraunhoferinstitute, das Institut für solare Energieforschung in Freiburg (ISE) oder das IWES in Kassel. Auch an anderen Instituten und Universitäten findet hervorragende Forschung dafür statt, wie beispielsweise an den bereits erwähnten kalifornischen Universitäten Stanford und Davis. Dennoch ist klar: Eine umfassende und mutige Forschungs- und Industrieinitiative, wie sie in den fünfziger Jahren des letzten Jahrhunderts für die Nukleartechnologien geschaffen wurde, gibt es weltweit nicht. Weder gibt es für die Erneuerbaren Energien solche Forschungseinrichtungen, wie sie einst für die Atomforschung eingerichtet wurden, beispielsweise in den USA Los Alamos oder in Deutschland die Helmholtzgemeinschaften. Diese wurden als Großforschungseinrichtungen ausschließlich für die sogenannte friedliche oder gar militärische Nutzung der Atomtechnologien gegründet und sehr schnell mit massivem öffentlichem Kapitaleinsatz ausgestattet. Auch in Indien gibt es keine der Atomtechnologie vergleichbare Forschungsunterstützung für Erneuerbare Energien, obwohl Indien sogar ein Ministerium für Erneuerbare Energien hat.

Die deprimierenden Aufzählungen mögen das große Handlungsfeld aufzeigen, das in der Subventionspolitik, in der Steuerpolitik und der staatlichen Forschungsförderung noch vor uns liegt. Jede Regierung sollte einen Masterplan erstellen, in dem die staatlichen Subventionen, die steuerlichen Erleichterungen und die staatlichen Forschungsunterstützungen aufgelistet und nach klimaschädlich bzw. klimanützlich kategorisiert werden. Sodann sollte diese Liste dazu dienen, sukzessive die staatlichen Ausgaben in die Maßnahmen umzulenken, die wirksamen Klimaschutz unterstützen.

Behutsam und vorsichtig, aber dennoch konsequent in der Richtung, muss mit dem Abbau staatlicher Subventionen im Bereich der Treibstoffe, des Stromes und der Lebensmittel umgegangen werden. Hier braucht es Stufenpläne, die erst über Jahre hinweg allmählich die steuerlichen Vorteile abbauen. Sofortige Radikalmaßnahmen müssen unter der sozialen Tragfähigkeit beleuchtet werden. Ansonsten kann es zu Protesten, Unruhen, Aufständen, Regierungsumstürzen oder gar zu Bürgerkriegen kommen. Allerdings sollte uns auch bewusst sein, dass viele Aufstände und Unruhen auf Grund von Lebensmittel- und Benzinpreissteigerungen ihre tiefere Ursache in der Verteuerung des Rohölpreises der letzten Jahre hatte. *Peak Oil* wird diese Ursachen in den nächsten Jahren noch massiv verstärken. Nur die Umstellung auf eine klimaschonende Wirtschaftsweise wird dies verhindern können, und dazu braucht es aber auch die Sanierung der öffentlichen Haushalte über den Abbau ökologisch schädlicher Subventionen und Forschungsunterstützung.

Privilegien und Unterstützungen für nukleare und fossile Technologien gibt es unzählige in allen Nationen. Einige seien im Folgenden beleuchtet, damit klar wird, dass sie abgeschafft werden müssen. Wenn sie nicht abgeschafft werden, behindern sie weiterhin einen wirksamen Klimaschutz.

Der EURATOM-Vertrag, der die massive Unterstützung des Ausbaus der Atomenergie in Europa gesetzlich organsiert, eröffnet einem Investor für Nuklearanlagen vielfältige Unterstützungen, von der Forschungsförderung bis hin zu staatlichen Subventionen. Kein Investor für Windkraftanlagen oder andere Erneuerbare Energien hat ähnliche Möglichkeiten.

In vielen Ländern eröffnet das Bergrecht Investitionen in den Bergbau, ohne die Grundstückseigentümer vorher auch nur informieren zu müssen. So geschieht dies momentan großflächig in den USA durch den neuen Shalegas-Ausbau, also die Erschließung unkonventioneller Erdgasvorkommen. Dass dabei dann erhebliche negative Auswirkungen für den Grundstückseigentümer entstehen können, ist nicht relevant für die Genehmigungsbehörde. Lärmbelästigungen durch Bohrgestänge sind noch die harmlosen Beeinträchtigungen, die der Grundstückbesitzer ertragen muss. In manchen Fällen sind aber auch Trinkwasserverseuchungen durch die giftigen Frak-Chemikalien zu ertragen. Frankreich hat auf Grund dieser unglaublichen Beeinträchtigungen der betroffenen Menschen ein Moratorium für die Exploration und Gewinnung von Shalegas erlassen.

Das französische Beispiel sollte Schule machen. Wenn wenigstens dort, wo Anwohner gesundheitlich oder finanziell geschädigt werden, keine Genehmigungen mehr für die Gewinnung von Rohstoffen ausgesprochen werden, dann würde dies schon einen erheblichen Schutz vor weiterer Klimaerwärmung und radioaktiver Verseuchung bieten. Der Uranbergbau wäre dann faktisch unmöglich, da in der Nähe von Uranabbaugebieten immer die betroffene Bevölkerung von radioaktiver Verstrahlung gesundheitlich massiv geschädigt wird, so etwa viele Aborigines in Australien, Ureinwohner in Kanada und den USA, Tuaregs im Niger und viele andere Menschen. Die Menschenrechte der Anwohner werden in diesen Bergbauregionen häufig massiv missachtet. Aber auch viele fossile Lagerstätten, nicht nur Shalegasvorkommen, sondern auch viele Kohlegruben, die das örtliche Trinkwasser verseuchen, oder Ölquellen, die wie im Nigerdelta fast die gesamte Flusslandschaft verseucht haben, wären nicht mehr genehmigungsfähig. Der Wegfall dieser Rohstoffgewinnung würde schnell Investitionen in alternative Energiegewinnung freisetzen, allen voran in Erneuerbare Energien, womit aktiver Klimaschutz geleistet wäre.

Die Beendigung von Genehmigungsprivilegien und Subventionen der fossilen und atomaren Wirtschaft nicht nur dort, wo ökologische und menschenrechtliche Problemlagen vorherrschen, ist eine der wichtigsten Maßnahmen zur Durchsetzung einer wirksamen Klimaschutzpolitik.

Unzählig viele Kongresse, Fortbildungskurse, Vorlesungen, Buchprojekte, Fernsehberichte gibt es weltweit jährlich zum Wissenstransfer in der fossilen und atomaren Wirtschaft, in der industriellen Landwirtschaft oder der Erdölchemie. Ein großer Teil von ihnen wird aus Steuergeldern unterstützt oder gar von staatlichen Stellen selbst organisiert und finanziert. Über den EURATOM-Vertrag sind die Nationalstaaten, die ihn unterzeichnet haben, sogar verpflichtet, Veranstaltungen zum Wissenstransfer über den Ausbau der Atomtechnologien zu organisieren und zu unterstützen.

Internationale Regierungsorganisationen, wie die Internationale Atomenergiebehörde (IAEO) in Wien oder die Internationale Energie Agentur (IEA) in Paris, werden weitgehend aus Steuergeldern finanziert. Neben wichtigen Aufgaben, wie das Monitoring von Energiefragen in der IEA oder die Verhinderung der Weiterverbreitung von Atomwaffen in der IAEO, wird in diesen Behörden aber auch der Wissenstransfer für die weitere Entwicklung, den Ausbau und Innovationen im fossilen und atomaren Wirtschaftssektor organisiert und finanziert. Obwohl die IEA in jüngster Zeit sehr deutlich und laut vor der zunehmenden Kohlendioxidkonzentration in der Atmosphäre und der weiteren Erwärmung der Erde warnt, geht von der IEA viel politischer Druck und Wissenstransfer für den weiteren Ausbau der fossilen und atomaren Wirtschaft aus.

An meist staatlich grundfinanzierten Hochschulen und Forschungseinrichtungen werden sogar mit staatlichen Projektmitteln ausgestattete Veranstaltungen für den Wissenstransfer über den weiteren Ausbau der klimazerstörenden Wirtschaftszweige organisiert. Ganze Lehrstühle an Hochschulen befassen sich ausschließlich mit dem Bergbau fossiler Rohstoffe oder dem Kraftwerksbau im fossilen und atomaren Sektor, mit gentechnisch veränderten Pflanzen, mit Methoden der weiteren Industrialisierung der Landwirtschaft und so weiter und so fort.

Der staatlich organisierte Wissenstransfer für Technologien und Maßnahmen, die die Klimaveränderung fördern, ist allgegenwärtig, umfassend und wird mit massiven Steuergeldern unterstützt.

Auf der anderen Seite finden natürlich auch staatlich organisierte Klimaschutzkonferenzen statt; es gibt Lehrstühle, Forschungseinrichtungen, und es gibt inzwischen sogar die bereits erwähnte Internationale Agentur für Erneuerbare Energien (IRENA). IRENA wurde bereits Anfang der neunziger Jahre von EUROSOLAR vorgeschlagen und politisch von Hermann Scheer und mir selbst vorangetrieben (Eurosolar 2009). Allerdings haben all die Einrichtungen, die sich mit Erneuerbaren Energien oder anderen Klimaschutzmaßnahmen beschäftigen, nicht die hohe Finanzkraft und Unterstützung, wie sie die Einrichtungen der fossil-atomaren Wirtschaft haben. So hat die IRENA zwei Jahre nach Gründung immer noch keine schlagkräftige Organisationsstruktur gefunden, vor allem, weil viele der zahlreichen Gründungsmitgliedsstaaten die zugesagten Mitgliedsbeiträge nicht überweisen. Im Vergleich zur IAEO oder zur IEA ist die IRENA faktisch machtlos.

Es wird die politische Aufgabe einer wirksamen Klimaschutzstrategie sein, zunächst den staatlich unterstützten Wissenstransfer für alle klimaschädlichen Technologien und Wirtschaftsweisen umzuorientieren, damit er für den Klimaschutz dienlich sein kann. Dazu gehören die Beendigung der Teilbereiche der IAEO und von EURATOM, die den Ausbau der Atomtechnologien unterstützen. Dazu gehört auch die Beendigung der unterstützenden Agitationen der IEA für die fossile Wirtschaft. Öffentliche Finanzierungshilfen für Kongresse, Lehrstühle und Veranstaltungen, die letztlich dem Ausbau der fossil-atomaren Wirtschaft, der industriellen Landwirtschaft, schlicht dem Organisieren weiterer zusätzlicher Emissionen dienen, müssen beendet werden.

Natürlich ist das ein Kraftakt, vor allem in der Bildungspolitik, die es gewohnt ist, Bildungstransfer zu organisieren, weitgehend ohne Inhalte anzusehen. Hauptsache die Strukturen stimmen, damit Know-how-Transfer, gleich welcher Art, bestens organisiert werden kann. Bildungspolitiker kümmern sich meist nur um Strukturen und weniger um Inhalte. Dabei gibt es sehr wohl geächtete Bildungsinhalte, wie beispielsweise Gewaltverherrlichung oder Pornographie. Es muss gelingen, die Bildung für klimazerstörende Maßnahmen nicht nur finanziell auszutrocknen, sondern endlich zu ächten.

Die Darstellung dieser unglaublich vielfältigen und umfassenden Unterstützungen für die weltweiten fossil-atomaren Strukturen soll nur beleuchten, wie stark sie immer noch im öffentlichen Bereich gefördert werden. Wie selbstverständlich nehmen dies die Menschen hin und realisieren nicht, dass gerade darüber die Erderwärmung und weitere gravierende Problemfelder der Menschheit geradezu öffentlich gefördert werden. Es kann daraus nur der Schluss gezogen, dass Zug um Zug die öffentliche Unterstützung dieser fossilen und atomaren Aktivitäten einzustellen ist. Dies gilt gleichermaßen für Steuererleichterungen, steuerliche Subventionen, öffentliche Finanzierungen des Wissenstransfers und der Forschung, aber auch für die Genehmigungsprivilegien.

Im Übrigen sind diese Zielvorstellungen nicht nur für die öffentliche Hand notwendig. Auch der Finanzsektor, der aus privater Hand vielfach Lehrstühle, Kongresse, Vorlesungen, Bücher, Fernsehsendungen und vieles andere finanziert, muss sich endlich auch der Aufgabe stellen, dass es keine Finanzierungen mehr für den weiteren Wissenstransfer für klimazerstörende Maßnahmen geben darf.

4.6 Politische Maßnahmen, die wenig oder keine Wirksamkeit für den Klimaschutz entfalten

Im Kyoto-Protokoll sind sogenannte flexible Instrumente vorgesehen, mit denen Klimaschutz zu den geringsten Kosten erreicht werden soll. Tatsächlich führen diese dazu, dass das Problem des Klimawandels nicht konsequent angegangen und die ohnehin notwendige Transformation der Wirtschaft verschleppt wird. In fieberhaftem Eifer werden auf internationaler und nationaler Ebene gesetzliche Rahmenbedingungen für den Klimaschutz ersonnen, gefordert und teilweise durchgesetzt. Im Mittelpunkt steht der Emissionshandel, der mit übergeordneten, scheinbar tragfähigen Argumenten als das entscheidende politische Instrument für den Klimaschutz gehalten wird. Mit strengen Vorgaben und verpflichtenden Zielen sollen Zug um Zug Emissionen vermindert werden. Emissionsrechte werden vergeben, um einen ökonomischen Anreiz zu schaffen, allmählich die Emissionen zu reduzieren.

Der Emissionshandel wird oftmals als die entscheidende politische Maßnahmen für den Klimaschutz angesehen. Diese Fehleinschätzung verhindert jedoch, dass effektive Maßnahmen wie Subventionsabbau, CO_2-Steuer oder Einspeisevergütungen nicht zum Tragen kommen. Gerade auf den Weltklimakonferenzen spielt der Emissionshandel die entscheidende Rolle, aber alle anderen zielführenden politischen Klimaschutzmaßnahmen eine untergeordnete oder gar keine Rolle. Somit entfachen paradoxerweise die Bestrebungen zur weltweiten Einführung des Emissionshandels eine für den Klimaschutz negative Wirkung, denn sie behindern die Diskussion und erst recht die Verabschiedung politischer Maßnahmen für einen wirksamen Klimaschutz.

Der Emissionshandel leidet an grundsätzlichen Problematiken. Wer Emissionsrechte besitzt, wird bis zur nächsten Handelsperiode keine weiteren Anstrengungen zur Reduzierung von Emissionen unternehmen und auch politisch agieren, um die Emissionsrechte zu behalten. Wertvolle Zeit geht verloren. Strenge Emissionssenkungen werden mit erfolgreichem Lobbyismus bis zur Wirkungslosigkeit aufgeweicht, da das Argument der ökonomischen Belastung politisch wirkt.

Da der Emissionshandel generalisierend die Emissionen begrenzen soll, bietet er keinen Anreiz für technische Innovationen. Bevorzugt werden die Einzelmaßnahmen, die zum Zeitpunkt der Investitionen die höchste Emissionsreduktion mit dem geringsten finanziellen Aufwand ermöglichen. Dazu sind neue Kohlekraftwerke mit drei Prozentpunkten Wirkungsgradverbesserung besser geeignet als Investitionen in Photovoltaikanlagen. Im Prinzip zementiert der Emissionshandel das fossile Energiesystem auf einem durch das Cap vorgegebenen, geringfügig niedrigerem Emissionsniveau.

Zudem werden über den clean development mechanismus (CDM) Investitionsmöglichkeiten geschaffen, die erforderliche nationale Investitionen in Klimaschutz ersetzen und damit verhindern. Klimaschutz kann jedoch nicht dadurch verwirklicht werden, indem hohe Emissionen der Industrieländer aufrechterhalten bleiben und stattdessen neue, zusätzliche Emissionen, z. B. durch neue Wasserkraft an Stelle neuer Kohlekraftwerke in China, verhindert werden. Meist werden solche Wasserkraftwerke aus Gründen des Energiehungers sowieso gebaut, die CDM-Finanzierung wird nur willkommen mitgenommen. Zu einer Emissionsminderung trägt das nicht bei.

Verstärkt wird die Unwirksamkeit des Emissionshandels dadurch, dass seine theoretischen Vorteile in der Realität nicht zum Tragen kommen. So haben es die Interessenten der fossilen Energiewirtschaft mit ihrem Lobbyeinfluss verstanden, überall, wo der Emissionshandel eingeführt wurde, diesen fast zur Unwirksamkeit zu beeinflussen, beispielsweise, indem eine volle Auktionierung der Emissionszertifikate verhindert wurde. So wurden in Deutschland im Jahre 2007 mit dem Emissionshandel etwa 8 Millionen Tonnen CO_2-Emissionen reduziert, mit geschätzten Kosten von 5,6 Milliarden Euro. Diese Mehrkosten haben die Stromkonzerne sogar in Strompreiserhöhungen an die Stromkunden weitergegeben und ihre Gewinne damit erhöht. Zum Vergleich: Mit Hilfe des Erneuerbare-Energien-Gesetzes (EEG) wurden im Jahre 2007 mit Mehrkosten von 4,3 Milliarden Euro etwa 57 Millionen Tonnen CO_2 eingespart und hunderttausende Arbeitsplätze geschaffen, eine ungeheure Innovationskraft entwickelt und die Durchdringung mit Nullemissionstechnologien weiter befördert. Immerhin hat Europa daraus gelernt. Ab 2013 sollen nun die Emissionszertifikate versteigert werden. Ob dies aber die Wirksamkeit des Emissionshandels tatsächlich deutlich verbessert, bleibt abzuwarten.

Der Emissionshandel hat sich in dem Jahrzehnt nach seiner Einführung in Deutschland, also fast gleichzeitig mit der Einführung des sehr wirksamen EEG, als untaugliches und höchst manipulierbares politisches Instrument entpuppt. Da wir diese

Entwicklung befürchtet hatten, haben Hermann Scheer und ich selbst im Bundestag der Einführung des Emissionshandels nicht zugestimmt. Es wird höchste Zeit, dass sich die politischen Klimaschutzaktivitäten den in den oberen Kapiteln genannten, viel wirksameren Klimaschutzmaßnahmen zuwenden und eine ehrliche Diskussion über die Unwirksamkeit und Unzulänglichkeiten des Emissionshandles stattfindet. Wahrscheinlich ist dem weltweiten Klimaschutz mit einer Abschaffung des Emissionshandels mehr gedient, als mit einem weiteren Festhalten am Emissionshandel.

5 Die Schlüsselrolle der Finanzwirtschaft als politischer Klimaschutzmotor

Die Finanzwirtschaft ist im Zwang, Renditen zu erwirtschaften. Da die ökonomischen Rahmenbedingungen immer noch im Wesentlichen Investitionen in die fossile Wirtschaft bevorzugen, weil dort hohe Renditen erwirtschaftet werden, gehen noch immer die meisten Investitionen weltweit in klimaschädigende Technologien und Maßnahmen.

Es ist aber auch vielen Menschen in der Finanzwirtschaft nicht egal, ob die Probleme der Gesamtgesellschaft immer drängender und unbeherrschbarer werden. Mehr und mehr finden sich Akteure der Finanzbranche auch in leitenden Funktionen. Sie organisieren Kongresse, Aktivitäten und Einzelaktionen für den Klimaschutz. Mehr und mehr gibt es konkrete Finanzierungen, Finanzierungsvorschläge, Initiativen und Apelle für den Klimaschutz auch aus der Finanzwelt. Im Ergebnis nehmen auch die Finanzierungen für den Klimaschutz immer mehr zu. Alleine die Investitionen in Erneuerbare Energien sind weltweit in den letzten Jahren von 30 Milliarden US-Dollar im Jahre 2004 auf 257 Milliarden US-Dollar im Jahre 2011 gestiegen (REN21 2005 und 2012).

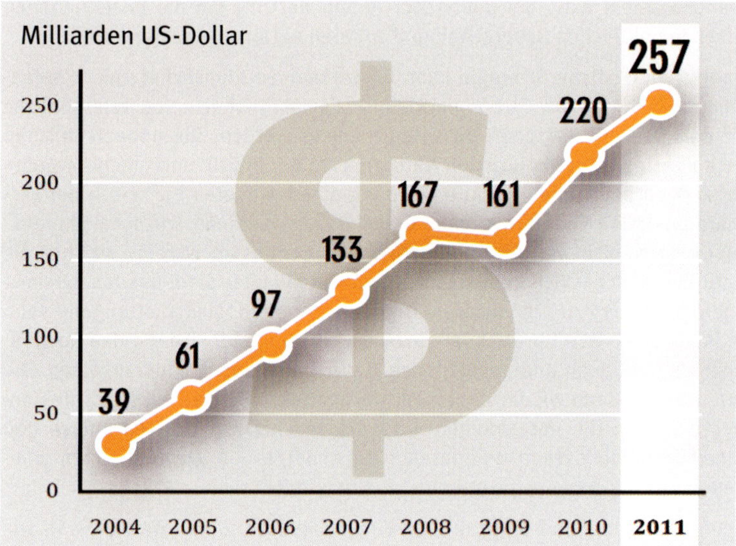

Bild 46: Globale Investitionen in Erneuerbare Energien
(Quelle: Ren21, germanwatch.org/klima/gsr2011.pdf)

Es ist gut, wenn die Finanzwirtschaft zunehmend in den Klimaschutz investiert. Aber immer noch geht der weitaus größte Teil der globalen Finanztransaktionen in Projekte, die die Erderwärmung anheizen. Manche Analysten schätzen, dass 90 Prozent aller Investitionen für den Klimaschutz kontraproduktiv sind. Ein weiteres langsames Wachstum der Klimaschutzinvestitionen über Jahrzehnte ist nicht ausreichend, weil dann die Erderwärmung rasant fortschreitet und irreversible Veränderungen auf der Erde sicher sein werden.

Daher müssen die motivierten, für den Klimaschutz aktiven Menschen aus der Finanzwirtschaft nicht nur als Finanzinvestor mit sich langsam verändernden Finanzaktivitäten auftreten. Vielmehr sollten sie selbst die notwendigen politischen Regulationen erarbeiten, die für einen wirksamen Klimaschutz notwendig sind. Immerhin wissen die Investoren ja selbst am besten, unter welchen Bedingungen sie bereit sind zu investieren.

Ohne faule Kompromisse, wie sie in den *Low Carbon*-Strategien zu finden sind, sollte daher die Finanzwirtschaft die notwendigen politischen Regulationen erarbeiten und umfassend beschreiben. Ein solches finanzpolitisches Klimaschutzkonzept kann alleine schon Wunder bewirken, weil sich viele Politiker ermuntert sehen werden, dies als Richtschnur für politisches Handeln zu akzeptieren. Beschleunigend wird ein solches finanzpolitisches Klimaschutzkonzept wirken, wenn die Finanzbranche selbst aktiv als politischer Akteur auftritt, um die beschriebenen Maßnahmen in politischen Gesprächen und anderen Aktionen einzufordern.

Wohlgemerkt, eine solche Strategie kann für wirksamen Klimaschutz nicht aufgehen, wenn im Sinne von *Low Carbon* nur halbherzige Maßnahmen und Kompromisse im Sinne der fossilen Wirtschaft zu Grunde gelegt werden. Die unbestechlichen und erbarmungslos kompromisslosen Naturgesetze der Physik und Chemie werden alle halbherzigen politischen Kompromisse mit einem weiteren Aufheizen der Erdatmosphäre bestrafen. Insofern können die in Fragen der Finanzwirtschaft herausragenden Experten nicht von der akribischen Suche entlassen werden, welches die klaren naturwissenschaftlichen Klimaschutznotwendigkeiten sind, um danach dann die Finanzregulationen zu organisieren. Dies mag für Ökonomen anstrengend sein. Genauso ist es aber auch für die Klimaphysiker anstrengend, sich mit den notwendigen Finanzregulationen und gesetzlichen Maßnahmen auseinanderzusetzen. Die Erde kann aber nur dann wieder abgekühlt werden, wenn beides optimal aufeinander abgestimmt ist: die notwendigen naturwissenschaftlichen Erkenntnisse und Maßnahmen sowie die daraus resultierende notwendige Finanzregulation und politische Regulation.

Sobald eine genügend große Anzahl von Finanzexperten in der Welt dies so wie oben beschrieben organisieren will, wird eine sich selbst verstärkende Dynamik entstehen. Immer mehr Menschen aus Finanzsektor, Politik, Wissenschaft und Medien werden die Thesen aufgreifen und verbreiten. So werden Zug um Zug politische Beschlüsse und Maßnahmen um sich greifen und über eine positive wirtschaftliche Entwicklung für eine immer größere Verbreitung sorgen. Schneeballartig werden sich politische Beschlüsse über die Welt verbreiten, so wie das Erneuerbare-Energien-Gesetz, initiiert in Deutschland im Jahre 2000, innerhalb eines Jahrzehntes nun schon 87 mal in anderen Ländern bzw. Teilregionen kopiert wurde (REN21 2011). Die positiven Effekte einer sich so nachhaltig organisierenden Wirtschaft werden Selbstläuferprozesse zur Folge haben. Sobald die Finanzwelt entsprechende Gesetze einfordert, werden Parlamentarier entsprechende Gesetze entwickeln und Regierungen Verordnungen auf den Weg bringen, damit Finanzinvestitionen in Klimaschutztechnologien rentabel werden.

Schnell wird erkannt werden, dass es beim Klimaschutz nicht darum geht, Opfer zu bringen. Geld kann mit Sicherheit genauso gut, womöglich besser, auf einem klimafreundlichen Investitionsspielplatz verdient werden als auf einem klimaschädlichen. Es geht darum, die Spielregeln zu verändern, damit die Finanzierung von Überlebensmaßnahmen rentabler wird als die Finanzierung von Zerstörungsmaßnahmen. Das ist der wahre Konservatismus.

Eine konzertierte, mutige, weltweite Aktion von bedeutsamen Finanzinvestoren für eine aktive Klimaschutzpolitik zur Abkühlung der Erde wird mehr politische Kraft entfalten als alle bisherigen, weitgehend wirkungslos gebliebenen weltweiten Klimaschutzkonferenzen.

Es gibt bereits in dieser Richtung verschiedene Ansätze, dazu gehören:

- Seit 2001 eine Gruppierung namens Institutional Investors Group on Climate Change. Die Mitgliedsfonds der IIGCC verwalten etwa 3,5 Billionen Euro Investitionsgelder.
- Eine Gruppierung von zehn wichtigen Rentenfonds, genannt P8, wurde unter der Schirmherrschaft von Prinz Charles 2008 zusammengebracht, um das Klimathema aufzugreifen.
- Diverse wichtige Finanzhäuser, u. a. Deutsche Bank und Münchner Rück. Diese haben eigene Klima-Abteilungen. Andere unterstützen Initiativen mit namhaften Umweltorganisationen, wie die HSBC Climate Partnership. Auch wichtige finanzielle Informations- und Serviceunternehmen wie Bloomberg bieten inzwischen besondere klimafinanzielle Analysen und Sonderfähigkeiten. Es gibt Investitionsfonds wie Climate Change Capital, die sich nur auf klimafreundliche Investitionen und Beratungsdienstleistungen konzentrieren.
- Die International Monetary Fund (IMF) redet von einer jährlichen Emittierung von Special Drawing Rights, um klimafreundliche Investitionen im großen Umfang in Entwicklungsländern zu finanzieren. Dieser potenziell wichtige Ansatz wurde schon von bedeutenden Vordenkern vorgeschlagen, darunter George Soros und auch Jakob von Uexküll, Gründer des World Future Council.
- Natürlich gibt es auch akademische Forschergruppen, die sich mit Fragen der Klimafinanz beschäftigen, wie z. B. an der New York University oder der London School of Economics.

- Unter der Federführung der Deutschen Bank und der KFW wurde ein Vorschlag für die UN erarbeitet, der ein Einspeisesystem für Entwicklungsländer vorschlägt: GET FiT (Deutsche Bank 2010). Nach diesem Vorschlag sollen Investitionen ausländischen und inländischen Kapitals in Erneuerbare Energien in den kapitalschwachen Entwicklungsländern zur Armutsbekämpfung und zum Klimaschutz mit Erneuerbaren Energien angereizt werden. Da die Stromkunden in den Entwicklungsländern, aber nicht genügend Finanzkraft, ja oftmals überhaupt gar keinen Zugang zum Stromnetz haben, sollen die Mehrkosten für die Investitionen in Erneuerbare Energien durch Geldtransfer aus den Industrieländern finanziert werden. Gelder aus der Entwicklungszusammenarbeit und aus Klimaschutzfonds sollen die Refinanzierung der Investitionen mit einem Einspeisetarif gewährleisten. Ein Pilotprojekt in Uganda wird noch im Jahre 2013 mit einem Projektvolumen von rund 90 Millionen US-Dollar starten.

Alle diese Schritte sind sehr zu begrüßen. Dennoch sind sie immer noch viel zu unwirksam, um einen wirklich funktionierenden Klimaschutz anzustoßen.

Gründung von FICC

Es fehlt eine globale Bündelung all dieser Aktivitäten unter einem starken Dach, einer **Financial Initiative for Climate Cooling (FICC)**, zu deutsch: Finanzinitiative für eine globale Abkühlung. FICC sollte eine von der Finanzwirtschaft getragene Organisation sein, die die notwendigen politischen Maßnahmen, die zum massenhaften Investment in Klimaschutzaktivitäten führen würden, identifiziert, zusammenschreibt und die politischen Aktivitäten dazu organisiert.

Wenn bedeutende und führende Personen aus dem Finanzsektor und aus der Politik eine erfolgreiche und durchgehende Umgestaltung der Investitionsrahmenbedingungen in allen klimarelevanten Sektoren als ernsthafte persönliche Pflicht aufgreifen und mit persönlichem Einsatz wirksam vorantreiben, kann der Klimaschutz aus der Sackgasse der internationalen Klimaschutzverhandlungen herausgeführt werden. Dazu wird eine Initiative FICC wie oben beschrieben notwendig sein. Sie soll die notwendigen politischen Rahmenbedingungen definieren und für die notwendige Politikberatung sorgen.

Je größer und finanzstärker diese Initiative ist, desto wirksamer kann sie weltweit Regierungen und Parlamente für einen wirksamen Klimaschutz beraten und für politische Akzeptanz und Umsetzung entsprechender Beschlüsse motivieren.

So könnten über diese Initiative auch große Aufklärungskampagnen organisiert werden, die breite Bevölkerungsschichten darüber aufklären, welche politischen Rahmensetzungen nötig und warum sie erforderlich sind. Dies wäre auch eine wichtige Grundlage, damit Parlamente und Regierungen, die die entsprechenden Gesetze und Verordnungen für wirksamen Klimaschutz umsetzen, sich nicht vor populistischen Hetzkampanien fürchten müssen, abgewählt zu werden. Nur eine breite Akzeptanz in der Gesellschaft kann den notwendigen politischen Regulationen auch dauerhaft zum Erfolg verhelfen.

In dieser Initiative FICC sollte die Finanzwirtschaft dominant sein. Getragen werden muss sie aber auch von Wissenschaftlern, Unternehmern, Publizisten und Politikern, die diese Ziele aktiv, wissenschaftlich, politisch, finanziell und ideell unterstützen.

Keimzellen für solche Initiativen können in verschiedenen Nationen entstehen. Wichtig ist, dass sie sich global unter einem Dach zusammenschließen und konzertiert auf nationaler und internationaler Ebene operieren. Manche werden einwenden, dass Ähnliches oder mit ähnlichen Zielen doch schon mit der Gründung der Internationalen Agentur für Erneuerbare Energien (IRENA) im Energiesektor umgesetzt sei. Vom theoretischen Ansatz her mag dies richtig sein. Von der Motivationsgrundlage und den Zielsetzungen her ist IRENA auch grundsätzlich ähnlich organisiert. Nur gibt es dabei einen entscheidenden Haken, der leider auch die Lähmung der IRENA der letzten Jahre bewirkte: Alle Beschlüsse innerhalb der IRENA müssen von den Mitgliedsnationen gefasst werden. So fließen natürlich deren nationalen Interessen bestimmend mit ein. Viele der Mitgliedstaaten haben aber als wichtigeres nationales Interesse den Ausbau der fossilen Rohstoffgeschäfte im Blick. Diese sind aber durchgehend noch dominanter als die Interessen der Erneuerbare-Energien-Wirtschaft. Somit wird über Regierungshandeln der Ausbau der Erneuerbaren Energien behindert.

Im Endeffekt bedeutet dies eine Schwächung der IRENA, welche nun schon seit Gründung anhält. Als Konsequenz daraus ergibt sich die Erkenntnis, dass es ein Dach für Klimaschutzaktivitäten braucht, welches von Regierungsinteressen frei ist. Die oben genannte Initiative FICC kann dies sein, sofern sich die Akteure konsequent frei machen von den Interessen der fossilen und atomaren Wirtschaft und die naturwissenschaftlich notwendigen Maßnahmen für wirksamen Klimaschutz zur Abkühlung der Erde anstreben. Falls sich die Aktivitäten der Initiative FICC einreihen würden in die wirkungslosen klimapolitischen Scheinaktivitäten von *Low Carbon*-Strategien wie CCS, Nuklearenergie, Erdgasausbau oder Kernfusion würde sich auch FICC in die Tausenden wirkungslosen Klimaschutzaktivitäten einreihen.

Der Grundgedanke für eine wirksame Klimaschutzinitiative, die durch FICC initiiert werden kann, ist also die kompromisslosen Suche und Umsetzung nach Maßnahmen, die eine Abkühlung der Erde zum Ziel haben. Die Zeit ist reif dafür, da es viele Menschen, nicht nur, aber eben auch im Finanzsektor gibt, die Entsprechendes verwirklichen wollen.

Sobald eine entsprechende Initiative angegangen wird, die mit psychologischem Fingerspitzengefühl die bereits vorhandenen Motivationen aus der Finanzwirtschaft zusammenführt, kann eine solche Initiative wie FICC starten und in kurzer Zeit mehr bewirken als die durch Regierungsinteressen gelähmte Initiative IRENA.

Vielleicht kann dieses Buch dazu eine Initialzündung sein.

Danksagung

Besonderer Dank für die Unterstützung zur Erstellung dieses Buches geht an Frau Milena Oschmann und des Weiteren an:

Herrn Georg Bohnsiepe

Herrn Michael Weltzin

Herrn Carsten Pfeiffer

Prof. Mark Z. Jacobson

Prof. Dr. Markus Antonietti

Quellenangaben

- Agentur für Erneuerbare Energien Umfrage: Bürger befürworten Energiewende und sind bereit, die Kosten dafür zu tragen, Internetseite: http://www.unendlich-viel-energie.de/de/detailansicht/article/224/umfrage-buerger-befuerworten-energiewende-und-sind-bereit-die-kosten-dafuer-zu-tragen.html (15. September 2011)
- AG Energiebilanzen: *Bruttostromerzeugung in Deutschland von 1990 bis 2012 nach Energieträgern*, http://www.ag-energiebilanzen.de/componenten/download.php?filedata=1357206124.pdf&filename=BRD_Stromerzeugung1990-2012&mimetype=application/pdf (14.01.2013)
- Antonietti, M., Murach, D., Titirici, M.M.: Opportunities for technological transformations. From climate change to climate management? In: H.-J. Schellnhuber (ed.): *Global sustainability: A nobel cause*, Cambridge University Press, Cambridge, UK, 2010, pp. 319–330.
- Basel Committee on Banking Supervision: Basel III: A global regulatory framework for more resilient banks and banking systems. Basel, Switzerland, 2010. Internetseite: http://www.bis.org/publ/bcbs189.pdf (28. September 2011).
- Blackburn, J.O.; Cunningham, S.: *Solar and Nuclear Costs – The Historic Crossover.* North Carolina Waste Awareness and Reduktion Network, Durham, NC, USA, 2010. Internetseite: http://www.ncwarn.org/wp-content/uploads/2010/07/NCW-SolarReport_final1.pdf (5. September 2011)
- Boden, T.A., Marland G., and Andres R.J.: *Global, Regional, and National Fossil-Fuel CO2 Emissions.* Carbon Dioxide Information Analysis Center, Oak Ridge National Laboratory, U.S. Department of Energy, Oak Ridge, Tenn., USA, 2010.
- Bojanowski, Axel: *Klimaphänomen El Niño.* Spiegel Online. Internetseite: http://www.spiegel.de/wissenschaft/natur/0,1518,782166,00.html (5. September 2011).
- Bündnis 90/Die Grünen Bundestagsfraktion: *Klimaschutz in der Landwirtschaft.* Internetseite: http://www.gruene-bundestag.de/cms/archiv/dokbin/290/29001 6. fraktionsbeschluss_klimaschutz_in_der_la.pdf (31 August 2011)
- Bundesministerium für Umwelt, Naturschutz und Reaktorsicherheit: *Energieeffizienz schafft Arbeitsplätze*, Internetseite: http://www.bmu.de/files/pdfs/allgemein/application/pdf/hg_energieeffizienz_bf.pdf (31 August 2011)
- Bundesministerium für Umwelt, Naturschutz und Reaktorsicherheit: *Erneuerbare Energien in Zahlen.* Internetseite: http://www.erneuerbare-energien.de/fileadmin/ee-import/files/pdfs/allgemein/application/pdf/broschuere_ee_zahlen_bf.pdf (6. März 2013)

- Bund ökologische Lebenmittelwirtschaft e. V.: *Zahlen, Daten, Fakten: Die Bio-Branche 2011.* Berlin, Germany, 2011. Internetseite: http://www.boelw.de/uploads/media/pdf/Dokumentation/Zahlen__Daten__Fakten/ZDF2011.pdf (29. September 2011).
- Burger, K.: Reiche Ernte im Sahel. *Bild der Wissenschaft*, Issue 8, 2011,
- Crude Oil Peak: *1 billion vehicles in year 7 of peak oil.*2011. Internetseite: http://crudeoilpeak.info/1-billion-vehicles-in-year-7-of-peak-oil (10. Oktober 2011).
- Desertec Industrial Initiative. Internetseite: http://dii-eumena.com (11. Oktober 2011).
- Deutsche Bank: GET FiT Programm: Global Energy Transfer Feed-in Tariffs for Developing Countries. 2010. Internetseite: http://www.dbadvisors.com/content/_media/GET_FIT_-_042610_FINAL.pdf (29. September 2011)
- Droege, P. (ed.): *100 percent renewable – energy autonomy in action.* Earthscan, London, UK, 2009.
- European Photovoltaic Industry Association: ECONOMIC BENEFITS OF SOLAR PHOTOVOLTAICS The PV Value Chain. Internetseite: http://www.epia.org/index.php?eID=tx_nawsecuredl&u=0&file=/uploads/tx_epiafactsheets/Fact_Sheet_on_the_PV_Value_Chain.pdf&t=1362684624&hash=b6bf174e649b8de90c29c8d263341850063535de (6. März 2013)
- EnBW: *EnBW-Positionspapier zur EEG-Umlage*, 2012
- ERGAL – Energías Renovables para Galápagos. 2011. Internetseite: http://www.ergal.org/boletin.php?c=1458 (11. Oktober 2011).
- EuGH Gerichtshof der Europäischen Union Urteil C-442/09. Internetseite: http://curia.europa.eu/jurisp/cgi-bin/form.pl?lang=DE&Submit=Submit&numaff=C-442/09 (28. September 2011).
- European Bioplastics: *Driving the Evolution of Plastics.* Internetseite: http://en.european-bioplastics.org/wp-content/uploads/2011/04/EuBP_image_brochure_2011.pdf (28. August 2011)
- European Union: Markets in Financial Instruments Directive (MiFiD); Directive 2004/39/EC.
- European Union: Regulation on Energy Market Integrity and Transparency – REMIT; KOM (2010)0726.
- Eurosolar and World Council on Renewable Energies (WCRE): *The Long Road to IRENA – Documentation. From the Idea to the Foundation of the International Renewable Energy Agency.* Ponte Press Verlag, Bochum, Germany, 2009.

- EWG. Energy Watch Group: Uranium resources and nuclear energy. 2006. Internetseite: http://www.energywatchgroup.org/fileadmin/global/pdf/EWG_Report_Uranium_3-12-2006ms.pdf (10. Oktober 2011).
- Fargione, J. E., Plevin, R. J. and Hill, J. D.: *The Ecological Impact of Biofuels*. In: Annu. Rev. Ecol. Evol. Syst. 2010. 41:351–77
- Fell, H.-J.: *Solar programme for Iran – No acceptance of „peaceful" use of nuclear energy – a way of preventing the Iranian nuclear bomb?* 2006. Internetseite: http://www.hans-josef-fell.de/content/index.php?option=com_docman&task=doc_download&gid=319&Itemid=77 (11. Oktober 2011).
- Fell, H.-J.: *Replacement of the North Corean nuclear plans by renewable energies*. 2007. Internetseite: http://www.hans-josef-fell.de/content/index.php?option=com_docman&task=doc_download&gid=210&Itemid=77 (11. October 2011).
- FSG Forest Seed. http://www.forest-seed.com (2. September 2011)
- Fukuoka, Masonobu: *Der große Weg hat kein Tor*. Pala-Verlag, Darmstadt, Germany, 1990.
- Gelbspan, Ross: *The heat is on*. Addison-Wesley, Reading, PA, USA, 1997.
- Global Renewable Fuels Alliance: *GHG Emission Reductions From World Biofuel Production and Use*. 2009.
- Global Renewable Fuels Alliance: *Global Ethanol Production to Reach 88.7 Billion Litres in* 2011. Press Release 11.2.2011.
- GIZ. Deutsche Gesellschaft für international Zusammenarbeit: *Erste Bio-Insel im Galápagos-Archipel*. 2009. Internetseite: http://www.gtz.de/de/34881.htm (11. Oktober 2011).
- GIZ. Deutsche Gesellschaft für internationale Zusammenarbeit: *Renewable Energies: Rural Development and Qualification in Tibet Autonomous Region*. 2011. Internetseite: http://www.gtz.de/en/themen/25159.htm (10. Oktober 2010).
- Graf, Walter: *Kraftwerk Wiese*. Books on Demand, 1999.
- Grameen Shakti: *Solar Home Systems*.2011. Internetseite: http://www.gshakti.org/index.php?option=com_content&view=article&id=58&Itemid=62 (10. Oktober 2011).
- GWEC: Global Wind Energy Council: *Global wind report 2010, annual market update*. Brussels, Belgium, 2010. Internetseite: http://www.gwec.net/fileadmin/images/Publications/GWEC_annual_market_update_2010_-_2nd_edition_April_2011.pdf (29. September 2011)
- Heinrich Böll Stiftung: *Mythos Atomkraft, warum der nukleare Pfad ein Irrweg ist*. Schriften zur Ökologie, Band 12. Internetseite: http://www.boell.de/oekologie/klima/klima-energie-schriften-zur-oekologie-mythos-atomkraft-warum-der-nukleare-Pfad-ein-Irrweg-ist-10165.html (29. September 2011)

- Helmut Kaiser Consultancy: *Bioplastics Market Worldwide 2007–2025*, 2009, Internetseite: http://www.hkc22.com/bioplastics.html (4. August 2011)
- Hirschfeld, Jesko; Weiß, Julika; Korbun, Thomas: Unterschätzte Potenziale, Klimaeffekte des konventionellen und ökologischen Landbaus – Strategien für mehr Klimaschutz in der Landwirtschaft. In: Agrarbündnis e.V. (ed): *Der kritische Agrarbericht 2009*, ABL-Verlag, Hamm, Germany, pp. 52–58.
- Hirschfeld, Jesko; Weiß, Julika; Preidl, Marcin & Korbun, Thomas: *Klimawirkungen der Landwirtschaft in Deutschland.* Schriftenreihe des IÖW 186/08. Berlin, Germany, 2008. Internetseite: http://www.foodwatch.de/foodwatch/content/e10/e17197/e17201/e17220/IOEW_Klimawirkungen_der_Landwirtschaft_SR_186_08_ger.pdf (10. Oktober 2011).
- Idel, Anita: *Die Kuh ist kein Klimakiller: Wie die Agrarindustrie die Erde verwüstet und was wir dagegen tun können.* Metropolis Verlag, Marburg, Germany, 2011.
- International Energy Agency: *World Energy Outlook 2002.* Paris, France, 2002. Internetseite http://www.iea.org/weo/docs/weo2002_part2.pdf (29. September 2011).
- International Energy Agency: *World Energy Outlook 2012.* Paris. 2012.
- International Energy Agency: *Tracking Industrial Energy Efficiency and* CO_2 *Emissions.* Paris, France, 2007. Internetseite: http://www.iea.org/Textbase/npsum/tracking2007SUM.pdf (24. August 2011).
- International Energy Agency: *World Energy Outlook 2010. Executiv Summary.* Paris, France, 2010. Internetseite: http://www.worldenergyoutlook.org/docs/weo2010/WEO2010_ES_English.pdf (11. Oktober 2011).
- Intergovernmental Panel on Climate Change: *Contribution of Working Groups I, II and III to the Fourth Assessment Report of the Intergovernmental Panel on Climate Change.* Geneva, Switzerland, 2007, pp 104.
- Intergovernmental Panel on Climate Change: Vierter Sachstandsbericht des IPCC. Internetseite: http://www.de-ipcc.de/_media/AR4_SynRep_SPM.pdf (28. August 2011)
- Internationale Ärzte für die Verhütung des Atomkrieges/Ärzte in sozialer Verantwortung e. V. (IPPNW Deutschland): *Gesundheitliche Folgen von Tschernobyl: 25 Jahre nach der Reaktorkatastrophe.* Internetseite: http://www.ippnw.de/atomenergie/atom-gesundheit/tschernobylfolgen/artikel/91b0c77740/nicht-krebserkrankungen-und-genetisc.html (5. September 2011)
- Internationales Wirtschaftsforum Regenerative Energien: Atomstrom: *Produktion so gering wie zuletzt vor 28 Jahren*, http://www.iwr.de/news.php?id=22790 (15. Januar 2013)
- Jacobson, Marc Z.: *Air pollution and global warming*, zweite Ausgabe, 2012, Cambridge University Press.

- Johnstone, B.: *Switching to solar: what we can learn from Germany's success in harnessing clean energy.* Prometheus Books, Amherst, NY, USA, 2011.
- Kahl, Wolfgang: *Verankerung des Klimaschutzes und des Vorrangs Erneuerbarer Energien in der Bayerischen Verfassung.* Bayreuth, Germany, 2008. Internetseite: http://www.bayernsenergie.de/PDF/Rechtsgutachten.pdf (28. September 2011).
- Karl, Terry: *The paradox of plenty.* University of California Press. CA, USA, 1997.
- Kotting-Uhl, S., Kopytziok, N., Weltzin, M.: *Intelligent produzieren und Abfälle vermeiden.* Internetseite: http://www.uwi-berlin.de/texte/71-ma%20gruener%20beitrag.pdf (2. September 2011)
- Kraft, P.: Energiekrise – wenn die letzte fossile Quelle versiegt ist es schon zu spät! Internetseite: http://www.energie-krise.eu/energiekrise.html (28. August 2011)
- Kreutzberger, S.; Thurn, V.: *Die Essensvernichter: Taste the Waste – Warum die Hälfte aller Lebensmittel im Müll landet und wer dafür verantwortlich ist.* Kiepenheuer und Wietsch, Cologne, Germany, 2011.
- Kronberger, Hans: *Blut für Öl.* Uranus Verlag, Vienna, Austria, 1998.
- Landesbank Baden-Württemberg: *Solardarwinismus – die Besten bleiben. Branchenanalyse Photovoltaik 2009.* Stuttgart, Germany, 2009.
- Lenton, T. M., Held, H., Kriegler, E., Hall, J. W., Lucht, W., Rahmstorf, S. and Schellnhuber, H. J. *Tipping elements in the Earth's climate system.* Willam C. Clark (ed) Proceedings of the National Academy of Sciences. Havard University, Cambridge, MA, USA, 2008.
- Leprich, U.; Junker, A.: *Stromwatch 3: Energiekonzerne in Deutschland.* Saarbrücken, Germany, 2010. Internetseite: http://www.baerbel-hoehn.de/cms/default/dokbin/357/357942.studie_gewinne_stromkonzerne.pdf (11. Oktober 2011).
- Martinot, E., Chaurey, A., Lew, D., Moreira, J. R., Wamukonya, N.: *Renewable Energy Markets in Developing Countries.* 2002. Internetseite: http://www.engin.brown.edu/organizations/EWB/GISP/renewable_energy_markets_week12.pdf (5. September 2011).
- Meinhard-Gibbs, Heike: *World Bank Group and International Energy Development – Implications for Sustainable Development, Poverty Reduction and Climate Change.* Evangelischer Entwicklungsdienst e. V. und Brot für die Welt, Bonn, Germany, 2011.
- Mendbayar Badarch, Damdinsuren Gantulga, Gombusoren Luvsan, Jargal Dorjpurev: *Wind energy supply for off-grid small* town. 2006. Internetseite: http://www.adb.org/Clean-Energy/documents/MON-PFS-Wind-Diesel-Hybrid.pdf (10. Oktober 2011).

- Mendonca, M.; Jacobs, D.; Sovacool, B.: *Powering the green economy: the feed-in tariff handbook*. Earthscan, London, UK, 2010.
- Monterey Bay Aquarium: *The power of pH: changing ocean chemistry*. 2010. Internetseite: http://www.montereybayaquarium.org/PDF_files/teaching_activities/aquarium_powerofPH.pdf (28. August 2011).
- Monsanto Company: *Sustainability and Cooperate Responsibility Report 2010*. Internetseite: http://www.monsanto.com/SiteCollectionDocuments/2010-csr-report.pdf (28. August 2011).
- Muich Re: *Naturkatastrophen in 2010*. 2011. Internetseite: http://www.munichre.com/app_pages/www/@res/pdf/media_relations/press_releases/2011/2011_01_03_munich_re_NatCatSERVICE_de.pdf (accessed 01 August 2011).
- National Snow and Ice Data Center. Internetseite: http://nsidc.org/ (4. August 2011)
- NOAA – National Oceanic and Atmospheric Administration (NOAA): *Tied For Warmest Year on Record*. 2010. Internetseite: www.noaanews.noaa.gov/stories 2011/20110112_globalstats.html (1. August 2011).
- Palz, W. (ed.): *The emergence of electricity from the sun*. Pan Stanford Publishing Pte. Ltd., Singapore, Singapore, 2011.
- Permanent Service for Mean Sea Level. Internetseite: http://www.psmsl.org/ (1. August 2011).
- Potsdam Institute for Climate Impact Research: *special, sea levels rising at fastest rate in 2000 years*. Internetseite: www.pik-potsdam.de/news/press-releases/sea-levels-rising-at-fastest-rate-in-2000-year (27. July 2011).
- Rahmstorf, S., Schellnhuber, H. J.: *Der Klimawandel – Diagnose, Prognose, Therapie*. C.H. Beck, Munich, Germany, 2006.
- REN21 Energy for Development: *The Potential Role of Renewable Energy in Meeting the Millennium Development Goals*. 2005. Internetseite: http://www.worldwatch.org/system/files/ren21-1.pdf (08. August 2011)
- REN21 Renewables 2005 – Global status report. Internetseite: http://www.ren21.net/Portals/97/documents/GSR/RE2005_Global_Status_Report.pdf (28. September 2011)
- REN21: Renewables 2011 – http://www.ren21.net/Portals/97/documents/GSR/REN21_GSR2011.pdf (28. September 2011)

- Rickels, W.; Klepper, G.; Dovern, J.; Betz, G.; Brachatzek, N.; Cacean, S.; Güssow, K.; Heintzenberg, J.; Hiller, S.; Hoose, C.; Leisner, T.; Oschlies, A.; Platt, U.; Proelß, A.; Renn, O.; Schäfer, S.; Zürn, M.: *Gezielte Eingriffe in das Klima? Eine Bestandsaufnahme der Debatte zu Climate Engineering. Sondierungsstudie für das Bundesministerium für Bildung und Forschung.* Kiel Earth Institute. Kiel, Germany, 2011. Internetseite: http://www.kiel-earth-institute.de/projekte/forschung/gesamtstudie (10. Oktober 2011).
- Scheer, H.: *Der energetische Imperative. 100 Prozent jetzt: Wie der vollständige Wechsel zu erneuerbaren Energien zu realisieren ist.* Verlag Antje Kunstmann, Munich, Germany, 2010.
- Schneider, Mycle: *The world nuclear industry status report 2007.* Greens-EFA Group in the European Parliament, Brussels, Belgium, Paris, France, London, UK, 2008.
- Sime Darby: *Good Agricultural Practices* http://www.simedarbyplantation.com/Good_Agricultural_Practices.asp (1. September 2011)
- Strahm, Rudolf: *Warum sie so arm sind.* Peter Hammer Verlag, Wuppertal, Germany, 1985.
- Strohm, Holger: *Friedlich in die Katastrophe. Eine Dokumentation über Atomkraftwerke.* Verlag Association, Hamburg, Germany, 1973. New edition: Zweitausendeins Verlag, Frankfurt, Germany, 1981.
- TAB: Studien des Büros für Technikfolgen-Abschätzung Bd. 33: Petermann, T.; Bradke, H.; Lüllmann, A.; Poetzsch, M.; Riehm, U.: *Was bei einem Blackout geschieht – Folgen eines langandauernden und großräumingen Stromausfalls.* Edition Sigma, Berlin, Germany, 2011.
- Tomoscheit, S., Gries, T., Horstmann, M., Hegger, J., Janetzko, S.: Project Life Insu-Shell: reducing the carbon footprint in concrete constructions. *European Conference Sustainable Building: Towards 0-Impact Building and Environment.* Maastricht, Heusden-Zolder, Aachen, Liège, 11, 12 & 13 October 2010.
- Transport & Environment: *EU emissions figures show cars are getting heavier again.* Internetseite: http://www.transportenvironment.org/News/2011/7/EU-emissions-figures-show-cars-are-getting-heavier-again/(25. August 2011)
- Umweltbundesamt (UBA) *Klimaänderungen: Treibhauseffekt – Eine globale Herausforderung.* Internetseite: http://www.umweltbundesamt-daten-zur-umwelt.de/umweltdaten/public/theme.do?nodeIdent=2842 (28. August 2011)
- United Nations Environment Programme (UNEP): *The Marrkech Process, Sustainable Lifestyles and Education for Sustainable Consumption,* 2008. Internetseite: http://esa.un.org/marrakechprocess/pdf/Issues_Sus_Lifestyles.pdf (28. Juli 2011).

- United Nations Framework Convention on Climate Change (UNFCCC): *National greenhouse gas inventory data for the period 1990–2008*. Doc. No. FCCC/SBI/2010/18. 2010. Internetseite: http://unfccc.int/resource/docs/2010/sbi/eng/18.pdf (10. Oktober 2011).
- United Nations Framework Convention on Climate Change (UNFCCC): *Sixth compilation and synthesis of initial national communications from Parties not included in Annex I to the Convention – Inventories of anthropogenic emissions by sources and removals by sinks of greenhouse gases*. Doc. No. FCCC/SBI/2005/18/Add.2. 2005. Internetseite: http://unfccc.int/resource/docs/2005/sbi/eng/18a02.pdf (10. Oktober 2011).
- VDI-Nachrichten: *Wie Wüsten mit Nüssen zu Ackerland werden*. No. 39, 2011, Düsseldorf, Germany.
- Verband Chemischer Industrie (VCI) 2011: VCI-Berechnungen auf der Grundlage von Daten des Statistischen Bundesamtes
- Wissenschaftliche Beirat für globale Umweltfragen (WBGU): *Gesellschaftsvertrag für eine Große Transformation*. Hauptgutachten, Berlin, Germany, 2011.
- Wimmer, Nancy: *Innovation und Energie für Millionen Dörfer*, MCRE Verlag, 2012
- Wolff R.: *Das Arktis-Klima ist gekippt*. TAZ Die Tageszeitung 18.12.2008. Internetseite: http://www.taz.de/!27577/(28. August 2011)
- World Bank: *Striking a better balance – the World Bank group and extractive industries. The final report of the extractive industries review*. 2004. Internetseite: http://irispublic.worldbank.org/85257559006C22E9/All+Documents/85257559006C22E985256FF6006843AB/$File/volume1english.pdf (11. Oktober 2011).
- World Business Concil on Sustaibnable Development (WBCSD): *The cement sustainability initiative*. Geneva, Switzerland, 2002. Internetseite: http://www.wbcsd.org/DocRoot/57be6eNskMWHUakQXi0f/agenda-for-action.pdf (11. August 2011)
- Zentrum für Transformation der Bundeswehr: *Streitkräfte, Fähigkeiten und Technologien im 21. Jahrhundert – Umweltdimensionen von Sicherheit, Peak Oil*. Strausberg, Germany, 2010. Internetseite: http://www.zentrum-transformation.bundeswehr.de/portal/a/ztransfbw/!ut/p/c4/JYzBCslwEET_KElBVLxZchE8ebH1UjY2rUvTTUl2FYofb4oz8GB4MPqhSwneOAJjJAi60e0TT-6j8uS6lRNQHsoS51MnlBXI4EBWBY49BiG1yiQ0cAbl0AWM_PKTvm-_vVfPSJ43sifGwjEBx6SWmDhsRlIqRmGvW1PZ2uzM3vxTfY-2sddDZYy91De9zPP5B8dSfdU!/(28. August 2011)
- Zittel, Werner: *Abschätzung der jährlichen weltweiten Ausgaben für die Energieversorgung*. Internetseite: http://www.energywatchgroup.org/fileadmin/global/pdf/2010-03-23_EWG_Kosten_Weltenergieversorgung_D.pdf (29. August 2011)